安全管理理論與實務

虞義輝 著

文史哲學集成

文史哲出版社印行

國家圖書館出版品預行編目資料

安全管理理論與實務 / 虞義輝著. -- 初版 --
臺北市：文史哲, 民 103.06
　　頁；　公分（文史哲學集成；656）
參考書目：頁
ISBN 978-986-314-188-4（平裝）

1 公共安全 2. 安全教育

575.864　　　　　　　　　　103011416

文史哲學集成 ₆₅₆

安全管理理論與實務

著　　者：虞　　　義　　　輝
出　版　者：文　史　哲　出　版　社
　　　　　　http://www.lapen.com.tw
　　　　　　e-mail：lapen@ms74.hinet.net
登記證字號：行政院新聞局版臺業字五三三七號
發　行　人：彭　　　正　　　雄
發　行　所：文　史　哲　出　版　社
印　刷　者：文　史　哲　出　版　社
　　　　　　臺北市羅斯福路一段七十二巷四號
　　　　　　郵政劃撥帳號：一六一八〇一七五
　　　　　　電話886-2-23511028・傳真886-2-23965656

實價新臺幣六四〇元

中華民國一〇三年（2014）六月初版

ISBN 978-986-314-188-4　　　00656

蔡　序

　　「安全管理理論與實務」這本書，經過作者虞義輝教授兩年多努力與研究，終於完成。這是一項重要研究成果，值得從事安全管理領域學者專家一起來探討。

　　作者虞義輝，這一生都在從事安全管理的工作，只是在不同的時空環境下，關注不同的重點。他先後服務於國防部單位、國家安全局、國家安全會議等要職並擔任研究工作 20 餘年，不僅有博士學位的理論基礎，更有非常豐富的實務經驗。銘傳大學「安全管理學系」於民國 96 年成立後，該系為網羅各界菁英，特別借重他在理論與實務結合的專長，共同開創「安全管理學系」，這本書正是他經驗與知識的累積。

　　本書有幾個特點，第一，他將什麼是安全管理的定義，綜合專家學者的觀點做一個完整的論述，讓安全管理的內涵有較周延的界定；第二，他透過與學者專家和系上教授們的討論，經過進一步的研究思考，將某些有待釐清的問題，做了較明確的論述；第三，他以全球化的觀點，探討安全管理的範疇，使安全管理的領域有一個較為完整的概念，也較容易讓讀者理解安全管理的全貌；第四，他將美國、中國大陸和台灣各大學有關安全管理相關的科系作了彙整與分析，讓讀者能夠瞭解安全管理目前在美、中、台三地的大學中發展

的狀況與關注的焦點，最後，他也提出了許多寶貴的建議，無論在產業界、學術界、和政府相關機關，都有值得參考之處。

眾所周知，安全管理這個領域，從美國 911 事件發生後，近 10 幾年來無論在兩岸、國際都受到各界的重視，在實務界有經驗的專家也越來越多，但不可否認，願意去做基礎理論研究工作的並不普遍，作者虞義輝教授願意投注如此多的心力在基礎理論的研究上，的確難能可貴，值得予以推薦。

前 總 統 府 國 策 顧 問
前 中 央 警 察 大 學 校 長
蔡德輝 博士 2014 年 5 月

王　序

作者義輝兄和我是多年的老友，當時我們雖在政府機關不同的單位服務，但都是在從事安全管理的實務工作。在各自分開努力與發展的情況下，未料經過了十幾年後，一個偶然的機會，我們又重逢在安全管理的學術領域，他到了銘傳大學安全管理學系，我則在美國休士頓大學任教，或許這一切都是神的旨意。

兩年前我們曾一起討論研究，有感於安全管理相關理論的建構仍未臻完善，義輝兄即有意著手撰寫，我也提供了他一些個人的想法，今天看了他的大作，他認真與執著的態度讓我深感欽佩，本書中蒐集了許多資料，彙整了各家的觀點，有系統、有層次的將安全管理的定位和架構做了一個完整的詮釋，同時對一些不確定的名詞、觀點作了一個釐清，個人覺得頗有獨到之見解。

尤其他將美國、中國和台灣開設安全管理相關科系的大學，成立的目的、教學的重點、及相關的課程做了一個介紹與分析，的確不容易。整體而言，本書對於安全管理的理論基礎，又向前跨出了一大步，不但讓學生對安全管理的全貌

與知識的提升有很大的幫助，對於有興趣從事安全管理研究的學者專家，亦有許多地方值得參考，因此，特別爲之作序推薦。

美 國 休 士 頓 大 學 教 授

王曉明　博士　2014.5

自　序

　　回顧筆者一生，可以說，都在從事與安全管理有關的工作。從 1975 年官校畢業自今 2014 年，長達 40 年的期間，從未離開安全管理的工作領域。這個漫長的歲月，基本上，可以分成三個階段，第一階段：1975 年官校畢業自 1988 年的 14 年間，筆者從事的是國防安全管理的工作；第二階段：從 1989 年進入國家安全體系到 2008 年的 20 年間，從事的是國家安全管理的實務工作；第三階段：從 2009 年進入銘傳大學的學術殿堂開始，迄今，從事的是安全管理教學與研究的工作。這三個階段，分別代表三個完全不同的安全境界，從基層到中層，從中層到高層，從軍中到社會，從社會到國家，從國家到兩岸與國際的範疇，最後進入教學、研究的領域，這是一個非常特殊與難得的人生際遇。讓我感到最欣慰與感恩的是，銘傳大學李銓校長與警察大學蔡德輝校長有志一同的設立了「安全管理學系」，讓我有機會將一生從事安全管理工作的實務經驗與心得，在此做回顧與總結。

　　在第一、二階段 34 年從事安全管理實務的期間，雖然一面工作、一面不斷自我進修，獲得了博士學位，但回想起來，是處於「埋頭苦幹」「不知而行」的階段。但自 2009 年進入銘傳大學安全管理學系，開始面對學生講授安全管理相關理

論與知識，在教與學的過程，才讓我真正理解，原來安全管理的領域是如此複雜又龐大，每個人好像都有一些實務經驗，但理論基礎卻相對薄弱，對我來說，是進入了另一個「行而後知」的階段。

有鑑於銘傳大學「安全管理學系」，是全國第一所以安全管理為名成立的系所，也是集全國安全管理師資菁英於一堂的系所，瞭解了整體環境後，身為教學與研究的授業解惑者與過去累積的實務經驗，激起了筆者捨我其誰的念頭。尤其看了美國休士頓大學教授王曉明博士的研究報告並與他討論後，更讓我感受到這個領域有待探討的問題仍相當多，甚至從銘傳大學剛成立「安全管理學系」到更名為「社會與安全管理學系」對筆者都有所啟發。因此，在不斷蒐集資料、研究與自我思索的過程中，開始撰寫本書，希望能對安全管理的理論基礎和相關問題做較完整的探討與論述。

筆者知道這本書的完成或許會有些不夠周延，也可能會引起這個領域有興趣的學者專家不同的看法，但筆者認為總要有人開始去做，後繼者就可以在這個基礎上持續討論、研究，使安全管理的領域與體系更臻完善，這就是筆者最大的期望。

最後，仍要感謝銘傳大學給我這個機會及系上所有老師在日常的意見交換中給了我寶貴的建議與靈感。同時，也要對我的妻子洪玲妙及家人表示誠摯的歉意，為了使安全管理這個領域更精進與完善的執著，佔據了許多原本應該陪伴你們的時間，也希望你們能諒解。

於銘傳大學
2014 年 5 月

安全管理 理論與實務

目　　　次

第一章　導　論

第一節　安全管理源起

　　回顧過去安全管理演進的歷史，我們發現人類自古以來就已擁有安全管理的概念，根據考古學家的研究，史前人類已經懂得使用不同的方法去追求安全的環境，例如將居所置於懸崖上的山洞、外出打獵時用巨石擋住洞口和夜間時用火堆驅獸；而建構於公元前 400 年的中國萬里長城，用以阻絕北方遊牧民族的入侵，其功用一直發揮到 17 世紀，被安全管理專家公認為史上最偉大的安全設施[1]。隨著時代的進步，人類安全管理的概念、方法也隨之日新月異，工業革命之後安全管理的迫切需求與日俱增，20 世紀初期美國安全工程師海因里希（Heinrich）提出的「事故致因理論」或稱「海因里希模型」，該理論闡明導致傷亡事故的各種原因及與事故間的關係，認為傷亡事故的發生不是一個孤立的事件，儘管傷害可能在某瞬間突然發生，卻是一系列事件未加注意後相繼

---

1 虞義輝，《安全管理與社會》（台北：文史哲出版社，2011 年元月），頁 12。

發生的結果[2]。這個理論雖未必完善但也開創了工業安全管理學的基礎。之後的安全管理重心，很明顯的趨勢幾乎都以工業安全為主軸，如煤礦安全、衛生安全、化學安全等……方面。

　　但2001年美國911恐怖攻擊事件發生後，整個國際社會籠罩在一種不安、恐懼甚至無助的氣氛下，社會上到處瀰漫著要如何加強各項安全防範與管理措施，如何強化安全作為，首當其衝是機場安全檢查的不斷提升與強化，以及政府辦公大樓的安檢措施，接者國際知名旅遊觀光景點、國際飯店遭到恐怖攻擊後，又開始加強觀光地區、飯店旅館的內部控管與安全措施，這一連串的安全管理作為引起社會上普遍、全面的關注。因此安全管理由原來以工業安全為重心的概念產生了重大的轉變，它從原來的工業安全管理重點，擴大到社會各個階層、行業和不同的領域，例如：社區安全管理、機場安全管理、飯店安全管理、國際博覽會安全管理、大型演藝活動會場安全管理等……，同時在政府部門、學術界，都受到高度的關注，並成為一門備受矚目的顯學。

　　美國許多大學紛紛在原有的刑事司法（Criminal Justice）教育的基礎上教授安全管理課程，有的大學甚至成立研究所，致力於安全理論與實踐的研究，例如位於全美第四大城休士頓市中心的休士頓大學城中校區（University of Houston-Downtown，簡稱UHD），於2004年1月開始招收安全管理碩士班（Master of Security Management，簡稱MSM）的學生。另外University of New Haven大學也成立了「安全

---

2 吳穹、許開立，《安全管理學》（北京：煤炭工業出版社，2002年07月第1版），頁59。

管理學院」（College of Security Management）。在國內，中央警察大學「安全管理研究中心」也在 2007 年 9 月正式設置成立。

　　國內對安全管理的教學、研究，在 911 之後結合國際整體形勢，做了大幅度的改變與轉型，也因為這些原因，銘傳大學以高瞻遠矚的「藍海策略」走在時代尖端，掌握此一趨勢，於 2006 年開始著手規劃成立「安全管理學系」，邀集了學術界、實務界的精英，成立了國內首創的「安全管理學系」。並成為今天台灣各大學「安全管理學」先驅與引領者的龍頭角色。

　　換言之， 911 恐怖攻擊發生後，這十幾年來，無論在世界各地或在台灣，「安全管理」的概念如雨後春筍般遍及各行各業，似乎只要打著「安全管理」的名號，做好「安全管理」的工作，就是品質的保證，就是品牌的信譽，就可以獲得眾人的信賴與肯定，在實務界大家都在說、也都不斷的在做。但什麼是「安全管理」？「安全管理」的範疇包括哪些？又該如何定位？原來工業安全管理的思維與方法是否可以用在今天社會上發生的各種安全管理問題上？工業安全管理與社會安全管理又有何異同？這一連串的基本問題或說理論，似乎並沒有相對的被跟進與關注，簡單的說安全管理仍停滯在「行」的階段，許多「知」的部分仍有待進一步的釐清與闡述。

第二節　安全管理基本認知

　　基於上述的瞭解，引起筆者的興趣與注意。藉「先訊美資遠東公司台灣地區」總經理武亞銘的話，他說：自從踏入安全系統工程這領域以來，經過了十一個年頭，這個行業在先進的努力下，漸漸在台灣的服務業佔一席之地，從事這行業者雖日漸增多，但仍不脫師傅帶徒弟、土法煉鋼的模式，真正能將經驗轉化成文字而傳承者，實在少之又少。[3] 這句話讓我感觸良多，的確，筆者在政府機關從事安全管理實務工作 30 餘年後，進入學校教學體研究系，原本並未特別注意此類安全管理書籍在市面上或教學上的實際出版狀況，四年前想找一本有關社會上如何從事安全管理的教科書，遍訪書商與書店，讓我相當失望，雖然社會各階層對安全管理的重心已轉移至各層面、各行業甚至各領域，但發現國內、大陸與「安全管理」有關之書籍，雖然很多，但幾乎仍著重在「工業安全管理」方面，如煤礦工廠、化學工廠、衛生、消防安全管理等範疇，對於美國 911 恐怖攻擊事件發生後，社會上面臨的各種危機、風險與安全管理方面之書籍並無一本較完整之教材可供學生參考。

　　原本沒有意識到的問題，在與學生、家長、學校、學者

---

3 Robert J. Fischer, Gion Green 著，李振昌譯，《企業安全管理完全手冊》（Introduction to Security）（台北市：紐奧良文化，2004，上冊），前言「名家推薦-期許安全領域提升專業素養」。

教授互動後發現，在多元化的今天社會環境下，安全管理有待釐清的問題似乎超出個人原先的認知。

　　例如：今天我們社會上關注的「安全管理」和過去傳統認知以工業、衛生為主的「安全管理」有何區別？而國家整體安全和社會安全、私領域的安全管理又有何關連？新生家長座談會時，家長問：安全管理系是教些什麼課程？畢業後是不是要做保全工作？為什麼教這些，不教那些？那些不也是安全管理的問題嗎？一連串的問題迎面而來，因應現實的問題，如何才能滿足或符合職場上的需求？以及成立的原始目的？銘傳安管系的課程不斷修正與調整，但在有限的大學四年時間內，又不可能樣樣都教。銘傳大學校長李銓博士，在本系成立後第二年就發現此一問題，認為「安全管理系」範圍太廣，工業安全、社會安全、國家安全、生態安全等等，都是安全管理，我們的核心在哪裡？因此，銘傳大學安全管理學系成立不到三年，學校就要求將當初成立時之「安全管理學系」更名為「社會與安全管理學系」，希望將重點放在社會安全管理這個領域，一方面可以聚焦，另一方面也較能找到核心目標。

　　事實上，進一步思考之後發現，安全管理包羅萬象，上至國家安全下至保全警衛，任何領域都可以與安全管理有關，如果沒有一個界線或範疇將其適當的分類，從事教學者要如何安排課程？學校安全管理系的教育要如何定位？社會上對這個科系要如何看待？這樣龐大的安全管理體系，在一般企業徵才分類或人力銀行職業分類中，我們發現卻僅將其歸類在「軍警保全」，這樣的歸類是否恰當？這一切的問題

都橫艮在我們的眼前，如果我們本身從事安全管理教學研究者沒有一個清晰完整的全貌概念，面對這些現象，很容易捉襟見肘，也會在眾說紛紜下遭遇到「父子騎驢」的窘境。

　　有鑑於此，筆者認為這項工作，政府機關忙於政務、產業界較無理論基礎，恐怕都很難去因應，最後仍是需要學者專家投入心力去從事研究，然後提供各界作為參考或遵循之依據，而筆者認為這項工作對銘傳大學安全管理學系的老師們而言，更是一件責無旁貸、捨我其誰的使命。因為銘傳大學安全管理學系在台灣是首創，目前也是唯一，如果我們不做，我們又將如何解決不斷出現的問題？後繼者又將如何追隨我們的腳步繼續向前邁進。因此，筆者斗膽，一方面藉由過去在政府機關從事安全管理實務工作 30 餘年的經驗，另一方面也藉助擔任學校安全管理學系教職期間，對各類問題與先進請益及交換意見的心得，以摸著石頭過河、如履薄冰的心情，將其進一步的探討研究，試圖來釐清並詮釋目前面臨的問題，這就是我撰寫本論文的動機。

　　雖然「安全管理」是一個自古以來人類就一直在做的工作，而且在現今社會也成為一個非常重要且被關注的議題、科系與行業，但他要成為一個體系，一個有系統的知識領域，一個可以被大家接受或瞭解的全般概念，恐怕仍有很大的空間待學者專家共同努力。因此，筆者希望透過本書的研究與撰寫能夠引起學術界與實務界的迴響，並達到以下幾個目的：

　　　一、希望這本書完成後，能對安全管理的相關概念做一釐清，並對從事安全管理相關工作的學者專家、政府機關與產業界提供一個較周延與完整的安全管理

知識體系。

二、讓一般百姓、學生或家長對安全管理有一個基本的認識，就如同對政治學、管理學、社會學一樣，當人們談到安全管理時，就基本知道他指涉的內涵與面向。

三、希望本書能將安全管理所涵蓋的範疇做一界定，並將其做一個嘗試性的分類。

四、希望能達到拋磚引玉的效果，提出一個規範與教學研究的方向，讓更多學者專家對此領域作進一步的探討，並引導企業界正確的認識與關注這個議題。

第三節　主要探討問題與方法

根據上述研究的目的，本書探討的問題如下：

第一、安全管理的定位及相關概念的界定與釐清。

第二、瞭解分析產、官、學界安全管理的現況。

第三、嘗試對安全管理的體系範疇作一規範。

第四、理解安全管理面臨的問題及未來發展趨勢。

由於本研究牽涉範圍甚廣，其中包括社會學、政治學、管理學、犯罪學、心理學等，影響層面亦深，甚至有很多方面需透過不斷與學者專家的交換意見和個人的研究體悟，因此以何種方式來探討較能夠獲得一個理想的結果，的確有其相當的難度，筆者除必須對產、官、學三個面向的實務界有所體察與瞭解外，還須有相當的理論基礎，方能提出一個廣

為各界接受的論點與後繼者賡續努力與研究的方向。為達成本研究之目的，因此採以下研究方式：

一、文獻探討

此為從事任何學術研究者基本之功課，筆者首先需將目前所有有關安全管理相關之書籍、相關法規，作一探討，瞭解現今學術界、產業界與政府相關機關是如何規範或界定「安全管理」，方能有利後續之研究。

二、訪談與問卷

瞭解學術界相關科系為什麼會有這樣的規劃與構想，目前面臨哪些瓶頸，安全管理在教學上的範疇要如何界定；產業界相關工作希望學校單位能如何配合，為什麼人力銀行沒有將「安全管理」單獨列一個職業需求欄，而將相關安全工作歸納在「軍警保全」項，是因襲以往，未能跟上時代腳步，抑或有實質作業上的困難，諸如此類問題都有待進一步訪談後方能釐清。

三、以「管理學」定位的概念結合「專案管理」的 方法作為研究的架構

在企業界，過去也發現「管理」幾乎無所不在，但又覺得抽象廣泛，很多老一輩的成功企業家雖沒有學過企業管理，但談起管理來頭頭是道，比學者專家還要專業，還有道

理，但到底什麼是管理？他又該如何定位？就成了管理學的學者專家面臨的問題。

　　因此，管理學在發展初期也面臨到應歸類在自然科學、社會科學或人文學科的相互糾纏中，該學科應如何定位，如何找出管理學在學科譜系中的位置，也有不同的意見。通過對管理學研究物件、研究方法及研究目的的分析，發現管理學既具有科學特質，又具有人文特質。正是由於「人」這一要素在管理學中的獨特地位，使得管理學既無法成為真正的社會科學，也無法成為真正的人文學科，管理學的學科屬性介於社會科學與人文學科之間[4]。同樣的問題，運動管理學系隨著經濟的蓬勃發展，人民生活水準的提升，以及知識的累積與發展，運動產業界對專業經營管理人才的需求，運動管理學門應運而生，而高等教育課程也變得更具專業性。但運動管理學系，應該屬於體育學院抑或屬於商學院？同樣面臨考驗。從運動管理的課程架構來看，運動管理學門的知識，確實是建構於商業管理。商業管理學系的學生是以將來在商場中，能發揮其經營管理能力的職務為主要就業市場。運動管理學門的學生是藉助商業管理的知識，以企業管理的精神與方式，來推動體育運動的經營管理。其將來的就業市場是以體育運動事業經營管理為最主要的考量。基於與商業管理的理念類同，因此有些支持者建議，運動管理學系應設置於商業管理系所，而非體育學系。[5]

---

4 林曦，〈管理學的學科屬性與學科定位〉，
　　kyj.cass.cn/Article/UploadFile/2008-6/2008611132217384.doc。
5 彭小惠，〈運動管理課程的定位與爭議〉，

　　這些過去新興的學門與行業所走過的經驗，都是本文未來定位安全管理重要的理論基礎。

　　另外有關專案管理的方法，就是運用管理的知識、工具、和技術於專案活動上，來達成解決專案的問題或達成專案的需求。[6]在中國大陸稱為「項目管理」他們將很多活動、管理科目以專案的方式來歸類與定位，再做分類管理。如以「大型活動」為例，其項目管理，就包括：財物、人力、溝通、風險、採購、文宣等，[7]這樣的研究方式，雖然不是很完善，但透過這些概念和邏輯，對於本文的研究方式有很大的助益。

　　由於安全管理已成為一門相當熱門的顯學，但有待建構與釐清之問題卻不斷浮現。因此，本論文試圖從安全管理在現階段，各領域所遭遇的問題開始思索，試圖從學術界、實務界與理論界三個面向來探討，先對安全管理目前的大環境做一理解，其次找出已經浮現的相關問題加以思索探討，嘗試釐清與解釋這些問題，再以筆者過去之實務經驗與現在之學術基礎，試著建構一個較完整之安全管理的理論體系，最後並分別對學術界與實務界作出建言。（研究架構圖~如圖 1）

---

http://web.nutn.edu.tw/gac350/Educational_Websites/Periodical/%E7%9B%B
8%E9%97%9C%E6%96%87%E7%8D%BB/%E9%81%8B%E5%8B%95%E7
%AE%A1%E7%90%86%E8%AA%B2%E7%A8%8B%E7%9A%84%E5%A
E%9A%E4%BD%8D%E8%88%87%E7%88%AD%E8%AD%B0.htm。

6 〈專案管理〉，《維琪百科，自由的百科全書》，
http://zh.wikipedia.org/wiki/%E9%A1%B9%E7%9B%AE%E7%AE%A1%E7
%90%86

7 楊坤，《大型活動項目管理》（天津：南開大學出版社，2010 年 12 月），
頁 49。

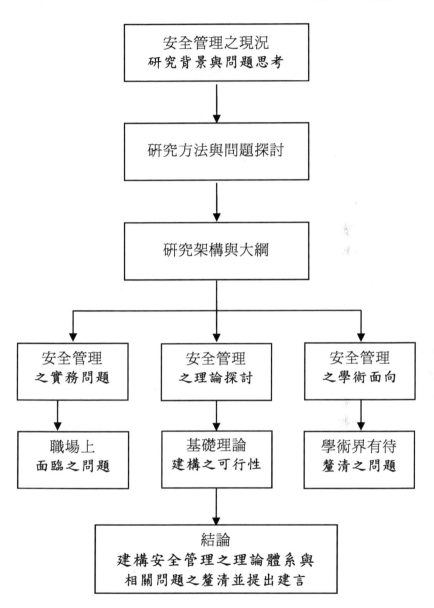

（圖 1-1）研究架構圖

第四節　相關文獻與分析

　　目前有關安全管理之書籍及文獻可以說已經逐漸受到重視，而探討研究的學者專家亦愈來愈多，雖然都是以安全管理為名，但其探討的重點和面向確有很大的差異。美國休士頓大學王曉明教授是以學者身份較早提出有關安全管理理論的學者，他在 2007 年 1 月，於中央警察大學-警學叢刊,第 37 卷第四期中發表之「安全管理理論架構之探討」，是國外學者在國內發表探討安全管理較完整之一篇文章，文中從「安全管理的定義、安全管理的實踐、安全管理的研究、安全管理的內涵、安全管理與風險危機、到民主社會的安全體系」做了一個啟發、引領式的介紹。

　　在企業界則應屬台北紐奧良文化出版，李振昌譯，Robert J. Fischer 著（2004）的「企業安全管理完全手冊（上、下）」兩冊，從國外對安全管理的起源、職涯機會、教育訓練、角色定位、實體安全、組織安全、內外部防護安全等作法做一全面的敘述與詮釋，而作者在該書序文中對台灣的安全管理概念、認知與發展亦有所批判。前一篇文章和這一本書可以說是近年來較有系統在談論現代社會安全管理的著作，也是筆者在本書中想要探討的問題。另外在中國大陸，河南理工大學應急管理學院夏保成院長亦是在這個領域有相當涉獵與鑽研之學者，他於 1999 年所著的「國家安全論」、2006 年著的「西方公共安全管理」和「美國公共安全管理導論」對

安全管理都有相當深入的探討。

　　在台灣與大陸有許多作者所寫的書都是以「安全管理」為名，但實際上作者探討的都是工業安全管理方面，如台灣作者蔡永明，於 2009 年所著的「現代安全管理」主要探討的是工業衛生方面的安全管理；警察大學李宗勳教授，於 2011 年所寫的「安全管理」主要是談社區安全管理；如大陸學者羅云、程五一，於 2004 年所寫的「現代安全管理」和劉景良，於 2008 年寫的「安全管理」重點都在談化學工業安全管理，吳穹、許開立，於 2008 年寫的「安全管理學」主要是談煤炭工業的安全管理。

　　還有一部份學者專家，研究的重點則放在「應急管理」，如大陸學者顧林生、陳小麗於 2006 年發表的「全國應急管理體系構建及今後的發展重點」，陳安在 2009 年所著的「我國應急管理的現狀及基礎概念」；台灣的唐雲明教授於 2010 年所發表的「海峽兩岸應急管理制度之比較」等，重點都是放在「應急管理」也就是美國所探討的（Emergency Management）。

　　雖然筆者在 2011 年撰寫了一本「安全管理與社會」的教科書，其著眼亦是有感於國內真正在談論有關安全管理的書籍確實不多，因此在授課時亦感手邊資料不足，遂綜整相關書籍撰寫該書，使學生對安全管理有一基本的認識，對安全管理應注意之事項也有一全面的瞭解；事實上，在教學過程中亦發現，該書對安全管理仍未能做一全面之解構，對筆者而言，什麼是安全管理的範疇？該如何分類？該如何定位？是乎仍未找到答案。再從上述這些文章和著作就可以發現，

安全管理到底是什麼？恐怕的確需要做一番釐清，這也就是筆者想要撰寫這本書，藉本書來將其做一完整歸類與定位的原因。

第二章　安全管理的概念與界定

第一節　安全管理的概念

當提到「安全管理」（security management）四個字時，它給人的概念，所涵蓋的範圍似乎包羅萬象，他可以是資訊安全管理、建築安全管理、交通安全管理、居家安全管理、社區安全管理、食品安全管理、工業安全管理、化學安全管理、衛生安全管理等等 —— 任何行業、事情都可以冠上「安全管理」而獲得一個保障或品牌的信譽，這似乎是安全管理對一般人的基本印象。雖然大家都知道安全管理非常重要，但什麼是「安全管理」？如何做好「安全管理」就很少人會去進一步的關注。為什麼會有這種現象？可以從兩個方面來解讀，第一：證明今天我們的社會大眾對安全管理已有基本的認識，因此，只要提出安全管理就代表他是一種認知的基本保障、而且是非常重要與必需的。第二：至於安全管理是什麼？社會大眾會認為那是專業的問題，那是專家們要去注意關心與管理的問題，一般庶民並不需要如此深入瞭解。換句話說，大家都知道做任何事、任何行業，都要有安全管理的概念，但怎麼做？那就是安全管理專家或業者的責任了！

　　事實上，安全管理所涉及的問題與範圍非常廣泛，就國家安全而言，大至國土安全、戰爭，小至個人的健康與生命安全都是安全管理研究的課題。就公私領域而言，可分為公領域的安全管理與私領域的安全管理，前者包括政府機關所涉及的各種安全管理問題；後者則包括私人企業、公司行號所經營的安全管理等，同時，有許多安全管理問題經常跨足公、私領域，也牽涉好幾個不同的行業，如環境安全管理、資訊安全管理及非法走私國土安全管理等。[1]

　　就公共安全而言，安全管理就是管理者對自然災害、意外事故、公共衛生與社會治安事件所進行的計畫、組織、領導、協調和控制的一系列活動，以保護人民在此一過程中的人身安全與健康、財產不遭到或減少損失的一種安排。

　　就企業家安全而言，安全管理是企業生產管理的重要組成成份，安全管理的對象是生產中一切人、事、物、環境的狀態管理與控制，是一種走動式的動態管理。安全管理主要是組織實施企業安全管理規劃、指導、檢查和決策，同時，又是保證生產處於最佳安全狀態的根本環節。

　　以公地的施工安全為例，安全管理可分為安全組織管理、場地與設施管理、行為控制和安全技術管理等四個方面，分別對生產中的人、事、物、環境的行為與狀態，進行具體的管理與控制。[2]

　　因此，當我們探討安全管理時，首先必須瞭解，安全是

---

1 夏保成、張平吾，《公共安全管理概論》（台北：銘傳大學銘新出版社，2010 年），頁 8。
2 同上註。

個人、組織、環境與社會相對應產生的概念，而不是自然發生的，是基於過去面臨的經驗與教訓結合時空環境所不斷累積研發而成的。從安全管理的方式與內涵不斷轉變，亦可反應出當時人們對安全管理的需求狀況，更可以瞭解一個社會的結構與改變，其中包含社會的經濟狀況，道德力量、法律規範、科技發展與犯罪模式等等現象。因此，探討安全管理時，除對其基本的概念必須加以思考外，對於當時的社會環境、相關法規，亦不可忽略，尤其「人」的因素，如果安全管理脫離了「人」，這個安全管理注定要失敗，因為人的行為、情緒、思維、心理、習慣及管理方式都是影響安全管理的基本因素。

目前雖然已將「安全管理」關注的重點轉移至社會各行各業。但實際上，那些屬於我們認知的安全管理？那些屬於公共領域的安全管理？那些屬於私領域的安全管理？仍有待進一步的釐清，這些問題也會在後面章節做一說明。

一、安全與管理兩個概念

基本上，「安全管理」這個名詞是由兩個概念組成：「安全」和「管理」。「安全代表一種穩定的、在一定程度內可以預期的環境，讓個人或團體可以在追求目標時，不受干擾或傷害，也不必擔心任何動亂或意外」[3]，簡單地說安全是一種無憂無慮的感覺。過無憂無慮的日子是人類的基本需求，

---

3 Robert J. Fischer, Gion Green 著，李振昌譯，《企業安全管理完全手冊》（Introduction to Security）（台北市：紐奧良文化，2004，上冊），頁 4。

根據馬斯洛五大需求理論[4]，安全屬於第二階層，當人們基本
生理需求滿足後，最想要追尋的就是安全。進一步分析安全
的定義，則可區分成兩個層次，也就是英文的 Safety 和
Security，兩者在中文都是指安全，但是 Safety 指的是「沒有
意外」（No accident），而 Security 指的則是「沒有事件」
（No incident）。員工在辦公室大理石地板走路摔跤，是意
外；監獄發生鬧房、暴動，則是事件。兩者之間存在著目的
與手段、結果與方法的關係，具體的說，Security 是手段取
向，Safety 是目的取向，也就是透過 Security 的執行，達到
Safety 的境界與目的。[5]兩者基本差異如下：Safety 多與人身
安全有關，Security 則為有防護措施的安全。在英文裡，
Security 講得是免於〔或降低〕他人〔或其他團體〕對我刻
意的、有針對性的、有所企圖的、或有鬥爭性的傷害；而 Safety
則汎指免於一般性的〔非刻意的、沒有針對性的、無特殊企
圖的〕意外傷害。舉例來說，現今的工作環境往往同時具有
safety 及 security 的雙重考量及措施，前者如設置煙/溫偵測
器、自動噴水滅火系統、樓梯防滑板、逃生梯道等，意在避
免/減少員工因火災、地震、天雨地滑等意外而造成傷亡；後
者則是保全人員、監視系統、門禁卡、電腦密碼等的佈設，

---

4 馬斯洛（Abraham H. Maslow）於 1908 年 4 月 1 日在紐約市布魯克林出生，
　享年 62 歲，為著名之行為學派心理學家，對激勵理論著墨甚多，以「人
　類需求階層」（hierarchy of human needs）理論而著名，參見 Maslow, A. H.
　（1954）. Motivation and personality. New York: Harper.; Maslow, A. H.
　（1998）. Maslow on management. New York: John Wiley & Sones.
5 李湧清，〈再論安全管理理論架構〉，《警學叢刊》，第 39 卷第 3 期，
　2008 年，頁 86。

旨在避免（可能）懷有惡意者的入侵。其他例子如 safety belt〔汽車安全帶〕、security guard〔保安人員〕等。

當意外或事件發生時，無憂無慮的感覺往往就再不存在了，也就是說人們的安全感開始消失了。因此，「安全」可以說代表著一種無憂無慮的境界，在這個境界裏，人們得以正常地從事各種活動。[6]

安全一般泛指持續穩定、完善、不發生事故不遭受威脅等沒有任何危險或風險狀況發生。因此，從人的安全觀點來看，有三個獨立的對應系統，一是包括與事故相對的生產安全系統，其次是，與違法行為相對的公安系統，三是，與自然災害相對的防災、抗災系統。[7]安全亦是指自然災害、意外事故、公共衛生或治安事件發生過程中，能將人員傷亡或財產損失控制在可以接受的狀態。反之，如果人員財產損失超過可接受的狀態即是不安全。因此，有些學者認為安全具有主觀與客觀二元性，也就是主觀上不存在恐懼，客觀上不存在威脅。所謂的主觀感覺，係指人們對於自己生命和相關事務的無憂與放心；客觀存在係指，具有對抗一切現實或潛在威脅的確切保障。[8]

安全可以說，一直是人類社會追求的一種狀態與需求，就組織言，從國家層級已降，有所謂的國家安全，海事安全、社區安全、企業安全、校園安全以及個人安全等；就活動而

6 王曉明，〈安全管理理論架構之探討〉，《中央警察大學警學叢刊》，第三十七卷第四期，2007 年 1 月，頁 1-12。

7 戰俊紅、張曉輝，《中國公共安全管理概論》（北京，當代中國出版社，2007 年），頁 15。

8 夏保成，國家安全論，北京，長春出版社，1999。

言，有所謂的社會安全、財物安全、實體安全、人事安全和資訊安全等。[9]而公共安全範圍可將整體社會~機關、社團、住戶納入運作體系，其作為除防止人為侵害外，對於天災及意外危害的預防及排除均為其工作內涵。[10]所以安全的概念不止在實體上需要獲得滿足，在人類心理上更要有一種放心與安心的感覺。

其次再來談管理，安全只是一種概念，一種需要、一種感覺，如果沒有透過有效的管理，安全將淪為空談，也無法落實在日常生活中，因此安全與管理就變得密不可分。

什麼是管理？管理大師杜拉克指出，管理的第一個定義是：管理是經濟的器官，是工業社會所獨有的經濟器官，因此無論在制定任何決策、採取任何行動時，企業經理人都必須把經濟績效益擺在第一位。他接著談到，管理的首要之務便是管理企業，而企業管理也就是目標管理。管理的次要功能是運用人力和物力資源，打造有生產力的企業；具體而言，這就是管理「經理人」的功能，因為唯有管理「經理人」，才能造就企業，他們才能將生產資源有效力轉化為產品。管理的最後一項功能則是管理員工與工作。由於工作必須有效被執行，而企業用以執行工作的資源就是員工，這就表示企業必須好好組織安排工作，並且將人力看成是不同於其他資源的資源，透過管理，達到人力資源所需的激勵、參與、滿

9　Robert J. Fischer, Gion Green 著，李振昌譯，《企業安全管理完全手冊上冊》，美國運通東北亞區安全經理徐子文，於前言「迎頭趕上歐美安全管理的專業發展」述。

10　同前註，「名家推薦-推動安全教育　維護企業發展」前警察專科學校校長呂育生述。

足、誘因、報酬、地位和功能等需求。[11]

二、防範未然、彌禍無形

　　從上述大師對管理的解釋，我們綜合三個重點，第一，企業管理也就是目標管理，企業的目標是什麼？就決定了管理的目標。同理，安全管理的目標是什麼？是否就決定了管理的目標！第二，他說，管理的次要功能是運用人力和物力資源，打造有生產力的企業，；同樣的，安全管理的目標決定後，是否也要運用人力和物力資源，打造一個安全的環境或境界。管理的最後一項功能則是管理員工與工作；同樣的，安全管理也需要透過各種不同的階層、不同的人員達到安全執行與維護的目的。而這些執行安全管理工作的人可以稱之為「安全管理人」、「企業安全官」、「企業安全管理師」或「企業安全長」等，而美國休士頓大學教授王曉明則暫時給他命名為「安全經理人」（Security Manager），他認為，他們可能會督導一定人數的警衛或是單獨執行安全系統分析規劃的工作，但是安全經理人的工作與安全警衛的業務不可劃上等號，因為安全警衛偏重技術或勤務執行面，而安全經理人則側重策略管理面。此外，安全經理人不一定只是局限在私人產業，他們也有可能在公共領域服務，例如國家安全局、內政部警政署、法務部政風司、調查局等。[12]

　　另一方面，「管理」是涉及一種綜合科學和藝術的方法

11　管理是什麼？經理人，http://www.managertoday.com.tw/?p=417。
12　同前註，王曉明，「安全管理理論架構之探討」，第 1-12 頁。

或程序，目的在用最少的資源產生最大的效益。因此，管理可以運用到各種領域，舉例來說，將最少的資金產生最大的孳息，可謂之財務管理，而將最少的人力發揮最大的功用時，則成了人事管理。同理，當「管理」運用到追求無憂無慮的境界時，就是「安全管理」。[13]在管理系統中，含有多個具有某種特定功能的子系統，安全管理就是其中一個。這個子系統是由社會及企業中有關部門的相應人員組成。該子系統的主要目的就是透「防範未然、瀰禍無形」的安全管理措施，實現控制意外事故、減少災害損失的目的，使整個社會、組織、企業達到最佳的安全環境，爲所有人員及參加活動者創造一個安全無慮的境界。

　　前面說過，安全只是一種概念，需要、和感覺，如果沒有上述的管理作爲，安全是無法實現的。因此，這就是安全管理的基本概念，也就成了今天世人所認知的一個專有名詞。簡單的說，安全管理的概念是無所不在，處處都在的名詞；它也可以是一個各行各業放之四海都需要、都不可忽視的名詞；它也可以是被高舉之後讓人能夠放心、安心的名詞。

　　眾所周知，理論是經驗的總結，經驗是透過人在日常活動、事件、不斷觀察中，建立起的生活智慧和對自我的發現[14]。筆者就是想將日常生活中、教學過程中所遇到有關安全管理的問題做一歸納與總結，對安全管理的理論作一些整理，但經驗並不一定是科學的，它需要理論研究者和實踐者

13　同上註。

14　鄧小平理論，〈理論成果都是人民實踐經驗和集體智慧的結晶〉，新華網。http://news.xinhuanet.com/ziliao/2004-10/27/content_2145152.htm.。

做一番總結、驗證的工作。而理論在論述過程中，也可能遺漏一些重要的論據，因此理論的結果，最終仍須被不斷的檢驗，才有可能被各界認同與接受。

　　有鑑於此，筆者就個人從事安全管理實務工作 30 餘年及這段期間在學校教學過程中所遇到的問題，參考相關書籍後，嘗試性做一規範與體系的建構，雖然筆者也知道這個工作相當艱鉅與困難，但總是要有人開始來做。因此，在今天社會上安全管理已普遍存在，而大學安全管理相關科系亦蓬勃發展之際，要如何正本清源，將學校與社會在「安全管理」體系，這塊領域作一明確的規範與歸類，是本章嘗試探討的主要目的。

第二節　安全管理之界定

一、安全管理的定義

　　要給「安全管理」下定義確實有其難度，因為對於安全的研究對象與範圍，不同領域間關注的焦點也會有所不同。不同的安全管理關注的重點，其定義內容當然也不同，對煤礦工業者之安全管理定義與衛生安全管理者顯然不同，同樣的，對社會安全管理者之定義與工業安全管理者之定義也不可能相同。就企業安全而言，它們關心的焦點是生產安全，如何對可能的災害事故應如預防及應變；就公共安全角度而

言,他們關心的重心是大眾在從事生產、經營、文化娛樂及其他社會活動的所有安全,如人身安全及財產的安全與社會生活秩序,不會遭受爲法者的侵害和治安事件的損害;就國家安全而言,他們關注的焦點除了傳統的戰爭外,亦包括威脅國家安全的經濟安全、金融安全、環境安全、能源安全、水資源安全、宗教極端主義、恐怖主義、民族分裂、文化安全、武力擴散、資訊安全、流行疾病、人口安全、毒品走私、非法移民、洗錢、海盜等問題[15]。

例如:社區安全管理的定義,認爲社區管理者經由規劃、組織、領導和控制程序,以具效果和效率的方式達成「安全社區」目標的過程。[16]企業安全管理認知的定義,則認爲「安全管理」這個名詞是由兩個概念組成:「安全」和「管理」。「安全代表一種穩定的、在一定程度內可以預期的環境,讓個人或團體可以在追求目標時,不受干擾或傷害,也不必擔心任何動亂或意外」[17],簡單地說安全是一種無憂無慮的感覺。大陸學者則認爲,所謂安全管理係指社會生活秩序得以維持並正常運作的一種狀態,且對各種事件打亂該秩序狀態的轉變,及事件後果的消除,以恢復原有秩序狀態的所有過程。[18]另外按「世界百科全書-安全管理知識網」的定義,則認爲安全管理是爲了控制人的不安全行爲,和機械的不安全

---

15 同前註,張曉暉、戰俊紅,2007 年,頁 14。

16 唐雲明、張平吾、范國勇、虞義輝、黃讚松、郭志裕等著,《社區安全管理概論》(台北:台灣警察學會,2011 年),頁 11。

17 同前註,Robert J. Fischer, Gion Green 著,李振昌譯,《企業安全管理完全手冊上冊》。

18 同前註,張曉暉、戰俊紅。

狀態，以堅實的知識、態度和能力，爲基礎進行的一系列活動；或者認爲安全管理是爲了讓人們失誤最少的從事工作或無失誤的工作，在組織內部協調解決的辦法。所以綜上所述，安全管理是爲了實現安全生產而組織和使用人力、物力、財力等各種物質資源的過程，他利用計畫、組織、指揮、協調、控制等管理機能，控制來自自然界、機械的、物質的不安全因素，及人的不安全行爲，避免發生傷亡、事故，保證職工的生命安全和健康，保證生產順利進行。[19]

從上述的這些定義，不難看出要給安全管理下一個較周延的定義的確不是一件容易的事，因爲他會隨著標的物的不同而有不同的需求，筆者試圖綜合各家的觀點，找出一個最大公約數，來給「安全管理」下定義。因而我們可以給安全管理（Security Management）下這樣一個定義，即：

以安全爲目的，爲使欲管理之標的或項目（如：個人、工廠、活動、社區、社會、國家等），能安全平順的運行，而藉由各種資源（如：人力、物力和財力等資源），以組織、計畫、指揮、協調、控制等管理機能，掌握各種人的不安全行爲、物的不安全狀態，和事的不安全因素，避免發生任何意外傷亡、危害事故，確保計畫範圍內的人員生命和健康得以確保，計畫範圍內的財物、環境、工作、活動不受干擾，達到人安、物安、事安的境界與過程。[20]

上述的定義，雖不能說非常完善，但基本上放在各種狀

---

19 安全管理的定義，安全管理知識網，http://www.safehoo.com/item/40388.aspx。
20 盧義輝，《安全管理與社會》（台北：文史哲出版社，2011 年元月），頁 23。筆者於該書中曾做過詮釋，此次試圖以更周延之內容來將其定義。

況下，都應該可以適用。

　　至於什麼是人安、物安、事安？再進一步說明如下：

　　所謂的人安、物安、事安，也可以說是現代社會中安全管理追求的主要目標。

　　什麼是人安、物安、事安？

（一）人安：（Personnel Security）

　　生命是無價的，如果安全管理不能以「人」為中心來思考所有安全的問題，一切的安全管理都是空談，託付這項任務的委託者也無法諒解，這可以說是安全管理的核心基本要求。因此，人安強調的是如何在安全管理的要求下確保人的生命安全與健康，也就是指個人在日常生活上、活動中、工作中的安全均能獲得保障。因此，人的安全也是所有安全管理的首要考量。

（二）物安：（Physical Security）

　　我們經常說人、物，事實上人和物經常是連結在一起，因此，人的安全與否，和物有相當密切的關係，通常人的意外發生都是因為對物的疏忽造成。所以，物安強調的是實體的安全，係指物品的存放、運送、管理、設置等之安全作為與保障。例如貨車司機在堆放綑綁貨物的過程中未能仔細做好安全檢查，以致發生意外，造成他人或本身的傷亡，這就是典型人與物連結造成的安全問題。另外如資安，同樣也是人與物連結造成的安全問題，因為所有的資訊都需透過「載體」方能傳輸、解密、獲得與運用，不管是電腦、隨身碟、

光碟、網路、手機，都是「載體」，其本身就是一個物體，而這個物體要如何管理，一方面是人的安全管理作為是否保管得宜、有否加密，是否有防火牆的設置，是否依規定使用操作等；另一方面是「載體」或說「物」的存放、管理、運送、設計的問題，這兩者都脫離不了人和物，基本上都是物品存放、管理甚至設置的問題。因此，筆者才認為在安全管理的界定下，資訊安全（Information Security）應歸類在物安的範疇，不需另訂一個資安。但如要單獨研究資訊安全問題，當然資安是一門相當重要且需另闢專研的議題。但在安全管理的大架構下，資安也不過是物安的一個面向。因此，筆者認為資安（Information Security）應屬物安的範疇。

（三）事安：（Administration Security）

事安，或許是一個新的概念，他是一個什麼樣的內涵？似乎較少人提及，筆者認為，事安強調的是在從事一項計畫、任務或活動中有關安全事務所需考量的各個面向，其中包括決策、組織、計畫、作為、指導等事項。也可以說在日常生活上、工作上、行政事務上、各種活動進行中，必須處理、面對、執行、管理等各種有關安全問題上必須顧慮與注意的事項，若因承辦或主辦人的疏忽或未考慮周延而造成任何意外、傷亡及危安事故都屬於事安的範疇。例如：2008年大陸海協會長陳雲林訪台，在台南孔廟爆發推擠衝突事件，整個活動過程之安全維護與動線規劃等，其中有關動線規劃的疏忽，就屬事安的問題。台北2010國際花卉博覽會期間，人員進出、花卉維護、安全管制、緊急應變、危機處理等之全般

安全管理規劃等事項；大型演唱會期間的場地、人員、觀眾、出入動線等安全管理之規劃執行事宜等；再如國境安全規劃、入出境管制等安全上的問題，以及選舉期間之造勢活動規劃等都屬於事安範疇。[21]因為其中任何一件事的疏忽或未考慮到，都可能導致人的安全受到威脅，所以再談事安時，特別要強調整件事情的規劃與作為，是否有任何安全上、管理上、計畫上、作業上、甚至思慮上疏漏之處。換言之，事安係指人安、物安以外的各種可能危及安全的因素，而這些因素在今天整個安全管理體系的思維中已是不可輕忽的重要環節。

因此，在人安、物安、事安的管理要求上就要做到「防範於未然、濔禍於無形；傷害到最少、服務到最好」。也就是再追求安全管理的過程與境界時，能夠「沒有意外、沒有事件」，就算萬一，還是發生了，也能將其傷害減損到最低最少，並且立即採取改善與服務的措施，讓受害者在身體上、心理上都能獲得慰藉，所以，安全管理就是利用有效的管理手段，將預防意外事故、應急措施與保險補償三種手段有機地結合一起，以達到保障安全的目的，這應該就是現代社會中，安全管理追求的目標。

因此，安全管理在實際作為上，其主要掌控的標的就是：人的不安全行為、物的不安全狀態及事的不安全因素，並以周延的計畫將其貫穿，反覆的觀察、檢驗，抱著不厭其煩、寧可再檢查一遍的心理，去面對各種可能的安全管理問題，

---

21 同上註，虞義輝，頁24。

就能預防傷亡事故的發生，保證工作順利進行，使人處於一種安全的狀態。

這個境界看似簡單，卻不容易達成，因為的確世事無常，現實生活中有太多的因素威脅到安全的環境，這些因素包括天災（颱風、地震、水災等）、人禍（戰爭、恐怖攻擊、一般犯罪等）以及各種不可知的因素，這也就是我們在日常生活中常聽到的「安全的提醒，再怎麼說，都不嫌多」。

二、安全管理的要求

隨著現代社會的改變、企業制度的建立和安全科技的發展，安全管理的要求也有所改變，傳統的縱向單因素的管理模式，將要求增加到橫向的綜合安全管理；將傳統的事故管理導向為事件的預防管理（將事後處理型改為事前預防型）；將傳統的被動的安全管理轉向為主動的積極的安全管理；將傳統的靜態安全管理導向動態的安全管理；將過去企業只顧生產經濟效益的安全輔助管理為經濟利益、環境、安全與衛生的綜合安全管理。並強調以人為中心的安全管理，體現以人為本的安全價值觀。讓從事安全管理者時刻記牢保障人員、參與者的生命安全是安全管理工作的首要任務。其次，強調全方位的安全管理。也就是要從社會、企業的整體出發，實行全員、全程、全面的安全管理，讓人們知道安全管理不僅是安全管理者的責任，更是每一個人必須了解與參與的工作。因為每一次的意外與不安全事件，幾乎都是那些未被注

意、或未被提醒的少數造成。[22]

　　安全管理在現代的社會與未來的發展，將會越來越受到重視，因為當人們變得越富足、經濟狀況越改善，他的不安全感就越強烈，安全的需求就越迫切，要解決這樣的困境與化解這樣的恐慌，只有透過專業的安全管理技術與安全管理專業人員，才能達到無憂無慮的境界。

第三節　工業安全管理不等於安全管理

　　在安全管理的概念尚未普遍之際，工業安全管理幾乎就等於安全管理，因為英國工業革命之後，造成的各種意外與傷害都是肇因於工廠的管理與機具的操作，引發社會上不斷關心的也是與工廠的管理與工人操作機具不當的結果。因此，社會上有了安全管理的初步概念，而這個概念的內涵指涉的就是工業安全管理。這樣的認知與理解一直到今天還普遍被一般人所認為理所當然，也正因這樣，在市面上發現各種有關安全管理的書，或相關論文，其內容實際上都是在談工業、衛生、化學等安全管理問題。例如：「工業安全衛生管理實務」[23]一文中提到安全管理目的，事實上，就在談工業安全管理。

　　該文說「安全管理目的」：

　　安全管理係對工廠的各項設施預先做好安全工作，以避

---

22 同上註，頁 21。
23 工業安全衛生管理實務，web.ntnu.edu.tw/~49470234/21.htm。

免於生產過程中發生人員受傷的意外事故。安全管理是工廠現場管理中極為重要的一環，良好的安全措施，可使員工安心操作，不慮身體健康之威脅，使企業活動順利進行。許多工廠意外事故的發生都是由於人為操作不當所引起，所以加強設備的安全設施並教導正確的操作方法時為企業管理者必須加以重視的課題。

安全管理可分為操作者的安全，設備與設施的安全，產品及原物料之安全；為了確保人、設備、及產品的安全就必須分析其危險的來源及造成危險的因素，並預測可能引起的災害，再據此做出最好的預防方案。而安全管理即強調防患於未然，避免事故和災害發生，以確保生產活動順利進行。

工業安全係專業性之工作，於廠內必須有專責人員規劃、執行。一般企業往往認為投資人力、物力、財力於工業安全工作上是很大的負擔，常裹足不前；然不良的安全管理常造成重大的災害，其設備損失及人員傷亡所造成之成本浪費將更為嚴重；因之做好連續性的現場安全管理工作，可將災害發生降至最低，並減少總災害成本。

又例如，蔡永銘所著「現代安全管理」，其全書內容都在論述工業衛生安全，其第二章談勞工安全衛生法規、第三章談自動檢查、第六章談系統安全、第九章談製程安全管理、第十章談安全衛生管理系統。

從上述這些現象，就可以理解安全管理的概念迄今仍與工業安全管理混為一談的現象。但今天的安全管理概念與內涵絕非單一的工業、衛生安全管理所能涵蓋，而工業安全管理只是現代安全管理的一個項目或說一環。為了區別安全管

理，以下將工業安全管理做一簡介。

一、工業安全管理基本概念

工業安全是指「透過各種安全防護措施，以避免工業災害的發生」。工業安全是去除事故發生的主要因素，使人們生活於安全的境界，由於工業產品常集於工廠，故一般以工廠內工作人員使用機器、工具之安全方法為對象。一般工業工業安全的工作內容可歸納為下列數項：

安全工作的講求，通常可以從工程（engineering）、教育（education）、執行（enforcement）、和熱忱（enthusiasm）等四方面來著手，此四項合稱為 4E。

職業安全，又名工業安全，是一種跨領域學科，橫跨自然科學與社會科學，包括工業衛生、環境職業醫學、公共衛生、安全工程學、人因工程學、毒理學、流行病學、工業關係（勞動研究）、公共政策、勞動社會學、疾病與健康社會學、組織心理學、工商心理學、科學、科技與社會、社會法及勞動法等領域的關注。

內容研究和關注職業崗位上的安全、健康。職業安全經常與職業健康合稱為職業安全健康。[24]

常見的工業安全衛生案例

建築工地：噪音、空氣污染、營造安全衛生設施:安全網、安全帶、護欄、工作平台、警戒線、墜落。

---

24 工業安全的意義與了解，
　　tw.knowledge.yahoo.com/question/question?qid=1507011005332。

　　建築工地安全問題一直是全球建築界關注的問題，在香港,建築工地意外約佔全部工業意外的 20%;英國的工地意外佔四項主要工業意外的超過 40%;在澳洲,平均每 100,000 個工人就有 5.6 個工人因爲工地意外而死。[25]

　　工廠：對於工作者的危害（職災：職業災害、工傷：因工受傷或職業病），依暴露源可區分化學性，化學溶劑或是吸入有毒氣體，如塵肺病、火災爆炸、缺氧。

　　物理性，機械防護，鍋爐及壓力容器安全，電氣安全人因工程性，如坐椅，器械設計不良，引發工作者肌肉骨骼疾病，如腕隧道症候群。

　　感染性，如病毒、細菌，使得醫護人員在工作中因針扎感染到相關疾病。

　　社會心理危害，如職場暴力、性騷擾、工作壓力，引發過勞死、精神疾病等心理問題。[26]

　　工業安全涵蓋的層面相當廣泛，舉凡與工業有關的安全工程及安全管理等相關事宜皆是工業安全的範疇；例如：生產過程裡機械設備的安全設計、生產製程的安全操作標準以及人員的安全管理等相關安全措施，其最終目的是爲了防止工業災害的發生。工業災害有廣義及狹義之分，「廣義的工業災害」又稱「事故」，包括造成人、物及效率降低之事件，依希蘭克氏說：事故是阻礙或干擾有關活動正常進行之任何

25 Construction Safety Series: Risk Engineering ，Li, Rita Yi Man, **Poon**, Sun Wah，2013, 2013, Approx. 160 p. 5 illus.
26 維基百科
http://zh.wikipedia.org/wiki/%E8%81%B7%E6%A5%AD%E5%AE%89%E5%85%A8。

事件;「狹義的工業災害」通常指人員引起之傷害事件,依
國勞局統計專家會議解釋為:傷害是由於人接觸物体、物質、
其他人或置身於物體、環境中或由於人之行動而引起人類傷
害之事件。[27]

二、工業安全的意義與起源[28]

(一) 工業安全的意義

安全是一種觀念,身體狀況與知識的混合體。
包涵下列三種狀態:
1.心理狀態
2.生理狀態
3.物理狀態
工業安全即是研究如何防止工業意外事故發生的科學

(二) 工業安全之起源與發展

　　自從 1777 年,英國格拉斯哥的機械工程師瓦特(Jame
Watt)發明了第一部有實用價值的蒸汽機,正式揭開工業革
命的序幕,各國政府及社會改革家開始正視工業安全衛生的
問題,並著手介入干預及推動工廠安全衛生工作,工業安全
運動開始萌芽。

---

27 安全管理,teacher.yuntech.edu.tw/~leesh/16-SM.htm。
28 鄭世岳等編著,《工業安全與衛生》(台北:新文京開發出版,2006),
　　頁 59。

英　國

1802 年英國國會通過「學徒健康與道德法」（Health and Morals of Apprentices Act），爲世界第一個工業安全衛生法規。

1819 年頒佈工廠法（The Factory Act）。

1833 年首次由政府設置工廠檢查員四名，檢查有關工廠的安全衛生設施。

1842 年國會通過「礦場法」（The Mines Act）。

1844 年規定工廠內的機械傳動齒輪與軸承必須設置護罩。

1850 年規定女工及童工不准在夜間工作。

1867 年修訂工廠法規。

1974 年頒布「工作衛生安全法」（Healthand Safety at WorkAct）。

美　國

1867 州政府乃規定工廠檢查員的設置。

1869 年成立美國第一個勞工統計局。

1910 年美國聯邦政府成立礦務局。

1913 年成立「工業安全全國協會」（National Council for Industrial Safety）。

1959 年政府公布碼頭作業安全標準，1966 年公布金屬及非金屬安全法，1969 年通過聯邦煤礦衛生安全法。

1970 年 12 月美國國會通過「職業安全衛生法」（Occupational Safety and Health Act，簡稱 OSH Act）。

台 灣

民國十六年七月一日國民政府成立勞工局

民國十八年十二月三十日，頒布工廠法

民國二十年十月一日頒布工廠檢查法

民國二十一年第一次修訂工廠法

民國二十四年又頒布工廠安全衛生檢查細則

民國三十八年勞工司歸內政部

民國三十九年四月十三日，公佈台灣省勞工保險辦法

民國四十七年七月二十一日公布施行勞工保險條例

民國六十一年內政部乃將草擬的勞工安全衛生法草案送交院會討論

民國七十三年七月三十日總統令公布勞動基準法及其附屬法規

民國八十年五月十七日修正公佈勞工安全衛生法

民國八十二年二月三日由總統公布勞動檢查法

有關教育部對工業安全管理的說明：[29]

工業安全管理 ── 大專校院就業職能平台

就業途徑簡介 / Career Pathway Introduction

負責職場之環境安全與衛生之規劃、執行與管理，以符合相關法令規定與企業之永續經營。主要工作內容為協助工作場所處理及防治各類污染、廢棄物、有毒物質等工程及水處理工程，負責環境分析檢測與環境管理規劃等工作，使企

---

29 工業安全管理 ── 大專校院就業職能平台，
ucan.moe.edu.tw/search_1.asp?f1=MNC&f2=66。

業（工廠）及業務運作符合現行環保規定；並應遵循勞工安全衛生相關法規，進行健康管理危險評估。（具備環安衛證照並熟悉相關法規）

　　從上述的說明與闡述，就可以知道，安全管理與工業安全管理基本上是兩個完全不同的概念，工業安全管理只是安全管理諸多項目中的一個項目，過去由於工業革命的啓蒙，安全管理的概念因而產生。因此，一般人習而不察，一直沿用至今。但今天安全管理的面向已包羅萬象，安全管理的內涵與範疇不斷擴大下，確有必要做一釐清與說明，也該是爲安全管理正本清源的時候。但不可否認，工業安全管理的許多規範與要求，確實可以提供安全管理者之參考與借鏡。

第三章　安全管理的緣起與發展

　　從人類歷史的發展觀察，安全管理的概念很早就已存在人類的社會，人們為了求生存、為了保性命、為了保家財，不斷的運用智慧，不斷的思考各種可能的方法，以確保生命財產的安全。隨著外在環境的改變，隨著內在各人的需求，各種安全管理的方法與機制也相應而生。因此，在探討安全管理的起源與發展時，首先需瞭解，安全管理不是自然產生的，而是隨著人類的進步、社會的變遷、經濟的結構、科技的發展，相互激盪，逐漸衍伸發展而形成的。

第一節　安全管理機制的源起

一、中國早期的安全管理作為

　　根據考古學家的研究，史前人類已經懂得使用不同的方法追求人安和物安，例如將居所置於懸崖上的山洞、外出打獵時用巨石擋住洞口和夜間時用火堆驅獸。始建於公元前400 年的中國萬里長城，用以阻絕北方遊牧民族的入侵，其

功用一直發揮到 17 世紀，被安全管理專家公認爲史上最偉大的安全建構[1]。

　　我國古代社會中就積累了一些安全管理的經驗，隋代醫學家巢元方所著《病源諸侯論》醫書中就記有「凡進古井深洞，必須先放入羽毛，如觀其旋轉，說明有毒氣上浮，便不得入內」。明代科學家宋應星所著《天工開物》中記述了採煤時防止瓦斯中毒的方法，「深至丈許，方始得煤，初見煤端時，毒氣灼人，有將具竹鑿去中節，尖銳其末，插入炭中，其毒煙從竹中透上」，上述這些作爲，基本上，就有著安全管理的雛形。而孟元志所著《東京夢華錄》一書記述的北宋首都汴京（現河南開封）嚴密的消防組織就已顯示出較高的安全管理概念「每坊卷三百步許，有軍巡鋪一所，鋪兵五人」，「高處磚砌望火樓，樓上有人卓望，下有官屋數間，屯駐軍兵百餘人。乃有救火家事，謂如大小桶、酒子、麻塔、斧鋸、梯子、火叉、火索、鐵錨之類」，一旦發生火警，由騎兵馳報各有關部門[2]。

　　到了明清時期，安全管理的概念更具體呈現在民間社會，也就是今天保全業的前身~「鏢局」。在中國古代，驛站是唯一系統的郵遞運輸機構。但驛站是專門爲朝廷押送一些來往信件物品的。而對於民間的一些商業往來便沒有一個安全保障機構。所以到了明末清初由於社會需要就逐漸出現

1　王曉明，〈安全管理理論架構之探討〉，《中央警察大學警學叢刊》，第三十七卷第四期，2007 年 1 月，頁 1-12。

2　吳穹、許開立，《安全管理學》（北京：煤炭工業出版社，2008 年 6 月），頁 5。

了鏢局。鏢局又稱鏢行，是受人錢財，憑藉武功，專門為人保護財物或人身安全的機構[3]。

　　根據「鏢局春秋」記載，明朝對商人來說是個鬆動期，商品交易從生活必需品開始向裝飾品，儲備品等方面擴展，市場開始擴大，特別是資本主義的萌芽開始萌生，市場上出現了自由勞動力的出賣者，這才使民制、官收、商人行銷的一條龍服務，摻進了民營的成分 —— 這就是我們所說的自由商人。

　　三百年大清帝業，是經濟的繁榮期，也是自由貿易的開發期，特別是嘉慶，道光年間，除了將一切生活必需品的經營權交還給商人以外，連世襲的販鹽特權也一併廢除了，所有商人只要照章納課（稅），就可以領到官府發放的「鹽引」（買賣食鹽的一種票證）。康熙和乾隆時期，又陸續開放了礦禁、機限、絲織業、制陶業、冶鐵業等等，商品經濟的極度繁榮，不僅為商人隊伍的出現奠定了雄厚的物質基礎，同時帶來的還有商品在長途販運過程中的各種風險。於是，為保證商品途中運輸安全的「鏢局」也就應運而生了。從上面商品經濟的發展軌跡來看，國計民生的主要物質長期被壟斷，到了明清才有所鬆動，商品經濟的發展才逐漸衝破了統治階級的壟斷和控制，在這種條件下，鏢局產生和發展的條件已經完全成熟。所以說，自由商人的起源也是鏢局的起源。[4]

3　廣盛鏢局，《維基百科，自由的百科全書》，
　　http://lsw1230795.mysinablog.com/index.php?op=ViewArticle&articleId=23
　　11936）。
4　古彧，《鏢局春秋》（朝華出版社），http://book.sina.com.cn　2007 年 08
　　月 16 日。

　　從上所述，可以看出「鏢局」是中國最早出現的民間安全管理機構，而這樣的安全管理機構與當時明末清初社會經濟結構的轉變與蓬勃發展，還有商人的安全需求，有著密切的關係，這也是「鏢局」形成的原因，因此，可以說「鏢局」應該是中國最早出現且具規模的民間安全管理機構。

二、西方國家早期的安全管理作為

（一）安全管理作為的萌芽

　　西方國家早期的安全管理作為，以英國最具代表性，諾爾曼王朝之後的英格蘭，從約翰王開始，認為法律應該高於國王的刺令，因此，社會百姓對於制度與政府機構逐漸產生信心。個人的權力、國家與臣民之間的關係都有正式的法令規範。因此，國王的權力也開始釋出，此時，也對社會上的各種現象與百姓應該遵守的公共安全秩序，訂出了相關的法令。

　　1285 年溫徹斯特法規（The Statute of Winchester）也稱之為西敏寺法規（Statute of Westminster），改革並重組了國家警察與軍隊的就有組織，這項法規賦予每個人守望監視的責任，例如，在街道上聽到追捕罪犯的叫聲，人民應該協助緝捕。每一個地區對於轄區內的犯罪行為應該負責任，所有的城門在夜間必須關閉，陌生人必須向當地行政長官報到。同時規定，國王所經過的馬路，兩邊 200 英尺的樹叢、掩蔽物，必須清除，以保障行人的安全，必免受暴民的攻擊。享有自治權的市鎮，也訂定法令防制犯罪及相關的安全規定。

但因官方的執行效果並不符合人民的需求，因此，民間開始
自組私人武力夜間巡守，成為民間防護安全力量的源起。[5]到
1737 年個人權力的新觀點開始出現，國王第一次將稅收用於
支付守夜巡邏人的薪支，8 年後，國會授權特別委員會研究
社會安全問題，並推出一個計畫，雇用已有的私人安全警衛，
以擴充地區的保護範圍與力量。[6]這在西方安全發展的歷史
上，是很重要的里程碑，因為國王第一次將稅收用於公共安
全管理上。

　　第一次世界大戰期間，西方國家對敵方轟炸和破壞行為
的擔心，參戰國都先後成立了民防組織，就戰爭對平民的可
能打擊實施預防性、應變性管理，使公共安全管理進入了雛
型期，此一階段一直延續到冷戰高潮期。而處在冷戰邊緣的
紐西蘭，在 20 世紀 60 年代初就結束了此一階段；美國和澳
洲，則到 70 年代才結束[7]。因此，西方國家的公共安全管理
機制，是在與各種災難磨練的處理過程中發展起來。

（二）安全管理作為的雛形

　　早期公共安全管理時期係指具有專門公共安全管理職能
的政府機成立之前，或者對原政府機構明確規範公共安全管
理職責之前的時期。此一時期特點，是該國政府或立法機關
對某一具體災難實施行政或立法行為予以管理。但沒有形成

---

5 Robert J. Fischer, Gion Green 著，李振昌譯，《企業安全管理完全手冊》
　（Introduction to Security）（台北市：紐奧良文化，2004，上冊），頁 5-6。
6 同上，頁 8。
7 夏保成，《西方公共安全管理》（北京：長春出版社，2006），頁 27。

全面性針對此後發生災難的持久性、普遍性管理責任和義務加以規範。儘管這謝行政和立法行為未能形成日後的一種制度，但災難及處理反覆出現結果，已在民眾心中逐漸形成政府具有公共安全管理責任的觀念，此一約定俗成過程，為日後的公共安全管理奠定廣泛的基礎。

美國最早的公共安全管理行為出現在 1803 年。當年因新罕布夏城發生嚴重火災，損失慘重，幾乎燒掉了半個城鎮。當時災民數量龐大，無力自救，更遑論管到他人瓦上霜。此對一個城鎮而言，如此巨大損失也超出了他所能提供救助的能力。有人將此一事件上綱到政府層級，因為聯邦政府如任由事態發展而無動於衷，必然會動搖百姓對政府的希望和信賴：如果聯邦政府採取救援行動，便要開創行政先例，必須透過立法的許可。

有鑑於此，美國國會於是通過法案，由聯邦政府對遭受火災的新罕布夏城提供財政援助。這是美國建國以後首次公過的災難立法。對日後的影響有以下幾項：

第一、政府有責任幫助遭受大規模災難的個人與社區

第二、聯邦可以對地方災難實施立即援助

第三、聯邦的援助只是個案，而不是制度，且是通過法案授權的形式加以實施，尚非一般的行政行為。

美國自 1950 年通過「災難救濟法」（Disaster Relief Act）之後，國會針對遭受颶風、地震、洪水和其他自然災害地區的援助問題，先後通過了 128 個法案。這些法案都是遵循 1803

年的法案先例，具有相同的特點。[8]

　　1931 年，霍克灣發生強烈地震並引發火災，納皮爾和哈斯汀斯兩個城市遭到毀滅性破壞，260 人死亡，絕大多數居民失去家園。在當時人們心目中，對付災難主要是家庭、社區及地方政府的事，而這些單位根本缺乏處理重大災難的能力。他們雖然組織了「公民委員會」負責協調救援和安撫行動，但他們缺乏權威和支持，救援之路困難重重，且地方政府也沒有足夠的救助能力。殖民地政府在沒有法律授權情況下，毅然介入處理，迅速提供了各種形式的幫助。

　　針對上述情形，加上當時全球發生嚴重的經濟危機，在奧克蘭市引起社會動亂。殖民地議會於 1932 年通過了「公共安全保持法」。該法案授權政府在任何時候，在所轄國土的任何地方，當「公共安全或公共秩序正在受到、或者可能手段的危害」時，可宣布實施緊急狀態。在殖民地政府的控制重建之，現場的高級警官應該發布任何必要指令，以有效「維護生命，保護財產，維持秩序」。

　　由於該法案對自然災害的救助行動沒有授權，他還不能成為紐西蘭公共安全管理的制度性立法。如果再遭遇類似霍克灣事件，只能由地方機構採取自覺自救的行動。

　　早期日本也是屬於自然災害頻發的國家，因可耕地面積小，人口眾多，在明治維新之前，經常發生災荒，即使豐收之年，每年也要餓死數萬人。因此，日本歷史上的農民起義，一般都採取「米騷動」刑事；德川幕府的將軍也經常發布號

---

8 夏保成、張平吾，《公共安全管理概論》（台北：三民書局，2010），頁 28-30。

召人民備荒。明治維新以後,抗災荒仍然是政府關切的課題;1880 年,政府頒佈「備荒儲備法」,此為日本最早的防災法律。該法目的是儲備糧食和物資,以備遇到災害和飢荒時所需。

到發動第二次世界大戰時,日本先後頒布了「河流法」「防沙法」「森林法」「災害準備金特別會計法」「水災預防組合法」及「治水費資金特別會計法」等相關法律。

1.民防時期[9]

因戰爭因素,西方國家練建立了民防組織,成為公共安全管理的雛型組織,為日後建立正式公共安全管理體制開創了先河。如紐西蘭的民防組織,後來演化成民防部,一直承擔著國家公共安全管理的全面領導責任。茲將有關民防的概念與沿革說明如後。

日內瓦公約於 1949 年簽訂,於 1977 年的附加議定書中指出,「民防」的意思是履行下述人道主義任務的一些或全部,旨在保護人民對抗危險,幫助其從敵對行動或者災難性的影響中獲得平復,並提供必要的生存條件。這些任務包括警告、疏散、臨時收容所管理、燈火管制措施管理、救援、醫療服務、消防危險地區的檢測和標示、消除放射性汙染和類似保護性措施、緊急膳食和供給的提供、在混亂地區秩序的重建和保持的緊急援助、公共事業設施的緊急修理、死亡的緊急處置、幫助保存生存的民生必需品,即完成以上提到的任何任務所必需的補充行動,但不限制計畫和組織。

根據上述說明,民防的主要功能如下:

---

9 夏保成、張平吾,《公共安全管理概論》(台北:銘傳大學銘新出版社,2010 年),頁 29。

（1）保護人民對付敵對行動或者災害的影響

（2）援助人民從敵對行動或者災難的即時影響中重建

（3）為人民提供必要的生存條件

由此可知，戰爭是危及公共安全的極端狀態，各國早期的民防只是針對戰爭一個目標。目前民防已是國家公共安全管理的重要組成部分。

2.民防的開端

世界上最早的民防組織出現在英國。第一次世界大戰中，為了對付空中轟炸，英國開始組織平民，傳授防空知識，展開自我防禦，是為民防的開端。由於當時的空軍打擊力量有限，對平民的威脅不是很大，人們對民防的重視度較低。戰爭結束後，隨著空中力量的快速發展，防空引起了英國民間極大的關注，呼籲政府採取進一步行動。

1924 年，英國成立隸屬於皇家房務委員會的的「空襲防範委員會」，專門負責研究怎樣在戰爭平民免遭轟炸的傷害。1930 年代中期，歐洲形勢緊張，戰爭違憲迫近，英國在 1935 年實施防空襲保護與民防方案，政府撥款 100 萬英鎊作為裝備費用，同時，成立了隸屬內政部的空襲預防局，任務是協調所有政府部門對付空襲的工作；並且要求地方政府出面驅之地方空襲防範委員會；有組織的民防事業正式誕生。

當時民防是一個半軍、半民的組織，1938 年，內閣大臣約翰‧安德森勛爵領到空襲預防局時，任命了若干聯絡員和地方專員，他們多數是退伍軍官。國家被劃分為若干與軍事區域相關聯的大區，每區由一名專員領導，負責民防與軍事行動的協調工作。地方空襲防範委員會結合地方名流、代表、

退伍軍人及具專業能力的人員所組成，在地區專員統領下，往上與政府和軍事部門密切配合，往下深入居民社區，組織動員所有居民。在第二次世界大戰的不列顛戰役中，面對希特勒德國的狂轟濫炸，民防組織為保護平民發揮了積極的功效。

紐西蘭民防組織則是模仿英國所建立。於 20 世紀 30 年代中期，設立了理屬於不列顛帝國防禦委員會的紐西蘭應急事態防範委員會，成員包括內務部、員警部門和國防不們的代表。1936 年 7 月，該委員會將其所關注的目標確定為地震、空襲和毒氣進攻。值得注意的是，地震這一非戰爭危險被列入目標，為早期紐西蘭民防與其他國家最大的不同。

1937 年，紐西蘭防範委員會擴及空軍、人口普查與統計、勞工部代表，並得到首筆 1000 英鎊的撥款。兩年後又出版兩個指導手冊，分別關時市鎮政府和鄉村政府如何應變敵人進攻、瘟疫、地震和其他自然災害方面，雖然民防重點能以應付敵人進攻為主，但針對其他災害的公共安全管理責任也更加具體及明確化。

由於民防管理體制在戰爭時期不斷被強化，紐西蘭於 1938 年，內政部長開始負責應急事態防範計畫，歐戰爆發後，轉由全國兵役部部長負責，最高機關設在威靈頓，地區機關遍布整個紐西蘭，勝制漣漪些私人機部門也建立了對應機構。珍珠港事件爆發，日本進攻的威脅迫在眉睫。政府拓展了火災警界計畫，頒布了為公共和工業建築提供應急事態掩蔽所條例。

3.民防的成熟期

及至戰爭結束，除了英國民防外，澳洲、紐西蘭和加拿

大的民防基本沒有機會發揮真正應變敵方進攻的作用。美國由於兩次世界大戰都沒有波及本土，故在 1949 年以前並沒有永久性的全國民防組織。

戰後兩極世界的形成加劇了國際緊張局勢。蘇聯成為戰後僅次於美國的軍事大園，於 1949 年原子彈試爆，使美國趁機利用意識形態的對立渲染蘇聯核子戰爭的軍事威脅，企圖透過「北大西洋公約組織」和「美澳新安全條約」將西方國家組織起來，準備應變蘇聯發動的核子戰爭。

美團總統杜魯門於 1949 年 12 月發佈行政命令，成立聯邦民防管理總署）Federal Civil Defense Administration, FCDA），隸屬國防部，旨在對付來自蘇聯的攻擊。1950 年，國會通過了「聯邦民防法」（Federal Civil Defense Act），確定了聯邦民防管理總署的許可權，接著通過「國防產品法 Defense」（Production Act），規定了工業分散佈局的方針。

南北韓戰爭爆發後，對蘇聯發動核子戰爭的威脅被進一步誇大，西方國家紛紛加強或重建其民防組織。

1953 年，紐西蘭通過了「地方政府應急事態授權法案」（Local Authorities Emergency Powers Act），規定了遭受核子打擊時地方政府的權力和責任。1955 年，澳洲也通過了相應的立法，各州民防組織體系重新在更大規模、更完善組織、更多投入和更多人員參與的情況下紛紛建立起來。

此一時期，美國的民防體制亦迅速建立。依據「聯邦民防法」的授權，聯邦民防管理總署負責起草預案，為州及以下行政區劃提供指導、協調、幫助及培訓，對其供給和裝備的採購提供一半資助。

與聯邦民防管理總署平行的是國防動員辦公室）。且 Office of Defense Mobilization），它負責在戰爭爆發時，迅速動員重要的戰爭物資和產品，其中它包含了一項「應急事態準備」的功能。1958 年，兩個機構併入了民防與國防動員辦公室（Office of Civil and Defense Mobilization）。多數州政府也設專人負責民防工作，每一個社區都設有民防主任。民防項目在社區中快速增加，政府鼓勵社區和個人修建防核彈掩體，聯邦民防管理總署則負責提供技術協助。

1953 年 5 月 2 日，艾森豪總統因為喬治亞州四個縣遭受龍捲風襲擊，第一次宣佈了災難狀態，開創了總統宣佈災難狀態和應急事態狀態的時代。甘乃迪政府上任之後，於 1961 年把應急事態準備的功能從國防動員辦公室分離，在白宮設立了應急事態準備辦公室，負責應變自然災害，民防職責則留給隸屬於國防部的民防辦公室（Office of Civil Defense）。自此，美國的公共安全管理機構開始從民防體系中萌芽茁壯。

紐西蘭雖然頒布了「地方政府應急事態授權法案 J'但它並沒有要求地方政府建立民防組織，只有在應急事態發生時當內務部下達書面指示才能建立。這樣的民防體系沒有常設機構、只能在需要時倉促設立臨時性的機構機制，明顯缺乏效率。且該法案將應急事態發生時，幾乎將所有責任交給地方政府，與公共安全保持法的精神相悖。

再反對派壓力下，紐西蘭中央政府為彌補這一立法缺失，1954 年 4 月內閣通過了一套「重大應急事態中政府的行動」（Government Action in a Major Emergency，簡稱 GAME）的行動方案，它明定中央政府各部門在應急事態中的相關責任。

　　1958 年，政府發表「防務評論」白皮書，書中提出「民防方案的編制應該享有優先權」，及建議建立民防部。內容說明需要民防的理由是：保護和教育平民對付核子威脅，必須而且首次成為民防預案的主要部分。在全球角逐的激烈衝突中，地理位置不再能保障紐西蘭的安全——放射性沒有前線，沒有距離，核子武器污染可能是全面性及球性。

　　此一威脅再度引起人們對民防需求的關注，政府也開始採取更為積極的行動，於 1959 年 4 月在內政部下設立民防部（Ministry of Civil Defense），其職責是對地方政府，管理的是過去的民防計畫事務，由內政部長出任民防部主任（Director of Civil Defense）。民防部設在內政部，卻要對國防部部長負責，因為其軍事需要遠大於其他災難的需要。儘管如此，民防部的成立對紐西蘭公共安全管理而言，具有劃時代意義因為以軍事意義為主的民防機構朝向一般民防機構的轉變奠定了組織基礎。

　　紐西蘭於 1962 年通過民防法。這是一部全面且大規模的法案，共分五個部分 59 個條款，分別對行政管理、民防區域、全國緊急狀態或重大災難的宣佈、地方政府的職責和權力，以及其他事項做出了詳細規定；並將應急事態分為軍事打擊和自然災害兩類。至於經費問題，確定了以地方為主、中央財政補貼的原則。紐西蘭的公共安全管理體制，至此基本完備。

（三）民防與公共安全管理[10]

民防作為公共安全管理的一種特殊類型，它針對的是危及公共安全的一種極端狀態，即戰爭狀態。雖然它只是我們今天所理解公共安全的一個組成部分，但它的出現和發展，對公共安全管理體制的進步有其積極貢獻。

首先，民防使政府公權力開始制度化地應用於民眾安全方面，因公共安全關心的目標是民眾福祉，在民防制度出現之前，西方國家在幾百年的資本主義時代，沒有出現以公共安全為目標的管理體制。每一國家都有員警及法律制度，但都是出於統治穩定的需要。因為除了政權性質之外，在當時的社會意識中，公共安全所涉及的只是個人及群體，而不是政府的事。

由於戰爭的發展及破壞，其影響變成全面性，不僅人民生命安全遭受威脅，同時也是對國家經濟和國民士氣的打擊，最終將影響到國家的整體戰力。也因此，政府必須承擔起民防責任。政府公權力開始用於民防，且通過相關立法，成立了專門組織機構，將民防體制加以制度化。

其次，民防體制為公共安全管理奠定了組織、幹部和物質基礎。各國在建立民防體制之先，都會通過相關立法，並且依法建立了一套組織機構，確定了各級政府和社會組織的職責、許可權與義務，制定了預案或行動方案，採購和儲存了基本裝備和物資，培訓了許多具備撤離、疏散、救援、急

---

10 同上註頁 34。

救、消防等知識的專業人員。

最後，民防喚醒了全社會的公共安全意識。民防首次把廣大平民為了自己的生命安全組織及動員起來，不僅培訓了他們自救、自保、互救、互保的技能和技巧，而且同時培養了他們的公共安全意識。這種意識，反過來成為他們手中的政治力量，通過輿論、選舉等管道造成對政府政策的影響力。

當然，民防的公共安全管理職能之間仍有重大區別。主要表現在以下幾方面：第一、管理的範疇不同：公共安全管理是對公共安全的全方位管理，民防只是或主要是對戰爭狀態造成危及公共安全事件的管理。因此，公共安全管理是長期的、永久的;民防則是短暫的、與戰爭狀態相聯繫的。

第二、管理的目的不同:公共安全管理的實質是政府公權力用於對公共安全的保持、保護和重建，它追求的目標是全民福祉，所有危及全民幸福的重大應急事態和突發事件都是管理物件，社會只是作為人民生活和生存的環境，對社會穩定的追求屬於第二順位。而民防原始追求的目標是保護國民的士氣和國家的戰力，以及由此作為保障政權的穩定和政府的統治，後來才逐漸真有其他意義。

第三、管理的深度不同:民防注重的是民眾的生命安全，公共安全管理既注重民眾生命安全，也對其財產、生活和生產秩序、生命線的基礎設施給予相當關注;它不僅重視災難應變，而且重視減災、重建和人道的精神康復。

第二節　安全管理在美國的發展

　　美國應急管理是從應對城市和森林火災起步的，其中歷史最早可追溯到 1830 年的一份國會法案。該法案的主要目的，是爲美國新罕布什尼州一個遭受大火的是鎭提供聯邦進行援助的法律依據。在隨後的兩個世紀，美國應急管理體系在處理各級各類突發事件的實踐中不斷發展改進。特別是在第二次世界大戰結束後，美國的應急管理幾經變化，逐步得到強化和完善。

一、美國應急管理主要發展歷程[11]

　　美國應急管理發展歷程可以說亦是從不斷累積的災難經驗逐步形成，僅將其發展過程列表說明。（詳如表 3-1）。

表 3-1　美國應急管理主要發展歷程

年份	內　　　　容
1803	國會法案災害與人法律，爲新罕布什尼州的那場大火提供了美國援助的法律依據。
1933	成立直屬總統管理的國家應急委員會（National Emergency Council, NEC）。
1939	國家應急委員重組爲白宮辦公局下的應急管理辦公室（Office for Emergency Management，OEM）。

---

11 鍾開斌，《中外政府應急管理比較》（北京：新華書店，2012 年 12 月），頁 14-16

1947	根據《國家安全法》（National Security Act of 1947）設立國家安全資源委員會（（National Security Resources Board, NSRB），1949年移至總統行政辦公室（Executive Office of the President, EOP）下。
1950	●根據總統行政命令第 10193 號、《國防製品法》（Defense Production Act of 1950），總統行政辦公室成立防衛動員辦公室（Office of Defense Mobilization, ODM）。 ●制定《災害救濟法》（Disaster Relief Act of 1950），成為全面性的聯邦災害救助法律,授予總統若干應急管理權限。 ●根據總統行政命令第 10186 號，應急管理辦公室（Office of Emergency Management, OEM）下設聯邦民防署（Federal Civil Defense Administration, FCDA），負責國家安全資源委員會不分職務。
1951	根據《民防法》（Civil Defense Act of 1950），聯邦民防署脫離總統行政辦公室成為獨立機構，並成立民防顧問委員會（Civil Defense Advisory Council, CDAC）。
1953	廢止國家安全資源委員會，在舊的防衛動員局的基礎上建立新的防衛動員局。
1958	●根據重組計劃第 1 號，所有防衛動員辦公室及聯邦民防署的應急管理權被移轉至總統，這兩個組織及民防顧問委員會合併至總統行政辦公室下的防衛與民防動員辦公室（Office of Defense and Civilian Mobilization, ODCM）。 ●根據總統命令第 10638 號,移轉至總統權限重新授予防衛與民防動員辦公室。並設立防衛與民防動員委員會（Defense and Civilian Mobilization Board），由防衛與民防動員為辦公室主任以及聯邦部會和機構首長組成。 ●根據總統命令第 10782 號，國會將防衛與民防動員辦公室更名為民防與防衛動員辦公室（）
1961	根據總統行政命令第 10952 號，將若干民方職務重新授予國防部（Secretary of Defense）。國防部設立民防辦公室（Office of Civil Defense, OCD），以管理上述職務。
1961	國會將民防與防衛動員辦公室更名為應急規劃辦公室（Office of Emergency Planning, OEP）。
1964	根據行政授權，民防辦公室自國防部部長辦公室（Office of the Secretary of Defense）移至陸軍部（Department of the Army）。
1968	國會將應急規劃辦公室更名為應急準備辦公室（Office of Emergency Preparedness）。

1969	制定《災害救濟法》（Disaster Relief Act of 1969,83 Stat. 125），擴延聯邦政府的災害救助責任。
1972	根據行政授權，廢止設於陸軍部的民防辦公室。 在其原址成立國防部部長辦公室的國防民事準備屬（Defense Civil Preparedness Agency, DCPA）。
1973	●根據重組計劃地 1 號，廢止應急準備辦公室和 1950 年設立的民方顧問委員會，任務轉移給總統。 ●根據總統行政命令第 11725 號，1973 年組織重整計畫轉移至總統的任務重新授予住宅與都市發展部（Department of Housing and Urban Development, HUD）、聯邦總務署（General Services Administration, GSA）與財政部（Department of the Treasury）。
1978	根據重組計劃 3 號，總統提議和國會同意，自國防部、商務部、住宅與都市發展部、聯邦總務署等部門出來的五個聯邦機構合併為聯邦應急管理署（Federal Emergency Management Agency, FEMA）。
1979	根據總統行政命令第 12127 號，若干任務從商務部（火災預防與控制及若干應急廣播系統功能）、住宅與都市發展部（洪災保險）與總統（其他緊急應變廣播系統功能）轉移至 FEMA。
1979	根據總統行政命令 12148 號，部分任務從國防部（民防）、住宅與都市發展部（聯邦災難援助）、聯邦總務署（聯邦準備）、科技政策辦公室（地震減災）移轉至 FEMA。
1993	裁撤 FEMA 負責國家安全突發事件應對的全國準備司（National Preparedness Directorate）。
1996	克林頓總統將聯邦應急管理署署長納為內閣成員。
2001	●小布希總統在成立其內閣時並未將聯邦應急管理署署長納為成員。 ●總統要求 FEM 組件全國準備辦公室（Office of National Preparedness），"協調所有處理大規模毀滅性武器最終結果管理的聯邦計畫"。
2002	根據《國土安全法》（Homeland Security Act of 2002），成立國土安全部（Department of Homeland security, DSH）。FEMA 等六個單位的任務、人事、資源及權限均移轉至應急準備與反應司（Emergency Preparedness and Response Directorate）。FEMA 的任務在 2003 年 3 月 1 日移轉至國土安全部。
2005	根據 2005 年《國土安全法》第 872 條賦予國土安全部部長的權限，大部分在應急準備與反應司內的準備任務移轉至新設立的準備司（Preparedness Directorate）。FEMA 成為國土安全部下由署長領導獨立機構，署長直接向國土安全部部長報告並直接監督響應、減災、恢復三大部門及下設辦公室。

2006	根據 2002 年《國土安全法》第 872 條賦予國土安全部部長的權限,應急準備與反應職務副部長（Un 之後，小布希總統在 2002 年 6 月向國會提出建立國土安全部，國會通過了「國土安全法」批准成立美國國土安全部，由 22 個聯邦部門及 18 萬雇員合併組成，於 2003 年 3 月 1 日正式成爲美國聯邦政府的第 15 個部。聯邦應急事態管理總署則成爲國土安全部的一個組成部分，使美國的公共安全管理進入了一個嶄新時期。 under Secretary for Emergency Preparedness and Response）的職務更名爲聯邦應急管理職務副部長（Under Secretary for Federal Emergency Management），FEMA 署長被任命該職位。
2006	小布希總統簽屬《后卡特里娜應急管理改革法》（The post-Katrina Emergency Management Reform Act of 2006）。該法在國土安全部建立新的領導職階，賦予 FEMA 更多職能，強化國土安全部在應對全方位災害威嚇的全部過程應對能力。
2007	根據 2007 年《后卡特里娜應急管理改革法》，FEMA 署長使用署長（Administrator）新職階。兩名副署長一人任副署長兼營造總監（Chief-Operating Officer）,另一人任全國準備職務副署長（Deputy Administrator for National Preparedness）。

資料來源：根據美國國土安全部（DHS）、聯邦應急管理署（FEMA）網站及相關公開資料整理

二、美國應急管理發展四階段

第一階段（20 世紀 50 年代以前）：天災爲主分散管理

在 20 世紀 50 年代以前，美國應急管理的重點是自然災害尤其是洪災的應對。美國地廣人稀，江河密布，海岸淺長，沿海地區易受颶風、颱風及地震影響，風暴潮、海嘯災害也比較嚴重。美國受洪水威嚇的面積約占國土面積的 7%，影響人口三千多萬（佔總人口的 12%）。因而，洪水災害是美國政府最爲關注的自然災害。1879 年，密西西比河流域委員會成立，標誌著美國河流管理向流域整體防洪策略的轉變。美國陸軍工程兵團曾根據國家防洪與發展航運的需要，實施

「堤防萬能」的防洪政策。然而,1927 年的大洪水沖毀了「堤防萬能」的神話,迫使國會 1928 年通過《防洪法》,進行水庫、行洪區、分洪區與堤防協調防洪。[12]在 20 世紀 30 年代,美國聯邦針對自然災害的防災救災措施日益增多,其中之一就是由復興銀行公司向遭受地震的地區發放貸款,貸款主要用於該地區修復和重建公共設施,後來貸款的發放範圍擴大到遭受其他種類災害的地區。1934 年,美國公路管理局被授權以發行長期債券的形式等資金,用於修復因自然災害受損的高速公路和橋樑。

從 1803 年到 1950 年,聯邦政府對各州及地方發聲的洪水、龍捲風、地震和火災實施了 100 多次救助[13]。在此階段,美國的災害救助和恢復重建主要是由這種慈善組織、宗教團體及美國紅十字會、救世軍等。各種政府體系外的社會力量來承擔的,政府的介入不是很多,社會對應急管理甚少。[14]

1905 年,美國紅十字會受命於國會,成為全美災害響應的協調機構,並在舊金山 8.3 級大地震搶險救援過程中第一次起了非常重要的救災協調用。同時政府內部不同機構之間權、責、利不明晰,缺乏統一的綜合協調機構導致在災害應對過程中產生各種問題,降低了,防災滅災和救災的效率。防災救災中出現的各種困難推動了要求各聯邦機構相互協調

---

12 姜付仁、向立云、劉樹坤:《美國防洪政策演變》,《自然災害學報》2000 年 9 卷第 3 期。

13 王宏偉:《突發事件應急管理基礎》(北京:中國石化出版社 2010 年版),第 197 頁。

14 William L. Waugh Liuing with Hazards Dealing With Disasters:An Introduction to Emergency Management. New York:M. E. Sharpe,2000,pp 10-11.

的立法，並授權總統統一協調救援行動。1933 年，美國成立
了直屬總統管理的國家應急委員會（National Emergency
Council, NEC），作爲總統應急管理智囊。1939 年，國家應
急委員會重組爲白宮辦公廳下的應急管理辦公室（Office for
Emergency Management，OEM）。該組織體系一直持續到了
20 世紀 50 年代。

　　總的來看，在 20 世紀 50 年代以前，美國的應急管理體
系具有三個典型特點：一是相對分散，全國缺乏統一的綜合
協調機構，導致聯邦機構之間相互協調存在困難；二是非制
式化，此時尚未制定重要的方案，整個聯邦應急管理的運作
制度化和程序不強；三是管理對象主要側重自然災害，對技
術事故、突發公路衛生事件等其他方面的突發事件涉及不多。

**第二階段（20 世紀 50 年代至 70 年代末）：突出民防強
化制度**

　　從 1803 年到 1950 年，美國一共發生了上百次大規模的
災害，都得到不同程度的聯邦援助。但因缺乏統一的標準，
聯邦所提供的援助並不一致。1950 年，美國制定了兩部重要
的應急管理方案—《聯邦民防法》（Federal Civil Defense Act）
和《聯邦災害救濟法》（Federal Disaster Relief Act），標誌
著美國應急管理工作的制度化程度得到大大提高。《聯邦民
防法》對民防的任務定義爲：最大限度地減少因敵方攻擊對
美民眾造成或即將早成的影響；處理美國遭受攻擊所產生的
任何緊急情況；緊急搶修或恢復被敵方攻擊所摧毀或破壞的
重要公共設施和設備。這兩部方案主要以民防爲基礎，明確
美國災害救助的各項運作流程以及不同機構的職責，從而推

動整個聯邦的應急管理工作朝規範化、制度化方向不斷發展。在此期間，受制於"冷戰"時期美蘇軍事對峙的民防工作需要，美國的應急管理重心也逐步向民防傾斜。1958 年，美國軍事成立聯邦民防辦公室（Office of Defense Administration），後來被改制爲民防與動員辦公室（Office of Defense and Civilan Mobilization），負責救災、民防與國防動員工作。在這時期，美國也不斷遭受到颶風和地震等自然災害的襲擊，如 1954 年黑茲尔（Hazel）颶風、1955 年戴安娜（Diana）颶風、1957 年奧德麗（Audrey）颶風、1960 年蒙大拿地震和唐娜（Donna）颶風、1962 年卡拉（Carla）颶民、1964 年阿拉斯加地震、1965 年貝特西（Betsy）颶風、1969 年卡米爾（Camille）颶風、1971 年舊金山大地震、1972 年艾格尼絲（Agnes）颶風、1974 年中西部龍捲風、1977 年田納西河流域特大洪災等。這些災害頻頻發生並造成重大損失，提高了人們對大自然災害的關注程度，也推動美國聯邦政府不斷通過臨時立法災區施加援助。1968 年的《國家洪水保險法》（National Flood Insurance Act）將保險引入救災領域，據此創立的全國洪水保險計畫（NFIP）給房屋所有者提供了新的洪水保險，並提出了"基於社區的減災"（CBDR）概念。1974 年，美國國會通過了新的《災害救濟法》（Disaster Relief Act），明確了總統宣布啓動災害救濟程序，將聯邦政府的應急管理從應急處置與恢復地反應性政策拓展到災害與防與應急準備預防性政策。[15]但總看來，此時美國聯邦災害

15　夏保成編著：《美國公共安全管理理論》（北京：當代中國出版社 2006 年版），頁 6-7。

管理機構沒在住房與都市發展部，工作力度明顯不如民防。

　　總的看來，該階段美國應急管理具有三個突出的特點：一是開始朝規範化、制度化方向發展。聯邦政府制定相關的方案，開始對應急管理工作流程進行梳理。二是應急管理工作服從於"冷戰"時期防範前蘇聯核打擊的總體要求，深受國際安全形勢特別是美蘇關係變化的影響。從機構設置來看，應急管理與民防有分有合，應急管理與民防相比處於從屬地位。民防機構還坦承了聯邦救災局和聯邦洪水保險計畫、國家火災預防與控制局、聯邦廣播系統、聯邦準備局及減少地震危害辦公室等機構的職責。三是高度分散，責權交叉。到 20 世紀 70 年代中期，美國應急管理職能被分散於 5 個不同聯邦部門中，軍方還沒有負責防範和打擊的國防民是準備屬和負責洪水控制的美國陸軍工程兵團的機構。當該核電站相關的災害以及類似運送危險物質的災害都被納入自然災害中，救災防災和應急管理就涉及超過 100 個的聯邦機構。很多類似的救災、防災的項目和政策同時存在於聯邦、州和地方三個層次。[16]

第三階段（20 世紀 70 年代末至 2001 年）：FEMA 綜合協調分級管理

　　1977 年，美國全國州長協會（NGA）在對美國的應急管理體系進行評估後，指出了美國聯邦政府在應急管理方面存在的兩個突出問題。第一，縱向上，各級政府在應急管理中組織指揮、溝通協調不暢。聯邦政府缺乏綜合協調機構，應

16 曾包紅譯，〈美國聯邦緊急事務管理局（FEMA）的歷史〉，《美國聯邦緊急事務管理局-國際地震動態》，2004 年第 4 期。

急管理相關事務由各機構各自承擔，聯邦層面缺乏統一的綜合性應急管理政策。第二，在橫向上，聯邦機構之間以及州與州之間在信息、資源的交流共享上嚴重不足，大大弱化了應急管理能力。由於突發事件發生後通常不單純限於某一個州或某一個部門，經常涉及多個聯邦機構和州，因此聯邦機構、各州和地方之間的信息和資源必須共享共通。針對這些問題，1978 年，美國全國州長協會發表了一份題為《應急準備項目：最終報告》

（1978 Emergency Preparedness Project: Final Re-port）的報告，對美國的應急管理體系建設提出以下重要建議：

一是聯邦、州、地方政府建立平等的夥伴關係，推行"綜合性應急管理"（Comprehen-siue Emergency Management）模式；二是創建一個聯邦應急管理機構，其職能涉及減緩、準備、響應與恢復四個階段;三是在各州建立相應的機構。這份報告成為當時美國應急管理變革的藍圖和腳本。[17]

為應急因技術事故和自然災害所引發的全國性重大突發事件，美國聯邦政府開始實行分級管理、屬地負責的應急管理體制，將全國劃分為聯邦、州、地方三個不同層級的應急管理體系。為提高聯邦政府等協調各項資源的能力，避免因官僚體系僵化導致應急管理效率低下，改變應急管理政出多門、協調不利的局面，卡特總統於 1979 年發布 12127 號和 12148 號行政命令，將國家消防管理局（National Fire Prevention Control ministration）、聯邦保險局（Federal

---

17 王宏偉，〈FEMA 的演變與發展 —— 透視"二戰"後美國應急管理的四次大變革〉，《中國應急管理》2007 年第 4 期。

Insurance Administration）、聯邦廣播統（Federal Broadcast System）國防民事準備署（Defense Civil Preparedness Agency）、聯邦災害救助局（Federal Disaster Assistance Ad-ministration）、聯邦準備局（Federal Preparedness Agency）等一系列聯邦部門，合併組成聯邦應急管理署（Federal Emergency Management Agency, FEMA）。同時，建立和維護民防系統的職責也從國防部民事準備署（Civil Preparedness Agency）歸入了新成立的 FEMA。FEMA 直屬白宮，並在全國設立 10 個區域辦公室。隨著所有應急管理相關權利和職責的整合歸併，FEMA 成爲美國應急管理的綜合協調機構，統等全國減緩、準備、響應與恢復四個階段的應急管理工作，並被賦予許多新的應急準備與災害減緩職能，如監督地震風險減緩計畫、協調維護大眾安全、協助社區制定極端氣象災害的準備計畫、協調自然災害與核事故預警系統。統整旨在減輕恐怖襲擊的後果的準備行動與規劃等。約翰.梅西（Johm macy）被任命爲 FEMA 第一任署長，開始推行全新的 "綜合性應急管理" 模式：一是應急管理對象由單災種向多災種轉變。FEMA 將各屬機構協調起來應對自然災害、技術事故和人爲災害等不同類型的突發事件，實現對從較小的、單一的災害到戰爭這個最爲危險的事件各類突發事件的 "全危險要素管理"（All-Hazards Management）。二是應急管理的過程由過去側重中和事後向事前、事發、事中、事後全過程轉變。FEMA 無論應對各種突發狀況，都要經過減緩、準備、響應與恢復四個階段，實現 "全階段管理"（All-Phases Management）。此時的 FEMA 具有災害應對

和防範核打擊雙重職能。通過此次變革，美國產生一個內閣級的聯邦應急管理專門機構，推出了綜合性應急管理新模式，並逐漸改變了"冷戰"時期"民防主導應急"局面，應急管理與民防並駕齊驅。FEMA 成立後最初幾年面臨嚴峻的挑戰，先是應對運河事件、古巴難民危機、三里島核電站洩漏事故等，後又處理了 1989 年洛馬普勒特（Loma Prieta）地震和 1992 年安德魯（Andrew）颶風災害。在 1994 年洛杉磯大地震和 1995 俄克拉荷馬城爆炸等事件中，FEMA 的應急工作受到了稱讚。

從實際情況看來，FEMA 剛開始組建後的美國應急管理發展並沒有如預想中順暢。究其原因，主要有三個方面：

第一，FEMA 需要協調機構內部以及與國會、各州和地方的各種關係。從 FEMA 內部來看，組織上的整合容易，而運行模式和組織文化的整合則比較困難;從外部來看，FEMA 要接受國會 23 個委員會和分委員的監督。

第二，從 1982 年起，由於雷根政府與前蘇聯關係再度緊張,FEMA 的主要職能能被調整為應對蘇聯的核打擊兼顧救災。

第三，FEMA 內部陷入嚴重的組織危機，官僚主義盛行，士氣低落，效率低下，組成部門各自為政，與各州及地方應急管理機構在經費上支出問題上齟齬斷。[18]

20 世紀 90 年代初，隨著"冷戰"結束前蘇聯核打擊威嚇淡去，加之美國接連發生比較嚴重的自災害，如 1989 年 9 月的雨果（Hugo）颶風、加利福尼亞州洛馬普勒特地震，1992 年的安德魯颶風、伊尼基（Iniki）颶風，長期以來 FEMA 所

---

18 王宏偉，〈美國應急管理的發展與演變〉，《國外社會科學》，2007 年第 2 期。

隱藏的各種問題暴露無遺。因此，FEMA 的改革被提上日程。
1993 年，柯林頓總統任命詹姆斯、威特（James Lee Witt）
為新一任 FEMA 署長。成為第一任有州應急管理經驗的
FEMA 署長。他主導了大規模的改革，改革內容涉及建設更
為簡明的救災機制、強調預防和減災，並不斷提高 FEMA 職
員對民眾的服務水平。"冷戰"的結束也允許 FEMA 將有限
的資源從民防系統轉移至救災、減災和重建上來。

第四階段（2001 年以後）：FEMA 併入國土安全部

20 世紀 90 年代中期，全球恐怖主義出現抬頭的趨勢，
美國國內恐怖襲擊不斷(如 1993 年世貿中心首次遭受恐怖主
義襲擊、1995 年俄克拉荷馬州政府發生炸彈爆炸事件)。為
此，美國加強了應對核、生化武器襲擊方面的力量，應急管
理資源開始在防範民事災害和恐怖主義之間進行分配。美國
政府在平衡各方利益的基礎上，決定將反恐與救災體系進行
分離。2001 年，布希總統任命喬·阿巴赫（Joe Allbaugh）
為 FEMA 新一任署長。幾個月之後美國發生「911」恐怖襲
擊，恐怖份子對美國本土的威嚇上升到國家位階，這也使得
FEMA 集中關注於國家反恐和國土安全。[19]並與新組的國土
安全辦公室聯合工作，其所屬的專門機構也承擔著大規模殺
傷性武器的反恐任務。

之後，小布希總統在 2002 年 6 月向國會提出建立國土安
全部，國會通過了「國土安全法」批准成立美國國土安全部，
由 22 個聯邦部門及 18 萬雇員合併組成，於 2003 年 3 月 1

---

19 吳量福，《運作、決策、信息與應急管理：美國地方政府管理實力研究》
（天津：天津人民出版社 2004 年），第 225 頁。

日正式成爲美國聯邦政府的第 15 個部。聯邦應急事態管理總署則成爲國土安全部的一個組成部分，使美國的公共安全管理進入了一個嶄新時期。

2005 年 8 月襲擊南部墨西哥沿岸的卡催娜颶風，是對美國國土安全體制下應急管理能力的一次全方位檢驗。此次颶風共造成 1600 多人喪生，成爲美國史上最嚴重的自然災害之一。布希政府在颶風來襲時應急反應遲緩、救災不力，受到民眾指責。卡催娜颶風也暴露美國在應急管理過程中部門協調不暢、重視反恐、輕忽救災等諸多問題，美國公眾爲此強烈呼籲對國土安全體制下的應急管理進行反思和改革，美國也試圖在國土安全部制度框架下改革和完善 FEMA。[20]2006 年 10 月 4 日布希總統簽署「後卡催娜應急管理法案」授權 FEMA 新的職能，並要求渠建立更完善的防救災體系，2007 年 3 月 31 日 FEMA 開始建立一個基於風險的系統（Risk-Based System）以降低公眾所面對的各種危險，並確保生命與財產的損失。

第三節　安全管理在大陸的發展

由於災害頻繁，中國大陸一直把災害管理作爲安撫民

---

20 The select Bipartisan Committee to Investigate the Preparation for and Response to Hurricane Katrina. A Failure of Initiatiue:Final Report of the Select Bipartisan Committee to Inuestigate the Preparation for and Response to Hurricane Katrina.

〈 http://www.gpoaccess.gov/Katrinareport/mainreport.pdf. 〉

心、穩定社會、鞏固統治的重要措施。以賑濟、撫卹、救荒
為基本內容的災害管理逐步擴展為國家行政管理的一項重要
職能。中國大陸自 1949 年成立以來，在應對突發事件的實踐
活動中，應急管理始終扮演重要功能，但這樣的名詞在中國
卻仍相當陌生。其發展歷經了從 1949 至 2003 年以單災種管
理為主的機制，進入 2003~2007 年以「一案三制」為基本框
架的時代，直到 2008 年迄今更深化應急管理體系，形成應急
管理體系的三個階段。

一、中國大陸應急管理的發展

第一階段（2003 年以前）：以單災種管理為主

中國是世界上自然災害最為嚴重的國家之一。在應對各
種天災和人禍的過程中，也累積了豐富的災害管理經驗。1949
年建政後，中國也相應地建立了應對各種災害的應急管理工
作體系。在此期間，中國應急管理的組織機構與當時的計劃
經濟體制相適應，以部門分割、單災種管理為典型特徵，即
按照不同災種單獨設置救災機構，管理體制以縱向單災種為
主，抗災救災分別隸屬多職能部門，各自負有相關的重要責
任。例如 1950 年國家建立了中央和地方的各級救災委員會，
這是在計畫體制下形成的以搶險為主的一套體制。民政部門
負責制訂救災工作政策，負責組織、協調救災工作，組織自
然災害救助應急體系建設，負責組織核查並統一發布災情，
管理、分配中央救災款物並監督使用，組織、指導救災捐贈；
水利部負責防治水災旱災害；國家地震局（1998 年更名為中

國地震局）負責管理全國地震工作；氣象局負責雷電、大霧等氣象防災減災的工作；衛生部負責疾病預防控制工作。[21]在國家層面，國務院是國家應急管理的最高行政機構，災害發生後通常由相應的災害管理部門負責;遇到 1976 年唐山大地震等特別重大突發事件時，國務院成立臨時性指揮機構，對各部門進行統一協調和指揮。地方層面也相應地採用分部門、分災種的單一應急管理模式。[22]

中國分部門、單災種的應急管理模式產生於原有的計畫經濟體制。該體制的典型優勢是個相應職能部門在垂直管理上比較完備，上下指揮通暢，單部門的專業化程度較高，獨立執行任務的能力較強。同時，在改革開放前，高度集權的體制具有很強的政治優勢和組織優勢，能夠充分調動全國的各種資源成功應對各種災害。[23]在 1954 年長江流域大洪水、1976 年唐山 7.8 級強烈地震、1998 年百年未遇大洪災等罕見災害發生後，黨和政府第一時間迅速對社會各方面力量進行整合，自上而下成立了以政府為主導的搶險救災機構，動員

21 中國民政部的前身成立於 1949 年的 "中央人民政府內務部"，1954 年改稱 "中華人民共和國內務部"，1969 年撤銷，1978 年設立 "中華人民政府內務部"，並延續至今。中國氣象局前身是中央軍委員氣象局，成立於 1949 年 12 月，1994 年由國務院直屬機構改為國務院直屬事業單位。
22 Peijun Shi,Jing Liu,Qinghai Yao,DI Tang and Xi Yang, "Integrated Disaster Risk Man-agement of China". OECD:First Conference on the Financial Management of Large-Scale Ca-tastrophes, Hyderabad, India,26-27 February 2007,p.9; www.oecd.org/dataoecd/52/14/38120232.pdf。
23 魏特夫（Karl A. Wittfogel）認為，治水社會是中國古代專制國家的社會基礎:東方社會的專業由於乾旱而需要依賴於協作的灌溉系統，而這種協作進而需要紀律、從屬關係和強而有力的領導，從而形成政治權力控制的龐大社會組織網，這是東方專制主義的根源。見 Karl A. Wit-tfogel, Oriental Despotism; A Comparatiue Study of Total Power, New Haven:Yale University Press, 1957。

一切人力、物力和財力投入到應對災害的鬥爭中，政府和社會都被緊急動員起來，並形成了一方有難、八方支援的社會風氣，有效的控制了災情。但各分部門的單災種管理體制也存在體制性缺陷。由於平時條文切割，各自為政，沒有一個綜合職能部門和健全的系統組織、協調實施搶險救災工作，因此，這種體制不僅協調能力不足、協同性較差，而且降低了防災救災決策的科學性和全面性，也導致資源分散，影響應急資源投入的有效性。[24]

第二階段（2003~2007 年）以「一案三制」為基本框架

中國傳統應急管理模式 2003 年上半年開始受到嚴峻的挑戰，隨後進行了相應的改革。2002 年底至 2003 年上半年廣東首先被發現、後來在全國擴散傳播的「非典疫情」，是對中國傳統的分部門、單災種應急管理體系的一次重大考驗。這場危機讓大陸付出了不少代價，也給了中共領導階層深刻的警告和啟迪，讓中國切實認識到增強憂患意識、加強應急管理工作的重要性，由此開啟了中國全面推進新時期應急管理體系建設的機會。

抗擊「非典疫情」的過程充分暴露了中國經濟社會發展和政府管理所存在的各種問題基礎性缺陷和應急管理工作所存在的諸多薄弱環節。尤其在疫情初期階段，應急準備不充分，信息渠道不暢通，暴露出中國在處置重大突發事件方面所存在的各種問題。因此「非典疫情」再給中國應急管理能

---

24 王振耀、田小紅：〈中國自然災害應急救助管理基本體系〉，《經濟社會體制比較》2006 年第 5 期；周敏：《我國應急管理體制下民防組織架構設計》。

力帶來巨大的挑戰，同時，還促使中國新一屆政府下定決心，在全國範圍內全面加強推動應急管理工作。在 2003 年 6 月 17 日住持召開的〝加強公共衛生建設，促進經濟與社會協調發展〞專家座談會上，溫家寶引用恩格斯的名言〝一個聰明的民族，從災難中學到東西會比平時多得多〞，強調要善於總結經驗和教訓，更加重視公共衛生建設，更加重視提高應對突發事件的能力，更加重視對社會的管理，更加重視經濟社會的協調。[25]2003 年 7 月 28 日，胡錦濤在全國防治非典工作會議上指出：「我國突發事件應急機制不健全〞，處理和管理危機能力不強；一些地方和部門缺乏應對突發事件的準備和能力。要高度重視存在的問題，採取切實措施加以解決」。他特別強調：要大力增強應對風險和突發事件的能力，經常性地做好應對風險和突發事件的思想和準備、預案準備、機制準備和工作準備，堅持防患於未然。溫家寶在會上指出:爭取用 3 年左右的時間，建立健全突發公共衛生事件應急機制，提高突發公共衛生事件應急能力。[26]9 月 15 日，溫家寶在國家行政學院省部級幹部〝政府管理創新與電子政務〞專題研究班講話提出：要加快建立健全各種應急機制，提高政府應對各種突發事件的能力。[27]10 月 14 日，中共十六屆三中全會舉行審議通過的《中共中央關於完善社會主義市場經濟體制若干問題的決定》強調：要建立健全各種預警和

25 〈溫家寶主持召開專家座談會〉，《人民日報》2003 年 6 月 18 日，第 1 版。
26 〈全國防治非典工作會議再京舉行〉，《人民日報》2003 年 7 月 29 日，第 1 版。
27 〈溫家寶在國家行政院省部級幹部研究班強調：深化行政管理體制改革，加快實現政府職能轉變〉，《人民日報》，2003 年 9 月 16 日，第 1 版。

應急機制，提高政府應對突發事件和風險的能力。

　　「非典疫情」由此成爲中國全面加強應急管理體系建設的重要起點。在取得抗擊疫情的勝利之後，中國以"一案三制"爲基本框架的應急管理體系建設工作全面起步，並按"每年一個台階"、分"五步走"的發展脈絡穩步推進。[28]2003 年是我國全面加強應急管理工作的起步之年，2004 年是我國應急預案的編製之年，2005 年爲全面推進"一案三制"的工作之年，2006 年爲全國加強應急能力建設之年，2007 年爲應急管理工作縱向深推進紮實基礎之年。[29]截至2008 年底，中國以制定涉及突發事件應對的法律 35 件、行政法規 37 件、部門規章 55 件，有關文件 111 件，其中包括《防震減災法》，《破壞性地震應急條例》，2007 年 11 月 1日正式實施的《突發事件應對法》，以及 2008 年 5 月 1 日起施行的《政府信息公開條例》等。全國應急預案體系也初步形成。國務院發布了《國家突發公共事件總體應急預案》，國家有關部門制定了包括《國家地震應急預案》在內的 25件專項預案、80 件部門預案，31 個省份制定了本地區的總體預案。據統計，截至 2006 年底，中國制定各級各類應急預案130 餘萬件。這標誌中國國以「一案三制」爲基本框架的應急管理體系建設初步成形。[30]

---

28 鍾開斌，〈一案三制：中國應急管理體系建設的基本框架〉，《南京社會科學網》，2009 年第 11 期。
29 閃淳昌、周玲，〈從 SARS 到大雪災：中國應急管理體系建設的發展脈絡及經驗反思〉，《甘肅社會科學》〉2008 年第 5 期。
30 高小平，〈中國特色應急管理體系建設的成就和發展〉，《中國行政管理》，2008 年第 11 期。

　　具體的說，「一案三制」即為現在中國應急管理體系建設的核心，「一案」指應急預案，「三制」分別指應急管理體制、機制和法制。簡述如後：[31]

應急預案

　　即預先制定的緊急行動方案，指根據國家和地方的法律、法規和各項規章制度，綜合本部門、本單位的歷史經驗、實踐積累和當地特殊的地域、政治、民族、民俗等實際情況，針對各種突發事件而事先制訂的一套能切實迅速、有效、有序解決突發事件的行動計畫或方案，從而使政府應急管理工作更為程式化、制度化，做到有法可依、有據可查。應急預案要求在辨識和評估潛在的重大危險、事故類型、發生的可能性、發生過程、事故後果及影響嚴重程度的基礎上，對應急管理機構與職責、人員、技術、裝備、設施（備）、物資、救援行動及其指揮與協調等預先做出具體安排，用以明確事前、事發、事中、事後各個進程中，誰來做、怎樣做、何時做以及相應的資源和策略等。簡言之，應急預案是針對可能發生的突發事件，為迅速、有效、有序地開展應急行動，政府組織管理、指揮協調應急資源和應急行動的整體計畫和程式規範。其主要功能是以確定性應對不確定性，針對最壞的情況做最好的打算，化不確定性的突發事件為確定性的常規事件，轉應急管理為常規管理。

應急管理體制

　　有時也稱為「領導體制」、「組織體制」。應急管理體

---

31 中國管理論文網，〈一案三制：中國應急管理體系建設的基本框架〉，http://paperzhan.com/ www.paperzhan.com/lwxw-119.html。

制（或稱應急體制）也可稱爲行政應急管理體制，是行政管理管理體制的重要組成部分。通常是指應急管理機構的組織形式，也就是綜合性應急管理機構、各專項應急管理機構以及各地區、各部門的應急管理機構各自的法律地位、相互間的權力分配關係及其組織形式等。應急管理體制是一個由橫向機構和縱向機構、政府機構與社會組織相結合的複雜系統，包括應急管理的領導指揮機構、專項應急指揮機構以及日常辦事機構等不同層次。

應急管理機制

可以界定爲：突發事件預防與應急準備、監測與預警、應急處置與救援以及善後回復與重建等全過程中各種制度化、程式化的應急管理方法與措施。從內涵看，應急管理機制是一組以相關法律、法規和部門規章等爲基礎的政府應急管理工作流程；從外在形式看，應急管理機制體現了政府應急管理的各項具體職能；從功能作用看，應急管理機制側重在突發事件防範、處置和善後處理的整個過程中，各部門和單位如何通過科學地組織和協調各方面的資源和能力，以更好地防範與應對突發事件。總的來看，應急管理機制以應急管理全程爲主線，涵蓋事前、事發、事中和事後各個時間段，包括預防與應急準備、監測與預警、應急處置與救援、善後恢復與重建等多個環節。

應急管理法制

一般分爲廣義與狹義兩種：

廣義的法制是靜態和動態的有機統一。從靜態來看，法制是指法律和制度的總稱，包括法律規範，法律組織，法律

設施等。從動態來看，法制是指各種法律活動的總稱，包括法的制定、實施、監督等。狹義的法制是指建立在民主制度基礎上的法律制度和普遍手法，嚴格依法辦事的原則。狹義的應急管理法制也可以指應急管理法律、法規和規章，即在突發事件引起的公共緊急情況下處理國家權力之間、國家權力與公民權利之間、公民權利之間各種社會關係的法律規範和原則的總和，其核心和主幹是憲法中的緊急條款和統一的突發事件應對法或緊急狀態法。

第三階段（2008 年至今）：深化應急管理體系建設

從 2003 年中國大陸取得對抗「非典疫情」的經驗後，經過五年的實踐探索，中國已經在全社會範圍初步建立起了中國特色的應急管理體系。2008 年 1 月中旬到 2 月上旬，中國南方地區連續遭受四次低溫雨雪冰凍極端天氣過程襲擊，總體強度為 50 年一遇，其中貴州、湖南等地方百年一遇。這場極端災害性天氣影響範圍廣，持續時間長，災害強度大。全國先後有 20 個省（區、市）和新疆生產建設兵團不同程度受災。低溫雨雪冰凍災害給電力、交通運輸設施帶來極大破壞，給人民群眾生命財產和工業生產造成重大損失。[32]5 月 12 日，中國發了震驚世界的四川汶川特大地震。這是中共成立以來破壞性最強、波及範圍最廣、救災難度最大的一次地震，震級達里氏 8 級，最大烈度達 11 度，餘震 3 萬多次，涉及四川、甘肅、陝西、重慶等 10 個省（自治區、直轄市）417 個

---

32 張平，〈國務院關於抗擊低溫雨雪冰凍災害及災後重建工作情況報告 —— 2008 年 4 月 22 日在第十一屆全國人民代表大會常務委員會第二次會議上〉，《中華人民共和國全國人民代表大會常務委員會公報》2008 年第 4 期。

縣（市、區）、4667 個鄉（鎮）、48810 個村莊。房屋大量
倒塌損壞，基礎設施大面積損毀，工業生產遭受重大損失，
生態環境遭到嚴重破壞，直接經濟損失 8451 億多元，引發的
崩塌、滑坡、泥石流、堰塞湖等災害難以估計。[33]

　　在 2008 年抗擊雪災和抗震救災的過程中，過去 5 年所建
立的以「一案三制」爲基本框架的應急管理體系發揮了重要
功能，但也暴露一些問題和不足。在 2008 年 10 月 8 日召開
的全國抗震救災總結表彰大會上，胡錦濤強調：“要進一步加
強應急管理能力建設，大力提高處置突發公共事件能力。要
認真總結抗震救災的成功經驗，形成綜合配套的應急管理法
律法規和政策措施，建立健全集中領導、統一指揮、反應靈
敏、運轉高效的工作機制，提高各級黨委和政府對突發事件
的能力。要大力建設專業化與社會化相結合的應急救援隊
伍，健全保障有利的應急物資儲備和救援體系，長效規範的
應急保障資金投入和給付制度，快捷有序的防疫防護和醫療
救治措施，及時準確的信息發布、與論引導、與情分析系統，
管理完善的對口支援、社會捐贈、志願服務等社會動員機制
府和國情的巨災保險和再保險體系。在當今社會，各種罕見
巨災的形成、演變與影響是一個錯綜複雜的綜合系統，導致
應急管理工作較之前具有更強的複雜性、嚴重性和放大性，
應對任務更爲繁重、艱鉅。[34]爲此，中國以「一案三制」爲

---

33 胡錦濤，〈在全國抗震救災總結表彰大會上講話〉，《人民日報》2008
　　年 10 月 9 日，第 2 版。
34 詹承豫，〈中國應急管理體系完善的理論與方法研究 —— 基於“情景
　　—— 衝擊 —— 脆弱性 —— ”的分析框架〉，《政治學研究》2009 年第 5 期。

基本框架的應急管理體系，需要再各個方面進一步全面深化和加強。例如，在預案體系方面，要實現像完備性、預見性、可操作性和無縫銜接的戰略轉移;在應急管理體制方面，要理順各種關係，進一步健全應急管理組織體系;再應急管理機制方面，要真正形成統一指揮、反應靈敏、協調有序、運轉高效的機制;在應急法制方面，要進一步深入宣傳貫徹和適時修改《突發事件應對法》，並提高法律的可操作性和執行力。尤其是，重點要加強應急管理基礎能力、全面提高應對複雜多變公共安全形式的綜合能力。

二、中國大陸應急管理機制

以下僅針對大陸地區的應急計畫面：建立「國家突發公共事件總體應急預案」；應急管理組織面：設置「國務院應急管理辦公室」；應急管理法規面：公佈「中華人民共和國突發事件應對法」及應急管理作業面：實際執行存在的問題等四個層面，來說明大陸地區應急管理制度[35]。

（一）應急管理計畫面：建立「國家突發公共事件總體應急預案」2003 年的 SARS 非典疫情是促使大陸地區建立現代應急管理機制的重要里程碑。所謂「預案」就是事先擬定好的應變計畫，它具有應急規劃、綱領和指南作用，是應急理念的載體。

在實踐方面，2003 年 11 月，國務院辦公廳成立應急預

---

35 唐雲明，各國災害警及通訊機制之探討〉，《中華民國危機管理期刊》，2010 年第 7 期。

案工作小組，2004 年 4 月國務院辦公廳分別印發了「國務院有關部門和單位制定和修改突發公共事件應急預案框架指南」和「省（區、市）人民政府突發公共事件總體預案框指南」。2005 年 5 月頒佈「國務院突發公共事件總體應急預案」。在學術領域，設計應急管理學院及各級應急管理預案的專案研究也取得豐碩成果，為各級預案提供豐富的理論基礎及參考依據。

有學者認為，制定應急預案，首先要做好風險分析工作，應急資源普查和整合工作，在應急處置方面，職責、措施、程式要明確，加強應急預案的培訓和演練並在實踐中不斷完善，同時建立健全應急預案和應急能力的科學評價體系。有的提出利用先進的資訊技術建立數位化和動態化的預案體系。還有學者運用動態博奕模型分析了突發事件應急管理中「危機事件」與「危機管理者」之間的動態博弈過程，提出如何利用博莽模型生成預案[36]。

總體預案也明確規定，突發公共事件的資訊發佈應當及時、準確、客觀、全面。要在事件發生的第一時間向社會發佈簡要資訊，隨後發佈初步核實情況、政府應對措施和公眾防範措施等，並根據事件處置情況做好後續發佈作。資訊發佈形式主要包括授權發佈、散發新聞稿、組織報導、接受記者採訪、舉行新聞發佈會等。這意味著社會公眾有了獲得權威資訊的管道。這顯示大陸地區政府已經知道要在第一時間發佈災害資訊，滿足公眾知的權力。

---

36 高小平、劉一弘，〈我國應急管理研究評述〉，《廣東省政府應急辦，第一屆粵港澳台應急管理論壇》，2010 年。

（二）應急管理組織面：設置「國務院應急管理辦公室」

（1）大陸地區組織體系構成

從大陸地區自 2006 年國務院發佈「國家突發事件總體應急預案」內容可以看出，大陸應急組織體系主要包括以下幾個組織：

①領導機構：國務院是突發公共事件應急管理工作的最高行政領導機構；在國務院總理領導下，由國務院常務會議和國家相關突發公共事件應急指揮機構負責突發公共事件的應急管理工作；必要時，得指派國務院工作組指導相關工作。

②辦事機構：國務院辦公廳設國務院應急管理辦公室，履行值守應急、資訊匯總和綜合協調職責，發揮運轉樞紐作用。

③工作機構：國務院相關部門依據有關法律、行政法規和各自的職責，負責相關類別突發公共事件的應急管理工作，具體負責相關類別的突發公共事件專項和部門應急預案的起草與實施，貫徹落實國務院相關決定事項。

④地方機構：地方各級人民政府是本行政區域突發公共事件應急管理工作的行政領導機構，負責本行政區域各類突發公共事件的應對工作。

⑤專家組：國務院和各應急管理機構建立各類專業人才庫，根據實際需要聘請相關專家組成專家組，為應急管理提供決策建議，必要時參加突發公共事件的應急處置工作。

（2）國務院應急管理辦公室職責

大陸地區應急管理體系發揮運轉樞紐作用的機構是國務院應急管理辦公室。2006 年 4 月 10 日，國務院應急管理辦

公室（國務院總值班室）也正式成立，其主要職責如下：（國務院，2006）

①承擔國務院總值班工作，及時掌握和報告國內外相關重大情況和動態，辦理向國務院報送的緊急重要事項，保證國務院與各省（區、市）人民政府、國務院各部門聯絡暢通，指導全國政府系統值班工作。

②辦理國務院有關決定事項，督促落實國務院領導批示、指示，承辦國務院應急管理的專題會議、活動和文電等工作。

③負責協調和督促檢查各省（區、市）人民政府、國務院各部門應急管理工作，協調、組織有關方面研究提出國家應急管理的政策、法規和規劃建議。

④負責組織編制國家突發公共事件總體應急預案和審核專項應急預案，協調指導應急預案體系和應急體制、機制、法制建設，指導各省（區、市）人民政府、國務院有關部門應急體系、應急資訊平臺建設等工作。

⑤協助國務院領導處置特別重大突發公共事件，協調指導特別重大和重大突發公共事件的預防預警、應急演練、應、急處置、調查評估、資訊發佈、應急保障和國際救援等工作。

⑥組織開展資訊調查研究和宣傳培訓工作，協調應急管理方面流與合作。

⑦承辦國務院領導交辦的其他事項。

（三）應急管理法規面：公佈「突發事件應對法」

大陸地區在傳統救災體系之下，各級政府救災職責並不明確；直到 1994 年「大陸地區 21 世紀議程白皮書」公佈後，

陸續通過中央層級的相關法規、辦法，靠著通過的政策綱領、法律、條例及應急措施，才逐漸建構起健全的防災、減災與救災法規體系。

　　大陸地區所發佈的重要災害救助應急法令包括「法」、「條例」、與「預案」等四類。在「法」方面有防空法、消防法、防洪法、防震減災法等。「條例」方面則有地震監測設施和地震觀測環境保護條例、氣象條例、發公共衛生事件應急條例、軍隊參加搶險救災條例等。「辦法」則有自然災情統計、核定、報告暫行辦法；重慶市自然災害處理辦法等。其餘則為中央、院轄市、省所制定的救災應急預案，如國家突發公共事總體應急預案國家自然災害救助應急預案、國家地震應急預案、上海市災害事故應急處理預案、福建省自然災害救助應急預案等[37]。

　　但大陸地區一直缺少針對一般性突發事件的綜合性法律，直到 2007 年《突發事件應對法》公佈實施，使得大陸地區突發事件法規體系得以完善，並且標誌著大陸地區突發事件管理工作進入法制化階段。

　　《突發事件應對法》於 2007 年 8 月 30 日由第十屆全國人民代表大會常務委員會第二十九次會議通過，並於 2007 年 11 月 1 日起實施。這部法律共 7 章 70 條，分總則、預防與應急準備、監測與預警、應急處置與救援、事後恢復與重建、法律責任、附則。作為規範突發事件應對工作的國家層面法律，《突發事在件應對法》加強了突發事件應對工作的

---

37 許文章，《兩岸災害防救應變體系及運作之比較》（世新大學行政管理學系/碩士論文，2006）。

統一性和規範性，首次有系統、全面地規範了突發事件應對工作的各個領域和各個環節，確立了應對工作應當遵循的基本原則，建構了一系列基本制度，爲突發事件應對工作的全面法律化和制度化提供了最基本的法律依據。

第四節　安全管理在台灣的發展

一、台灣地區各類災害與安全管理[38]

台灣地區因地形的特殊性，對自然災害的抵抗力非常脆弱，一但災害發生，常造成嚴重地人員傷亡、財產損失，及對政府救災應變能力的質疑，如 921 大地震、八掌溪事件、納莉風災、導致小林村毀滅的八八水災、國道三號突發的土崩事件等等，常考驗著主政者的救災應變能力，並對社會及大眾產生很大的衝擊與影響。然而，面對未來發生災害的潛在風險及複雜性的日益增加，如何做好公共安全管理工作，已將成爲今後災害防救工作的首要課題。將台灣地區重大災害項目實施策略與措施略述如下：[39]

（一）老人及身心障礙社會福利機構與安全管理

1.提升避難區計劃的安全設計：

38 張平吾、夏保成，同前註，頁 351~369。
39 行政院災害防救委員會，《台灣地區重大災害項目實施策略與措施》，2004。

（1）檢討水平避難區計劃（如樓梯、陽台規畫設計）的改善措施。

（2）確保逃生通道、安全門、安全梯順暢的改善措施。

（3）確保防火區計劃的安全改善措施。

（4）規劃要有二方向避難出口的改善措施。

2.研訂避難逃生訓練計畫（含社區義工人員）

（1）規劃看護人員如何在日夜間迅速移送人員及使用滅火設備的應變對策。

（2）規劃避難路線、避難器具設置位置及使用方法的應變對策。

3.檢討看護人員資格認定及數量：

（1）調查社會福利機構之看護人員數量

（2）檢討社會福利機構看護人員的人員資格及比例人數標準。

4.檢討收容人數管理配套措施：檢討收容人數管理配套措施（需構內看護人員數量而定）

5.修訂避難設施及器具之使用規定：

（1）研討開發避難弱者可使用避難設施器具規定。

（2）研議避難弱者使用搥直避難通到逃生的規定。

6.評估消防安全設備設計需求：

（1）研議爲聽障者提供明滅式指示燈的規定。

（2）研議位視障者提供音響性能出口標示燈的規定。

7、增訂避難弱者場所自動通報體制規定：

（1）研訂自動通報裝置之性能基準。

（2）建立自動通報體系。

　　8、研擬實施防火避難安全性能評估及改善策略：研提避
難據點的設置規定方案。

（二）瓦斯儲存分裝輸送與安全管理

　　1.督導事業單位建立分裝廠管理作業標準作業程序：
　　（1）督導事業單位建立分裝廠之管理作業標準作業程
序，規範業者管理蟹及駕駛作業。
　　（2）督導事業單位落實自主管哩，實施自動檢查。
　　2.加強宣導分裝廠安全管理事項：
　　（1）宣導業者加裝安裝管線安全聯結器。
　　（2）督導事業單位實施勞工安全衛生教育訓練。
　　3.訂定液化石油氣分裝廠投保公共意外責任保險規定：
業者必須向縣市政府申請核准成立後，應投保公共意外責任
保險使得經營。
　　4.訂定消防人員對於分裝廠內發生之災害搶救之標準作
業程序：針對分裝廠內各項可能發生的災害，研訂消防人員
搶救標準作業程序。

（三）大型空間（購物中心、巨蛋等）避難與安全管理

　　1.確保避難安全：
　　（1）研提排除樓梯間障礙物之管理措施。
　　（2）加強查核避難通道之安全。
　　2.確保充足消防水源：加強查核基地內、周為附近消防
栓等水源是否充足及堪用之規定。
　　3.落實消防演訓計畫：顏你最消防編組演練兼驗正實施

計，以落實強化大型空間建築物內之應變避難錯失。

4.落實防火避難計畫之安全管理：

（1）訂定營業中防火避難管理計畫書示範版本。

（2）訂定收容人員管制辦法及相關作業措施。

5.建構無障礙避難空間：研定暫時避難據點之設計規範。

6.確保避難及救災安全：

（1）建立避難及救災據點之選定評估方法。

（2）研擬戶外避難集結地點之管理策略。

（3）研擬救災路線之規畫方案。

（四）爆竹煙火與安全管理

1.訂定爆竹煙火管理條例相關子法：

（1）爆竹煙火管理條例施行細則

（2）一般爆竹煙火認可作業辦法

（3）爆竹煙火場所設置基準及安全管理辦法

（4）高空煙火輸入及販賣許可作業辦法

（5）爆竹煙火製造廠所許可作業辦法

（6）高空煙火施放作業及施放人員資格管理辦法

（7）爆竹煙火專業機構管理辦法

（8）公告禁止兒童施放爆竹煙火種類

（9）公告爆竹煙火製造場所及達管制量以上之儲存、販賣與施放高空煙火場所，應投保公共意外責任險之投保金額及施行日期。

2.辦理爆竹煙火產品認可標示制度及進口事宜：

（1）委託爆竹煙火專業機構辦理認可事宜

（2）受理業者辦理爆竹煙火認可及進口事宜

　3.制定爆竹煙火施放管制自治條例：由直轄市、縣（市）政府參照內消防署制定之「爆竹煙火施放管制自治條例」參考範例，研訂「爆竹煙火管制自治條例」。

（五）高層建築與安全管理

　1.確保避難安全：

（1）研提排除樓梯間障礙物的管理措施：

（2）加強查核避難通道的安全；

（3）規劃研擬人員避難及搶救路徑的管理。

　2.規劃避難據點的設置：

（1）訂定避難據點及中間避難層之設置規定；

（2）規劃戶外避難集結區之設置。

　3.加強實施超高層建築物全棟避難管理作業程序：

（1）加強實施超高層建築物全棟避難管理作業程序，規劃全棟避難方案；

（2）研究擬定一般電梯及特別安全梯之緊急運轉作業規定及演練計畫。

（六）重大海域污染與安全管理

　1.評估油分散劑的使用時機及使用注意事項：

（1）檢討使用時受油品的種類與天氣情況的影響；

（2）考量分散劑使用的效果、環境衝擊與費用。

　2.補充除污機設備：

（1）研議充實海洋污染處理相關設備；

（2）定期保養除污機具設備並持續充實相關污染處理之設備，以支援付費方式與民間機構簽訂合作協議。

3.研議培訓專業處理人員：

（1）研議培訓執行海上污染防治工作專業人員；

（2）加強教育訓練，以利執行海上污染防治工作。

（3）建立國際合作管道，透過國際上知名的海洋污染防治機構及各項國際研討會，建立連絡及合作訓練管道。

4.訂定海上污染監測系統之維護規範：

（1）定期維護、保養與檢查監測系統；

（2）定期查核各單位的海上油污監測系統及污染界定。

5.評估海上廢棄物的處理方式：評估海上廢棄物數量、性質與處理方式。

6.修訂海洋油污與有毒物質法令規章及作業手冊：

（1）研議海水油污及有毒物質圈際公約、規章、外國法令之蒐集：

（2）研議處理海水油污與有毒物質的相關法令規章及作業手冊。

（七）大型活動與安全管理

1.訂定「申請辦理各項活動作業要點」及訂定「辦理各項活動未依規定申請處理原則」

（1）由直轄市、縣（市）政府對於所屬機關、學校辦理各項活動時，從權責分辦機關、活動分類、申請程序、場地考量、注意事項、評估指標、績效檢討等，並考量轄區特性訂定各項活動作業要點。

（2）對於民間團體未依規定申請時，訂定相關處理原則，如應就權限不借用場地或就佔用道路及違建部分罰緩或勒令拆除。

2.訂定「辦理各項活動現場安全須知」：確保參加大型活動人員的安全，直轄市、縣（市）政府應針對各種活動可能遭遇問題予以分析，訂定「辦理各項活動現場安全須知」。

3.訂定「辦理各項活動搭建臨時建築物管理作業程序」：直轄市、縣（市）政府訂定「辦理各項活動搭建臨時建築物管理作業程序」，加強管理規範。

4.訂定「各機關團體舉辦各項活動使用道路管理規定」：直轄市、縣（市）政府訂定「各機關團體舉辦各項活動使用道路管理規定」，加強管理規範。

5.訂定「建築物用途使用人數負荷係數管理規定」：目前對於建築物使用人數負荷係數，僅台北市訂有「台北市特定場所容留人數管制規則」，其餘縣市並無訂定相關規定，致主辦單位難以控制場內參加人數，為避免場地過於壅擠，妨礙避難逃生，對於場地收容人數應有相關限制，以維持場地、人員安全，各縣市應比照訂定「建築物用途使用人數負荷係數管理規定」。

（八）危險品運輸與安全管理

1.訂定危險品運輸安全管理規範

（1）訂定公民營事業裝設公用氣體與油料管線、輸電線路等安全管理之輔導計畫；

（2）檢討現行危險品運輸車輛駕駛人員或隨車護送人員

之證照核定資格，實施基本之防救災訓練，並建立定期職能複訓制度強化個人應變救災能力；

（3）研擬危險品生產輸出使用一元化管理方案（生產裝卸登入→運輸申請→使用簽收），改善危險品運輸標示不清或不符的狀況；

（4）規劃危險品運輸車輛裝置 GPS 或行車記錄器以改善行車安全管理之可行方案。

2.改善危險品裝卸作業安全：

（1）研擬改善裝卸作業安全之設備設施及作業環境的可行方案（如隔離作業、稀釋、中和、收集引流等工程改善方案）；

（2）輔導危險品生產及使用廠商改善現有裝卸作業設備設施及作業環境，降低作業危害風險，並專案檢查作業設備之安全與維護狀況。

3.建立危險品事故發生應變機制：

（1）整合各災害防救相關單位危險品管理資訊，建立共通災害防救資料平台；

（2）研擬區域性搶救災聯盟方案，以結合區域內警、消、醫療及民間廠商力量，編組集訓統合運用、相互支援；

（3）推動危險品生產或使用大廠以責任照顧的精神，負責特定化學品相關防災搶救的技術支援與整備；

（4）分區規劃大規模防災緊急醫療搶救防護網及收容後勤措施。

（5）籌設專業訓練場所，訓練人員之現場應變能力，並定期實施輪訓與複訓。

（九）鐵路隧道及地下場站與安全管理

1.落實消防演訓計畫：

（1）強化民眾參與演練計畫之方案：

（2）檢討修訂演練時民眾使用緊急進生通道之作業規定

（3）檢討各種災變境況司機與行控中心間緊急應變作業程序。

2.研擬強化火災控制方案：

（1）研訂車廂易燃化設計及測試基準：

（2）擬訂鐵路隧道及地下場站防火避難及消防設施設備安全標準。

（3）調查評估救災單位所需人力及機具。

3.確保避難及救災安全：

（1）建立避難及救災據點之選定評估方法；

（2）研擬戶外避難集結地點之管理策略：

（十）觀光地區遊樂設施與安全管理

1.落實安全管理：

（1）研議現行觀光地區各主管機關的整合機制，

（2）檢討主管機關對所轄管理單位定期督導考核規定；

（3）檢討管理單位定期自行安全檢查規定；

（4）擬訂連續假期或舉辦重大型活動的安全管理對策。

2.落實教育訓練：

（1）擬訂加強遊客安全教育實施計畫；

（2）強化提昇員工緊急應變及專業技能之訓練計畫。

3.強化機械遊樂設施安全：

（1）檢討機械遊樂設施之相關管理規定；

（2）建立遊樂設施維修管理與考核機制。

4.提升救災救護能力：

（1）評估觀光地區設置第一線救護人員之可行性；

（2）研議空中救災隨行醫護人員之可行性；

（3）分析觀光地區常設的緊急醫療軟硬體設施之需求。

（十一）科技廠房與安全管理

1.推動性能式安全法規：

（1）推動光電半導體安全設備之採用方案；

（2）推動生物安全設備（符合 BSL 及行政院衛生署安全基準）之採用方案；

（3）推動大型危害化學品儲存設施（女日矽甲：燒 bundle）之採用方案；

（4）推動廠房內自動防護系統，且使用不可燃材質風管等設備與措施。

2.加強廠房安全查察機制：

（1）督導事業單位建立廠房內化學品儲存及防護規劃等標準作業程序；

（2）督導事業單位建立定期檢測廠房內消防安全設備之設置及檢修狀況：

（3）督導事業單位建立廠房內安全管理與動火作業許可管制情事安全規範；

（4）督導事業單位建立施工間及交班緩衝時段之安全管

理規範；

　　（5）督導事業單位建立訂定承攬商管理辦法；

　　（6）實施專家評鑑與輔導。

　3.建置區域安衛互助機能：

　　（1）成立區域聯防體系；

　　（2）進行救災演練觀摩，以強化區域整體應變能力：

　　（3）加強園區內消防人員之輔導、訓練。

（十二）長公路隧道與安全管理

　1.提高行車安全：

　　（1）研訂隧道測速監測設備查核基準；

　　（2）分析隧道資訊顯示系統有效性。

　2.落實教育宣導方案：

　　（1）研訂用路人自救的宣導方案；

　　（2)規劃於常態性教育訓練中心或據點加強用路人安全宣導。

　　（3)提昇隧道內通報聯絡能力：研究規劃無線電通報系統設置基準及協調作業規定。

　3.研擬危險物品的管制措施：

　　（1）研擬管制通行時間及導引護送措施：

　　（2）建立危險物品特定路線運輸危險性分析模式。

　4.研擬強化火災控制方案：

　　（1）研擬現有消防分隊人力及機具設備的增設方案：

　　（2）研訂成立隧道救災指揮體系之方案；

　　（3）評估成立公路專屬消防隊之可行性；

（4）研訂聯合演訓實施計畫。

（十三）重石化廠區與安全管理

1.訂定重石化廠區安全衛生措施檢查計畫：

（1）轄區勞動檢查機構應規劃實施年度重石化工廠安全衛生專案檢查及其歲修作業安全衛生專案檢查；

（2）依重石化廠重大職業災害發生頻率及趨勢，及考量勞動檢查人力資源，設定檢查對象及檢查頻率，並每年檢討公布年度勞動檢查方針及修檢查重點項目：

（3）輔導重石化廠運用風險評估技術提昇製程安全管理層次；

（4）輔導事業單位建立安全衛生自主管理體系。

2.提升勞動檢查效能，加強高危險性行業之監督檢查：

（1）規劃選列常見重大職業災害類型：墜落、感電、崩塌倒塌及火災爆炸之安全衛生預防設施為檢查重點；

（2）實施專案檢查，以關鍵性安全衛生設施為檢查重點；

（3）加強危險性工作場所查察及輔導。

3.建立緊急應變聯防機制：

（1）督導訂定共同聯防計畫；

（2）輔導推動聯防編組人員訓練。

4.建立國內外災害案例及原因分析之資料庫：蒐集及分析國內外災害案例

（十四）陸上大眾運輸車輛與安全管理

1.研訂陸上大眾運輸車輛安全管理方案：

（1）檢討陸上大眾運輸車輛檢驗制度；

（2）訂定陸上大眾運輸車輛業者安全管理督導細部計畫；

（3）檢討陸上大眾運輸車輛路邊稽核實施辦法；

（4）辦理陸上大眾運輸車輛安全評鑑。

2.大客車車體安全管理：

（1）辦理大客車車體防火安全管理之可行性研究；

（2）加強陸上大眾運輸車輛消防安全設備檢查。

3.研議陸上大眾運輸車輛事故保險理賠制度：

（1）檢討現行理賠相關法規；

（2）加強查核投保強制汽車責任保險；

（3）檢討調整公路法有關賠償及理賠金額。

（十五）短期補習班防火避難與安全管理

1.檢討修訂短期補習班安全管理相關規定：

（1）檢討修訂各縣市補習班收容人數管制辦法及作業規定：

（2）檢討修訂各縣市短期補習班設立及管理規則：

（3）落實各縣市立案安全管理及輔導、查報未立案之相關作業規定。

2.確保避難安全：

（1）研提排除樓梯間障礙物之管理措施；

（2）加強查核避難通道之安全；

（3）檢討教室走道寬度、座椅設置、出口數、樓梯寬度及安全門寬度等法規標準。

3.確保場所建築及消防安全：

（1）檢討舊有合法補習班防火避難設施與消防安全設備改善辦法，以強化補習班之公共安全；

（2）研訂加強防範縱火安全管理規範（包括加強人員進出管理軟體面及架-視器使館面等）；

（3）調查評估補習班周邊救災之可及性。

4.落實防火教育宣導：

（1）研訂納入學生之自衛消防編組演訓計畫；

（2）研訂新進學生防火避難教育計畫；

（3）研訂補習班防火與避難演練教學課程內容。

（十六）海上大軍運輸船舶與安全管理

1.檢討船舶法及其子法相關法令規定：

（1）檢討現行法令規定是否符合現況所需；

（2）檢討訂定船舶承載量及乘客定額之限制；

（3）檢討船舶防火構造的使用及設計。

2.加強大眾運輸設施及船舶之安全檢查：

（1）訂定船舶救生設備檢查計畫；

（2）訂定船舶應設置之救生裝備及數量查核表；

（3）船員之專業訓練；

（4）定期檢查與抽查船舶機械裝置及設備；

（5）加強旅運碼頭安全設施檢查。

　　3.訂定預防海難之相關計畫、準則、規定及標準作業程序：

　　（1）研訂船舶適宜出海氣象及海象之參考標準；

　　（2）制定全國性海難防救政策、計畫及預防設施；

　　（3）建立緊急報案應變機制；

　　（4）訂定國軍支援執行重大海上遇險船隻災難搶救與協助處理緊急事項；

　　（5）督導所轄漁港管理機關執行該港區內海難災害防救。

　　4.建置海難救援指揮及應變機制：

　　（1）建置海難救援指揮及應變機制計畫

　　（2）授權指揮機制得以調動相關單位支援協助救難

　　（3）訂定海上救難標準作業程序

二、台灣地區應急管理機制的變遷[40]

　　1999 年，台灣地區發生 7 點 3 級的 921 大地震，可說是促使台灣建立現代應急管理制度的重要分水嶺。2010 年，為因應近年來氣候的異常變遷，對環境及大自然的破壞及災害愈來愈多，防救災所面臨的挑戰也愈加嚴峻，特別是各類風災的極端降雨及所帶來的土石流，常導致極大且複合型的災害，造成民眾重大損失，有鑑及此，行政院提出災害防救法修正案，經立法院於 7 月 13 日修正通過。茲將各方提出之災

---

40 同前註，頁 363-368。

害防救結構表示如下：

為使讀者清楚台灣地區應急管理制度的變遷情形，僅就應急管理計畫、應急管理組織、應急管理法規及應急管理作業等四個層面，探討應急管理制度的變遷情形。[41]

（一）應急管理（災害防救）計畫：

1.應急管理計畫的概念：

所謂應急管理計畫在台灣地區係指「災害防救基本計畫」、「災害防救業務計畫」及「地區災害防救計畫」等。根據新修正的「災害防救法」規定，「災害防救基本計畫」指由中央災害防救會報核定之全國性災害防救計劃。並由行政院函送各中央災害防救業務主管機關及公共事業就其掌理業務或事務擬訂之災害防救計劃。而中央災害防救業務主管機關則依「災害防救計畫」，就其主管害防救事項，擬訂「災害防救業務計畫」，報請「中央災害防救會報」核定後實施。

另直轄市、縣（市）災害防救會報執行單位應依「災害防救基本計畫」、相關災害防救業務計畫及地區災害潛勢特性，擬訂「地區災害防救計畫」，經各該災害防救會報核定後實施，並報中央災害防救會報備查。

2.災害防救基本計畫目標：

災害防救基本計畫屬綱要性的全面災害防救工作指導計畫，其內容明定災害防救施政的整體性計畫、揭示災害防救工作的相關事項與擬訂災害防救作業計畫，及地區災害防救

---

41 唐雲明，〈災害防救法〉，2010。

計畫時應注意之要點等。

3.基本計畫修訂狀況：

　　台灣地區「行政院災害防救委員會」辦理 2006 年災害防救基本計畫修正案，經「中央災害防救會報」於該年 12 月 29 日第 9 次會議核定通過,修正內容新增重大陸上交通事故、海難、森林火災、輻射災害、生物病原、毒性化學物質等六個對策,並修正原有總則、風水災、震災、空難、其他災害對策、災害防救業務計畫及地區災害防救計畫之重點事項及計畫實施等七個對策,合計 13 編。各中央災害防救業務主管機關及直轄市、縣（市）政府應根據此一修訂計畫,辦理修正災害防救業務計畫及地區災害防救計畫。

（二）應急管理組織：

　　台灣地區應急管理組織的變遷發展,與社會、政治及經濟的發展息息相關。根據研究,臺灣地區災害防救體系的發展歷程,基本上歷經以下四個過程[42]：

1.災害防救相關法令制定前期（1945 年~1965 年 4 月）

　　早期台灣地區發生八七水災、白河地震等多起重大自然災害,但當時並無災害防救相關法令或規章,遇到自天然災害發生時,主要是靠軍警與行政單位人員獨自進行救災工作,很難組織強而有效的救災隊伍,此一時期的工作重點在於災後的救助與撫恤。

2.自然災害應變及善後處理時期（1965 年 5 月~1994 年 7 月）

42　李維森,〈災害防救體系〉,《科學發展,第 410 期,2007》,頁 56-62。

　　臺灣地區（省政府）於 1965 年 5 月頒訂「臺灣省防救天然災害及善後處理辦法」，做為執行應變救災時的依據。此項辦法主要是針對風災、水災、震災等自然災害。當時災害防救組織的最高層級是「災害防救會報」由省府各災害相關單位首長組成，負責處理自然災害防救的聯繫、協調與監督事宜，下設「綜合防救中心」專責處理災害應變中的緊急防救事宜。

3.災害防救方案整合時期（1994 年 8 月~2000 年 6 月）

　　1994 年 1 月，美國洛杉磯發生大地震，災情慘重。台灣地區「行政院」乃邀集相關單位草擬「天然災害防救方案」。同年，日本名古屋發生華航空難，台灣政府取法日本處理各項災後應變措施的經驗與模式，將上述方案擴大修正「災害防救方案」以因應各種天然或人為災害的防救。

　　這一整合的方案於 1994 年 8 月正式頒佈，台灣地區依據該方案規劃，分為中央、省（市）、縣（市）及鄉（鎮、市、區）等四級災害防救體系。

4.災害防救法立法時期（2000 年 7 月至今）

　　1999 年 9 月 21 日，台灣發生規模 7、3 級的強烈大地震，此震是災害防救方案建置與運作以來的最大考驗，也震出了救援體系的紊亂與失能。為使日後各項災害防救工作有明確的立法依據與規範，行政院加速研擬災害防救法（草案），該法於 2000 年 6 月完成三讀並於同年 7 月頒布施行。災害防救法的頒布與施行為台灣地區災害防救工作奠定了長遠且重要的基石，對於體系內各主要單位所應該負擔的災前、災時及災後等重要工作項目及其運作，都有明確的規範。

當前台灣地區應急管理體系由上而下分為中央、直轄市縣市及鄉鎮市三個層級，依據災害防救法規定及行政體制，分別建立中央、省（市）、縣（市）及鄉（鎮、市、區）四級防災會報，協調聯繫防災事項；當面臨可能成災或已發生災害時，各災害主管機關應立即成立災害防救中心，各參加編組作業機關亦同時於內部成立緊急應變小組，與災害防救中心及其他災害防救單位密切配合，實施災害防救工作。

（三）應急管理法規：

921 的強烈地震，台灣地區的應急管理體系及緊急應變能力遭受空前的衝擊與挑戰，直至 2000 年 7 月 19 日公布施行「災害防救法」並相繼頒布「中央災害防救會報設置要點」與「行政院災害防救委員會設置要點」應急管理體系才逐漸成形。又經 2010 年 7 月 13 日立法修正相關救災體系及內容，應急管理救災體系更加完善。

「災害防救法」立法旨意是在健全應急管理機制，強化災害防救功能，以確保人民生命身體財產安全及國土保全；因此，在本法及相關子法公布施行後，台灣地區應急管理體系才正式邁入一個嶄新階段。

此法是臺灣地區第一部全面性的災害防救法規，經三度修正後，共分為總則、災害防救組織、災害防救計畫、災害預防、災害應變措施、災後復原重建、罰則與附則等，共八章五十一條條文。對於中央、直轄市、縣（市）鄉三層級政府的行政部門，以及民間、社區、民防、國軍等單位、組織在內的防救災體系建置，體系內各主要單位所應負責的災前

預防、災時救災及災後復原重建等重要工作項目及其連作，
都有清楚明確規範。

　　自從美國發生 911 恐怖攻擊事件後，全民動員的觀念，
已從傳統的戰爭準備思維，提升爲國家整體安全的預防準備
與主動性的危機處理。台灣地區爲落實建構「國土安全網」
的理念，行政院動員會報將「全民防災動員準備體系」明定
爲應急管理機制（災害防救、傳染病防治、核子事故應變、
反恐怖行動等大體系）的主要備援體系。爲了完備動員準備
與動員實施之法諒基礎，由國防部及中央相關部會研議全民
防衛動員整備法，授權訂定相關執法，使「全民防衛動員準
備體系」與「民防體系」能有效配合應急管理體系，有效扮
演救災的支援角色。

（四）應急管理作業：

　　2009 年，台灣發生了嚴重之「八八水災」此一水災，爲
台灣建立的應急管理機制提供了嚴酷的檢驗。八八水災，此
爲 1959 年發生「八七水災」之後最嚴重的水災，並導致高雄
縣甲仙鄉小林村的滅村事件，數百人遭受活埋。此次，水災
共造成 677 人死亡、22 人失蹤。

　　台灣地區應急管理制度由災害防救體系完全主導，歷經
五十餘年的努力，相關法令從無到有；行政體制由中央統一
指揮演變到符合救災效率的三級制：政府面對災害的作爲由
僅負責災後撫恤，大幅朝向增加規劃減災與主動應變：地區
防救災工作也由被動的救災任務，轉爲應用科學技術進行災
害規模設定的地區災害防救計畫。

　　總之，海峽兩岸面臨多次災變的經驗，各自在面對各類災害的應變模式，不再是被動地針對地方的要求提供協助，而是主動積極協助及參與地方政府推動社區防災及救災的各項演練及宣導活動，將災害應變觀念融入學校、社區居民的生活中；並制定公共安全白皮書，以滿足社會大眾對公共安全的需求。最後藉由中央與地方政府進行年度災害防救業務的訪視、評鑑與演練，以全方位思維推動各項災害防救的工作[43]。

小　結

　　從美國、中國和我國應急管理的發展歷程來看，應對突發事件已成爲世界各國共同面臨的嚴峻挑戰。面對全球公共安全形勢日趨嚴峻、各級、各類突發事件不斷增高、增多的態勢，無論是災害較多的美國、日本、俄羅斯、中國，還是突發事件較少發生的新加坡和德國，都根據各自的國情、政情、社情和法律文化傳統等，建立了各具特色的應急管理體系。在預防和處置各級各類突發事件的過程中，各國逐步完善了應急體制、機制、法律體系和應急預案，基本形成了符合各自國情的突發事件應對體系，積累了許多成功的經驗。

　　從各國的發展歷程來看，應急管理體系的建立和完善是一個不斷發展變化的過程。在管理對象上，世界各國的應急管理體系都逐漸經歷一個從以前的單災種、部門性管理模式

---

43 同前註，唐雲明，頁 258。

向多災種、綜合性管理模式轉變的過程。美國等國家的應急管理最早是從應對火災開始的，德國是從民防開始的，日本和中國則主要是從應對地震、洪水等自然災害開始的。世界各國最初所建立的應急管理體系具有單災種和單部門的特徵。隨著突發事件形勢日趨複雜，應急管理的對象也逐漸從自然災害擴大到事故災難、公共衛生事件、社會安全事件甚至包括國家安全事件。在組織架構上，隨著突發事件覆蓋範圍擴大，應急管理也逐漸從以往單部門管理向多部門綜合管理轉變。以往的應急管理部門主要集中在消防、防汛抗旱、抗震救災等部門，不同部門之間相互分割，各自帶頭負責某一類突發事件的應對工作。各種複合型突發事件的頻繁發生，推動應急管理由過去的單部門為主不斷朝跨部門的綜合性方向轉變。

從發展的動力來看，世界各國的應急管理工作都是在應對各種突發事件的過程中建立並不斷完善的。因此，每一次突發事件的發生既是對政府和社會的一次嚴重衝擊和重大考驗，也是政府和社會一次難得的學習與實踐的機會。正如應急管理專家諾曼·奧古斯丁（Norman R Augustine）所言："每一次危機概包括導致失敗的根源，又孕育成功地種子。發現、培育以便收穫這個存在的成功機會，就是危機管理的精隨；而習慣於錯誤地估計形勢，並另事態進一步惡化，則是不良危機管理的典型特徵。"[44]2003 年 6 月 17 日，溫家寶在召開"加強公共衛生建設，促進經濟與社會協調發展"專

---

44 諾曼·R 奧古斯丁等，北京新華信商業風險管理有限責任公司譯：《危機管理》（北京：中國人民大學出版社 2001 年），第 5 頁。

家座談會時提到："一個民族再危難中可以比平時學到更多的知識、道理和科學。一個民族在災難中失去的,必將在民族的進步中獲得補償。關鍵是要善於總結經驗和教訓。"[45]2008 年汶川大地震發生後,溫家寶指出:多難興邦。在應對各種各樣突發事件的過程中,政府和社會都可以比平時更密集地學習,更加有效地學習。因此,善於從各級各類突發事件中學習和獲取經驗教訓,不斷改進各方面的工作,提高應對突發事件的學習能力和適應能力,是世界各國政府和決策者都需要面對的重要課題。

---

45 〈溫家寶主持召開專家座談會黃菊等參加聽取關於加強公共衛生建設促進經濟社會協調發展的意見〉,《人民日報》,2003 年 6 月 18 日,第 1 版。

第四章　安全管理工作在產官學界之現況與分析

　　在本章探討安全管理工作在產官學界之現況時，讓筆者再度陷入一種困境，雖然前章對安全管理之概念與定義作了一個說明與界定，但在實務界中，究竟那些產業、工作或政府機關屬於安全管理機構？在產官學界該如何界定？那些產業？包括那些範疇？似乎很難界定。尤其各行各業、政府各部門直接、間接都有做安全管理的工作或與安全管理有相當程度之關係。例如政府部門直接從事安全管理工作的機關，國安局、調查局是最典型的安全管理機關，但環保署、衛生署在環境、生態、疫病的安全管理與維護上也不可忽視，因此要如何界定那些政府機關是屬於安全管理機關確有其困難。

　　因此，只能從實際業務中有直接從事國家安全、社會安全、公共安全、社區安全或私域安全維護等工作之機關、產業納入考量。並以前章安全管理之定義來檢驗，以安全為目的，進行有關決策、計畫、組織和控制方面的活動，而運用人力、物力和財力等資源，掌握人的不安全行為、物的不安

全狀況和事的不安全因素的相關產業或機構來歸類。[1]

　　依據上述的界定，本章將分別從產業界、政府機關、與學術界三個面向來探討安全管理在實務界之現況，或許能有一個初步的全般理解與概念。

　　首先觀察產業界的現況：

第一節　安全管理業在產業界之現況與分析

　　為了瞭解產業界的現況，筆者試圖從兩個方面來觀察，一是從市場的實際狀況做一瞭解，其次是從各人力銀行的分類資料來調查，如此雖不能很精確的說明或掌握安全管理業在產業界之實際狀況，但基本上對產業界在安全管理領域會有一個初步的認知。

一、安全管理產業在市場之認知

　　在今天的市場，為了確保公司有形、無形的安全，無論是企業界、產業界，稍具規模的公司、機構和組織都會進用各階層的安全專業人員，其中有第一線的基層安全管理幹部，也有中層、高層的安全管理主管或顧問人員。首先讓我

---

1 虞義輝，《安全管理與社會》（台北：文史哲出版，2011），頁23。

們瞭解什麼是安全產業？什麼是市場上的安全管理？什麼是私域安全管理人員？以下做一說明：

（一）安全產業及其範疇[2]

1.安全產業之定義

安全產業的定義與範疇依各國國情與產業發展階段的不同而有所差異，

（1）美國安全產業之定義：

最主要包含其國家策略文件所提及之基礎設施項目的維護與保護，包括資通訊、郵政設施、電訊、公共衛生、運輸、能源、金融體系等項目之安全

（2）澳洲與愛爾蘭安全產業之定義：

主要著重於安全管理與執行安全服務的人員訓練、雇用與執行，技術性服務，安全設施之裝置、維護，製造控制配送中心等。

（3）我國考量國情與產業發展情況，對於「安全產業」之初步定義為：

舉凡有關下列各項基礎設施之維護與基本體系之保護均屬之。

資訊與電訊、郵政設施、防救災及緊急事件之處理、金融體系之健全與防護、公共衛生（防疫、防止核生化戰）、

---

2 經濟部工業局，《安全產業發展策略》（台北：經濟部，2004 年 8 月 24 日）。
http://www.bost.ey.gov.tw/Upload/UserFiles/%E8%AD%B0%E9%A1%8C%
E4%BA%8C%EF%BC%9A1.1%E5%AE%89%E5%85%A8%E7%94%A2%E
6%A5%AD%E7%9A%84%E7%99%BC%E5%B1%95%E7%AD%96%EF%
A5%B6.pdf。

農業、化學工業與有毒物質處理、運輸系統（航空、鐵公路交通、大眾運輸系統、船海運）、水電供應與天然氣、燃油之儲存等基礎設施。

2.安全管理產業之範疇

安全管理產業之範疇主要包括安全設備之研發、製造生產的相關產業與安全管理之服務產業兩大方面。前者主要以提供工業安全所需的各類產品及安全管理服務業所需的保全產品為主，包括個人防護具、監測器、消防設備、防爆器材、監視系統、門禁系統等。後者包括：資通訊安全產業、安全工程服務業、物業管理產業、保全服務業。

（1）資通訊安全業：含網路安全、內容安全、機房安全與顧問服務、電子商務安全、通訊安全防護、防火牆、防毒防駭軟體。

（2）安全工程服務業：系統規劃、系統整合、工程設計與安裝服務、工程施工、系統維護、風險管理、教育訓練、檢驗認證。

（3）物業管理產業：主要以社區、大樓、工廠等標的為管理服務對象。

（4）保全服務業包括：系統保全、駐衛保全、居家保全、人身保全、運送保全、金融保全。

（二）什麼是市場上的安全管理：私域安全管理

市場上的安全管理，也可以說是「私領域的安全管理」（Private Security Management）。根據美國蘭德公司對私人安全管理的定義是：不是由政府執法機構所執行的所有保護

與預防損害活動，均屬於私人安全管理。進一步定義如下：
「所謂私人安全管理，係指如私人警察、私人警衛、私人安
全人員及管理者，其範疇涵蓋各種私人組織與個人所提供的
各種安全相關服務，這些服務包括：規劃、管理、諮詢、調
查、保全、警衛、巡邏、測謊、警報與運送服務等。」[3]另外
一種看法，認為是「準公共警察」（Quasi-public Police），
也就是一般所謂的「義警、義交、義消」，但筆者認為這些
應該除外，因為「準公共警察」雖然有時也會協助執行私人
安全功能，卻是由政府提供經費，不能算是私人安全管理。
其分別在於，私人安全管理人員一定是營利組織或私人公司
所僱用，其獲利動機與利潤來源是「私人安全管理」的基本
因素，而不是非營利組織或是政府機構所僱用。

　　因此，對私人安全管理的定義也有人認為：所謂的「私
人安全管理」係指個人開業及民營的企業與組職，他們提供
或雇用安全管理人員從事安全管理相關的服務，並收取費
用，目的在於保護客戶的人身、財產或利益上的安全，免於
遭受各種危險與損害。[4]雖然這定義也可以被接受，但許多機
場、醫院、學校等機構，僱用私人安全警衛，卻不完全是以
獲利為目的。

　　所以要界定「私領域的安全管理」，筆者認為不管安全
管理的標的是政府機關、國營事業、民間企業、私人組織或
團體，只要負責提供安全管理服務工作之機構及資金是私人

---

3 Robert J. Fischer, Gion Green 著，李振昌譯，《企業安全管理完全手冊》
　（Introduction to Security）（台北市：紐奧良文化，2004，上冊），頁 97。
4 同上註，頁 98

企業而非政府組織，都屬於「私領域的安全管理」。如社區安全管理、飯店、旅館安全管理之經理或主任，負責國營事業之駐衛警與保全人員，保全、物業管理公司及各類大型活動雇用之安全管理人員等。更具體的說，所有民間成立之保全公司、物業管理公司及各私人企業、公司、產業、工廠內部成立或設置之安全管理部門、人員均屬於「私領域的安全管理」。

（三）企業安全部門的發展

　　企業安全部門在十幾年前的台灣社會並不是一個受到重視的單位，一方面由於安全管理重點仍以工業安全為主，再方面社會上的安全意識也較薄弱。因此台灣社會對企業安全管理概念的發展亦較慢。企業中最早的安全組織應該就是設置在地下室停車場或是不顯眼辦公室一角的警衛組，主要都是由總務或行政部門來兼管的項目。其工作內容是做一些基本的人流、物流、門禁管制或停車場管理和交通指揮等工作，這個階段算是台灣早期的民間企業安全組織或單位。

　　第二個階段開始有安全室（Security Office）的設置，也開始有單獨安全業務的職位，一般可能是稱為安全組長或安全主任（Security Supervisor），他們也負責一部份的安全業務，如消防、警衛或相關安全事件的處理。之後，隨著公司的發展和業務的複雜，安全業務重要性逐漸突顯，所以獨立成為一個部門，但是基本上這個安全單位還是隸屬在總務、行政單位之下。後來企業界對企業風險的認知更多，再加上安全部門內部人員的職業特性，開始被賦予緊急應變和人事

背景查核和內部安全事件的調查工作。這時，部門的隸屬可能會被調整到人事或是財務部門之下。整體而言，這個階段雖有安全管理部門（Security Department）的設置，也有安全經理（Security Manager）的產生，但他仍是其它部門下的附屬單位。

到了第三階段，也是最近這幾年，911 恐怖事件的刺激，美國企業界因為外在的壓力和內部的需求，各行業紛紛開始重視企業安全管理這一環節，不再只是視之為一個作業（operation）部門，而是企業管理整體成功中必備的一環。業主認知到有效的安全管理必須是跨部門之間的整合，是公司整體的重要事務，所以企業主又將安全部門提昇其層級，成為獨立的一級單位~企業安全部（Department of Corporate Security），而其部門主管的層級也到接近公司決策階層。這時開始有了「企業安全官」（Corporate Security Officer）的設置，其職稱可能是安全經理（Manager of Security）、安全總監（Director of Security）或是安全副總（VP of Security），甚至是安全長（Chief Security Officer）的職務。由於企業主的重視，其負責人的職位也被相對提升，希望組織能有效發揮整合功效，達到安全管理的目的。[5]

雖然安全管理部門或安全幹部在今天台灣的社會，也日益受到重視，但其主要職掌應該擔任那些工作，各行各業並無統一之標準，而企業機構之負責人亦無完整之概念，全視公司、機構、企業體之規模及企業負責人對安全認知和重視

---

5 徐子文，〈安全管理的靈魂角色 ── 企業安全官〉，《安全＆自動化雜誌》，68 期，2005 年 8 月，頁 146-149。

程度而定。為了讓國內的業主對安全管理幹部的職掌有較具
體的瞭解，僅根據美國 2005 年 CSOonline.com 所做的年度
調查結果，企業安全官在企業中被賦予的任務，做一介紹，
主要如下表所示（表 4-1）：[6]

表 4-1

企 業 安 全 官 工 作 執 掌		
項目	工 作 執 掌	附記
一	人事安全 Personnel security	
二	實體設施安全 Security of facilities/hard assets	
三	高階主管保護 Executive protection	
四	安全事件調查 Investigations	
五	背景查核 Background checks	
六	智慧資產保護 Intellectual property protection	
七	資訊安全 Information security	
八	詐偽預防 Fraud prevention	
九	緊急應變/營運持續/災難復原 Business continuity/disaster recovery	
十	防恐/國土安全 Homeland security	
十一	隱私權保護 Privacy	
十二	安全相關稽核 Security-related audit	

資料來源：CIO 網站：http://www2.cio.com/research/surveyreport.cfm?id=89
（2005/08/20）。

從上表中可以發現：

企業安全官在這些工作職掌中，負責的項目相當多，但
這些項目並不是每一家公司都有同樣的要求，也不是每一個
安全官都要負責所有的項目，而是安全部門下負責的整體業
務，換言之，公司的規模與類型也會影響企業安全官的工作
內容。就筆者在實務界之觀察與瞭解，在國內身為一個企業

---

6 CIO 網站：〈http://www2.cio.com/research/surveyreport.cfm?id=89〉。

安全管理幹部，基本上主要負責項目應該有：機構安全警衛規劃與緊急應變、機構內外門禁設施之實體安全維護與管理、高階主管人身安全保護、防恐、防詐、安全事件之調查與處理、危安問題之建議及與警方的協調聯繫，其餘項目將視機構負責人是否另有賦予或指示。

（四）台灣對企業安全官的認知

雖然上述資料是以美國 2005 年的資料為基礎，但以台灣社會發展的進度與美國相較，似乎仍然符合現在的實際情況，筆者認為台灣社會目前雖無「企業安全官」之職稱與制度，但從上述之研究與未來安全領域之發展趨勢，類似「企業安全官」職稱之形成，似乎已是指日可待。如果人力銀行，能將職務分類欄納入此項名稱，並以美國企業安全官之職掌工作內容做為人員進用與甄才之依據，不但可以引導與帶領台灣「企業安全官」制度之建構，亦可導正目前社會對企業安全管理幹部的認知與提升台灣蓬勃發展的安全管理從業者的專業素養。

因此，筆者依據美國企業安全官在企業中被賦予的任務為基礎，再依據台灣社會的實際狀況，設計了一份「企業安全官設置」的問卷調查（如附錄），針對企業界不同的領域與階層做了一次普查，初步可以看出一個趨勢，幾乎所有的問卷都認為需要設置或急需設置類似企業安全官的職稱，但以何名稱來對這個領域的工作者做一統稱，有 80%的選項認為應以符合台灣習慣的用法「企業安全管理師」來稱呼，至於「企業安全管理師」的工作內容應包括那些，則意見較不

一致，其中認為必須包括的項目除了第一項-企業機構實體設施安全維護，第二項-有關安全事件之調查與處理，第三項-有關詐偽預防事件之宣導與處理，及第八項 —— 有關防火、防災緊急應變事件之規劃與處理，有較高之共識外；有關項目如勞資糾紛事件之處理、智慧財產權之確保與維護和資訊安全之維護，普遍認為不需包括在「企業安全管理師」的職掌內；至於其他項目，一般認為則可由企業負責人自行衡量是否需要納入。另外有關那些產業或企業需要設置類似「企業安全官」的職務？較有共識的產業是：資訊科技業、金融業、觀光旅館飯店、保全業與物業管理公司等。

　　這份問卷最難得的是，企業界普遍認為我們社會應該需要為從事此類安全管理規劃、執行、督導工作的安全專業人士提供一個適切的稱謂。雖然在各公司或部門他們的實際職位可能是安全室主任、安全經理、或總監，但在職業欄應該有一個被社會接受與認知的名稱，如「企業安全管理師」。就像學校裡面的老師有各種不同的職稱，但實際在學校從事學校教育工作的人員都被尊稱為「老師」一樣。

　　或許有人會問？都一樣是專業職位，為什麼一定要企業安全官，安全顧問不是就可以了嗎？筆者認為，企業機構要挑選一個企業安全官（師），不論是外聘或內升，最重要的是它的人格特質，安全觀念，和安全專業。安全顧問或許有很高的安全專業和經驗，但是他們不能，也無法負責安全管理的成敗責任，只有專職負責從事安全管理工作的幹部-企業安全官（師）才能和必須負這個責任。

　　因為企業安全官（師）不但要有專業和熱忱，更要有堅

持和承擔責任的勇氣。因為安全從來就不是一件容易做的工作，投身這專業生涯的人，必須要有良好正確的心理建設，也就是「寧可百年無事，也不能一日疏忽」，默默的從事企業、機構、或公司安全守護者的工作。

從上述的說明可以理解，企業安全管理已經是一個普遍被接受的專業，而其生涯發展路線也越來越明朗與重要。因此，未來在人力銀行或徵才機構，若可以將具有安全規劃、管理、督導與考評能力的安全管理人才納入「企業安全管理師」，大學安全管理相關科系，也結合這些領域，開始培養學生，作為職涯發展的規劃與企業徵才的考量，未嘗不是一件對有志從事該領域的社會新鮮人及社會上曾在政府安全部門工作具有此類專長的人士提供一個發展方向，並扮演一個台灣「企業安全管理師」制度與職稱推動與引領的角色。

二、保全業與物業管理公司現況

在安全管理產業中，保全業和物業管理公司是最具代表性的兩大產業，以下就對這兩項產業做一說明。

（一）保全產業

依據保全業法第 1 條規定：確保國民生命、財產之安全，特制定本法。[7]

---

7 保全業法，
〈 http://law.moj.gov.tw/LawClass/LawAll.aspx?PCode=D0080081 〉，100 年
11 月 23 日修正。

　　第 4 條規定：保全業得經營左列業務：關於辦公處所、營業處所、廠場、倉庫、演藝場所、競賽場所、住居處所、展示及閱覽場所、停車場等防盜、防火、防災之安全防護。關於現金或其他貴重物品運送之安全維護。關於人身之安全維護。其他經中央主管機關核定之保全業務。

　　第 4~1 條規定：保全業執行業務時，發現強盜、竊盜、火災或其他與治安有關之事故，應立即通報當地警察機關處理。

　　從上述規定來看，保全業屬安全管理產業應無疑義，而保全業與警察、社會治安的關係亦相當密切。

　　目前在市場上從事安全管理工作的保全產業，基本上都屬於私領域的範疇，而保全業和物業管理公司是最典型的代表。台灣保全業自 1978 年發展至今，已將近 36 年，根據內政部警政署的統計資料，目前全台灣登記有案的保全公司共有 644 家，其中又可分為 3 類，分別是兩家上市公司（中興和新光），資本額超過四千萬元的未上市公司，和資本額只有四千萬元的未上市公司，除了中興和新光兩家上市公司的資料是公開外，其餘僅提供學術單位研究參考。[8]

　　目前國內保全業主要的服務項目大致可歸納為以下四類：

　　駐衛警保全：主要為派駐保全人員為客戶提供長期或臨時的警衛工作。

　　人身保全：擔任個人安全警衛或隨扈工作。

　　運送保全：為客戶運送現金或貴重物品。

---

8 江筱惠、孫惠庭採訪，〈產業調查是產業發展的基石 —— 保全論壇〉，《保全會訊》，第四期，2012 年 4 月。

　　系統保全：客戶提供機器警備保全系統及保全器材的租售。

　　中華民國保全商業同業公會全國總會前理事長王振生表示，上述四項工作中，其中有九成是駐衛系統。目前全國警力約 8 萬多名，保全人數更達到 10 萬人，社會治安是由 18 萬人共同維持，顯示保全是維護治安不可或缺的力量，未來將朝整合保全與警力的方向努力，形成一張治安防護網。特別是在保全商業公會全國總會成立之後，努力將從業人員質、量同步提升，對社會治安產生無形的力量，穩定整體社會安定，讓全民身家安全更有保障。[9]

　　這種民間的安全管理產業具有兩種功能，一是防衛、一是防護，所謂「民間防衛」是指運用民間力量，遂行治安、警備與自衛任務；所謂「民間防護」係指運用民間力量，執行防護運動，以避免或減少災害所造成的損失，以維護人民生命財產之安全。[10]

　　Gion Green（1981）認爲「專門爲特定人士、組織或公司從事犯罪預防或損失補救的個人、組織或公司，而她們均不隸屬於政府的執行單位。」

　　Hess, K. M. and H. M. Wrobleski（1996）則認爲：「以利潤爲導向的服務業，爲防制人爲疏失、天然災害以及犯罪行爲所造成的損害，提供社會各界人事、設備及程式安全的專業服務。」

9　王振生，〈保全公會總會爲 10 萬保全謀福利〉。
　　http://www.siatw.org.tw/link3-1.asp 2012 年 1 月 18 日。
10　警察大辭典，《中央警官學校》（台北：1976 年 9 月初版），頁 151。

　　郭志裕（2006）認為：「以保障人、物、設施之安全，並透過契約來達成任務之特定民間組織所經營之服務性產業。」

　　綜觀以上學者看法，保全業係以利潤為導向的服務業，導入安全科技與服務人力，以預防竊盜、強盜、天然災害，維護秩序，維護現金及貴重物品運送及人身之安全。

　　從經濟學角度來看，保全業所經營的內容，屬「私有財」（Private Goods）安全之保護、防護與看管之服務業，完全屬於自由市場競爭機制，產業目標（或公司目標）所著重的是利潤極大化（Profit Maximazation），在駐衛保全部份，屬高度完全競爭市場，利潤微薄、人員流動性高、服務品質不穩定，相較之下，警察治安單位，特性有別，警察業務屬「公共財」（Public Goods），其主要目標是滿足公共利益極大化（Public Interests Maximazation），維持大眾公共安全與治安為其主要任務，當然，公共財是由政府編擬預算來支付警政相關機構之費用，具公務人員保障，人員流動組織穩定性高，指揮體系單一及建全，可發揮強大組織戰力。[11]

　　保全業基本上是以專業訓練為號召，結合安全科技產品，使人力成本降至最低，就經濟上考量可以降低國家人力、財力、物力之負擔，在經濟不景氣的環境中可以增加就業的機會，減少社會問題。當工商越發達，災害發生的機率也相對增加，因此唯有透過民間的防衛和防護才能達到防範於未

---

11 黃俊能，〈保全產業現況分析與探討〉，
　　www.security.org.tw/index.php?option...id。

然，弭禍於無形。[12]

1.台灣兩家上市保全 —— 中興保全與新光保全

目前國內上市之兩家保全公司，中興與新光保全公司在保全業屬龍頭角色，最具代表性，簡述如後：

中興保全

公司成立於 1977 年，由現任中興保全公司總裁林孝信首先從日本引進，以經營關於辦公處所、營業處所、倉庫、演藝場所、競賽場所、住居處所、展示及閱覽場所、停車場等防盜、防火、防災之安全維護、現金或其他貴重物品運送之安全維護、人身之安全維護以及防盜、防火、防災等有關設備器具之系統規劃設計保養修理安裝為業。中興保全是台灣保全產業的開創者，也是市場的領導者。此後台灣保全產業幾乎都隨著中興保全的腳步前進，經歷近三十年的發展，中興保全不僅長期執業界牛耳，更在專業多角化的發展策略下，將保全服務帶到科技、人性的新境。

中興保全為國內保全業龍頭，市占率 57%，用戶數達 11.1萬戶，客戶來源分為商業及住宅用戶，占總客戶比率分別為81.5% 及 18.5%。中興保全除在人力保全外，集團在運用科技強化居家保全及個人安全上更是不餘遺力。中興保全集團以龐大的數位網路架構及衛星定位科技，建構出一套自家庭到個人、從定點到移動、由保全到醫護的全方位安全服務體系，如創新研發的「衛星定位協尋服務」，能使保全服務跨越空間藩籬，為幼兒安全、婦女夜歸、老人看護，甚至是移動財

---

12 林山田，《中華民意月刊》，1983 年 9 月，頁 30。

產提供即時守護;「e-home 數位生活平台」能在保全架構下,輕易升級數位生活品質;而監控系統與餵食器等看護器材的結合,更讓居家照護不再是沉重負擔。[13]

新光保全

新光保全在面對 21 世紀高科技、網際網路等國際化發展趨勢下,採取本業精耕、異業聯盟的策略,成功將高科技導入與保全結合,提供一次購足的『全方位保全』服務。新光保全以信實、專業、服務、創新,四大經營理念,不斷研發最先進的系統與設備,從有線到無線、從固定到移動、從類比到數位及從有形到無形的四大方向發展,將保全提昇引領進入社會安全產業的一環,讓傳統保全服務轉型,向科技領域邁進。新光保全成立於 1980 年,1995 年獲准上市,名列 300 大服務業之一。

新光保全為國內第二大保全公司,市占率 33%,僅次於中興保全。新光保全成立於民國 69 年,為新光集團成員之一。以台灣市場而言,屬寡佔市場,新保在台灣的市佔率約為 33%,中興保全則為 47%,其餘市場則由其他 30 多家公司各自經營,但是其他公司規模則與新保與中保相差甚遠。所經營業務包括電子保全系統服務(包含金融保全、一般電子保全、家庭電子保全、集合式保全、消防保全、門禁考勤系統)、現金(貴重物品)運送服務、駐衛保全服務以及人身保全暨特種勤務服務。下游客戶群極為廣泛,在台灣的客戶數目前約在 68,800 個左右。

---

13 中興保全簡介,〈www.secom.com.tw/about.asp?act=1&cat=107〉。

　　目前台灣市場漸趨飽和，因此新保積極往海外發展，目前新保在大陸有五個辦事處，分別位於上海、崑山、蘇州、太滄與廈門；北京則成立北京誼光保全物業管理公司。目前在大陸投資金額約三千萬元，且因保全公司在大陸屬特許事業，需要當地政府同意才能與當地保全公司合作。除大陸之外，東南亞將成為下一個發展重心，公司今年在泰國成立泰新保公司，新保共持股 29%，預計將於明年一月營運，打入泰國系統保全業務，未來目標則是朝越南與其他國家發展。公司目前除積極開發保全客戶外，更朝全方位科技保全策略發展，將傳統保全服務提升為高科技電腦、通訊為主的安全服務，並朝向利用衛星 GPS 定位的人身協尋、汽車行動救援的移動式保全發展。[14]

　　目前與保全業務相關之企業類型，除保全公司，還有超過 2,000 家以上的物業管理公司搶食保全市場大餅。

　　以上為兩家較具代表性之保全公司。

2.保全產業的營運現況

（1）保全產業發展過度快速，高度競爭

　　因一般百姓對自身與財產安全需求增加、都會集合住宅大量增建等各樣原因，導致保全產業過度快速發展，相關從業人員亦極速增加，保全公司之營業額大多來自駐衛保全部分，縱使目前保全產業競爭激烈，但保全業之業務正急速成長，致使其成長仍相當可觀，根據研究[15]，總計受訪公司六

---

14 台灣新光保全股份有限公司（新光保全）簡介，
　　www.1111.com.tw/job-bank/company-description.asp?
15 高宇辰、黃俊能，〈保全產業現況分析與探討〉，台北：2007。

年成長率高達 128.64%。由於保全產業並無太大之進入障礙及產品差異性，保全產業屬勞力密集的行業，以提供人力服務為主，因此在成本上必然以人事費用為主，人事成本高達七成，遠高於其他成本支出。目前政府對保全公司並無完整之評估機制（警政署現有評估制度亦不盡完善），及人員有效訓練及證照制度把關，導致民眾對保全產業之存留印象屬較低階層次之高勞力密集服務型之產業。

（2）從業者流動率高，服務品質低落

員工離職方面，研究指出，一般企業平均流動率約為 12%，製造業達 20~30%，服務業之流動率為 50~60%者亦不在少數，但保全業保全員的流動率約在 80~200%之間，遠高於其他服務業[16]。現有保全產業之服務品質水準不齊，常見保全人員執勤時未依規定穿著配戴、行為不當等行，實較難達成民眾之滿意度。

（3）從業者學經歷背景較低

員工方面，研究顯示，在管理階層上主要是以高中、大專為主，二者達 95.76%，其次在執行階層上，國中以下學歷為 18.67%，高中學歷為 49.74%，大專學歷為 31.59%，高中以上學歷達八成，然而仍有將近二成之保全人員學歷在國中之下，此外在受訪公司員工背景上，其中有 22.28%的保全員為軍警退役，21.69%的保全員為私人企業退休，顯示有極多的從業人員以保全業做為事業的第二春。

---

16 高永昆，〈保全員流動率的最佳控制〉，《全國保全論壇論文集-產業篇，中華保全協會》，2006。保流動率的最佳控制」，全國保全論壇論文集產業篇，中華保全協會。

（4）保全產業之發展 —— 建立評估機制，刻不容緩

近年來，國內保全公司成長快速，已達近 644 家，但良莠參差不齊，客戶對於如何遴選合適之保全公司，國內尚無一完整及評估的模式，而保全產業在快速成長的情況下，亦需要一套合理及評估的準則，也是其公司重要的經營策略之一，保全業與一般服務業在性質上不盡相同，保全業對於政府有著相當的協助功能，鑒於現今社會治安惡化，政府正積極引導保全業投入協助政府維護治安之工作，再加上保全業與顧客間具有極密切之關係，對於民眾的生命、財產安全有者極大的關係，因此保全公司之良莠更顯重要，主關機關對於保全業更應提出相當的輔導及協助。影響評選優良保全公司之因素眾多，經研究顯示[17]，可將其歸類為：財務、經營治理、員工、學習成長、消費者權益保障、消費者滿意度作為本研究之六大層面，保全公會前理事長王振生亦一再強調未來保全業亦需建立分類分級的制度[18]。

　　從上述之探索可以發現，台灣的保全產業仍有很大的改進空間。

---

17 同前著，〈保全產業現況分析與探討〉，2007。
18 中華民國保全工會理事長王振生強調：
https://docs.google.com/viewer?a=v&q=cache:q37Uz2pmw-MJ:www.siatw.
org.tw/uploads/webnews/0000000002.doc+&hl=zh-TW&gl=tw&pid=bl&src
id=ADGEESgBwIt-atWCdcweZWjdl5Qr2KMa5Y-ADU0TkU_MCeRUMm
Aoun3jVUX4D35tWwkFiNKpSGHtpFruyzVNINqhQuVjcEfYnC2comLUO
eco8cx7npMCP8pUYDdy3kgkiPQwGLDNGcqc&sig=AHIEtbQTodHFreVC
nEMDUf_2wVClY5T2UA。

（二）物業管理公司

物業管理是隨著市場經濟興起的新興行業，它作爲人們以市場化、企業化、專業化、社會化方式解決房地產後續管理的主要手段，越來越凸現其重要性。如今，物業管理已經成爲人們在買房置業過程中最關心的因素。

1.什麼是物業管理？

物業管理是物業的一種增值服務，除了提供建築物內勞務與服務，以延續建築物壽命與使用的基本需求外，更應藉由營運管理增加收入，以提升不動產與土地的價值。物業服務項目包括：警衛保全，清潔勞務及設備設施類如電力、空調、升降機、給排水、安全系統等維護、修理、保養等三大類工作。

物業管理是與建築物使用有關的管理服務，他的目的在於使建築物使用者享用安全、健康、舒適、清潔、環保、便利及良好生活機能的生活空間。

依據 2003 年行政院核定《服務業發展綱領及行動方案》，台灣現行物業管理服務業依其服務項目分爲三類：[19]

建築物與環境的使用管理與維護：提供使用者建築物與環境之管理維護、清潔、保全、公安、消安及附屬設施檢修等服務範疇。

生活與商業支援服務：提供使用者物業代辦及諮詢服務、行政事務管理、商業支援、食衣住行育樂等生活產品及

---

19 2003 年行政院核定，《服務業發展綱領及行動方案》。

社區通路、照顧服務、宅配物流等生活服務範疇。

資產管理：提供給使用者的是不動產的經營管理顧問、開發租賃及投資管理等服務範疇。

（1）物業之意義

所謂「物業」者，乃指不同型態不動產之泛稱，包括土地型態或建物（建築物）型態皆可稱爲「物業」，若以建物使用型態區分，則可分爲：

商業物業：商業大樓、辦公大樓。

商店物業：商場、商店街、購物中心。

工業物業：工業大樓、大型廠房。

住宅物業：住宅大樓、大型社區、別墅。

專用物業：酒店、醫院、百貨公司、學校。

休閒物業：渡假村、俱樂部、遊樂場。

公共物業：公園、車站、大會堂、運動場。

綜合物業：在同一建物內有一種以上之使用型態者。

上列各項物業分類舉例，還包括設定使用型態之待開發或開發中之土地在內。

（2）物業管理之範疇

「物業管理」之服務範疇可分爲「投資管理」與「建物管理」。

投資管理：其目的是要創造或提高物業之附加使用效益與價值，爲所有權人創造最大之不動產投資報酬，其主要之業務內容包括：

①物業投資開發可行性評估：例如土地開發，使用型態

可行性研究，建物重建、改建或整修計劃，投資分析等相關作業項目，以提供業主作爲投資決策之依據。

②物業使用規劃及代理執行：針對專案之管理，提供已設定使用型態之使用規劃作深度分析與建議，協助業主選聘各項工程專家顧問，並同時擔任業主代表以協調、監督所有計劃，確定能在預算中如期完工，以達成業主之目標。

③租賃管理及仲介銷售：包括提供出售、出租及抵押時不動產之價格鑑定，區域市場分析，交易程序之顧問諮詢等相關服務項目，促成業主達成取得或處置建物之目的。

④建物管理：其目的是對物業之實體設施，作有效機能維持正常運作之監督控制，讓使用者擁有高品質之建物使用環境，並爲所有權人維持且保有建物之最高價值，其主要業務內容包括：

A、安全管理：如防災演練（災難防範、避難訓練、救災演習）、保全警戒（崗哨警戒、巡邏警戒、機動警戒、集中監控）及公共事務（出入管理、傳達文書、公共安全檢修監督）等。

B、設備管理：如機電維修（電氣設備、供水設備、消防設備、昇降設備、監控設備）、空調維修（冷凍主機、冷卻水塔、送排風機、配送管路）及建物診斷（設備診斷、修繕計劃、營繕工事）等。

C、衛生管理：如廢棄物管理、病蟲防治、空氣診斷、水質管理、建材保養等。

D、行政及財務管理：如人員配置、會計制度、行政作業、年度預算、執行程序等。

　　E、代理及生活服務：如代繳水電費、諮詢顧問（法律諮詢、稅務處理、代書服務）及社區活動（社區社團、社區刊物、遊覽旅行、節慶聯誼）等。[20]

　　剖析過去台灣本土的物業管理公司（或附屬於某企業集團的子公司），九成以上的公司其主要營業項目皆為所謂的「公寓大廈管理」，也就是清潔、機電、保全、一般行政（收發、代收、代購、代繳）等的工作執行與管理。即使對於商業大樓而言，其亦僅就該棟建築物的上述工作委託物業管理公司，故無明顯差異。對照上述建築物的生命週期中的「建物的使用營運及管理」，若以設施管理為其具體目標及內容，目前台灣本土的物業管理服務業大多僅停留在一般的勞務服務與人力派遣的等級[21]。

　　但是現在不只科技人才投入，現在一般物業管理公司也會另外取得保全證照，讓大樓管理和保全業合流，提供民眾全方位服務。

　　遠企物業管理總經理張建榮就舉例，以往在大樓裡的駐衛警就是做收發信件、連絡住戶等簡單工作。但是現在，駐衛警已不只是警衛，必須熟悉電腦操作、控制大樓中樞系統，尤其是做消防管理。

　　而標榜所謂「飯店式管理」的大樓，保全人員幾乎就是受過服務、危機處理等訓練的專業客服人員，提供住戶二十

---

20 維基百科，
　　http://zh.wikipedia.org/wiki/%E7%89%A9%E6%A5%AD%E7%AE%A1%E7%90%86。
21 卜遠程，〈全球台商服務網〉，第 82 期，
　　http://twbusiness.nat.gov.tw/asp/epaper.asp。

四小時問題處理。

　　面對這樣的轉變，東京都保全公司副總經理林錫勳觀察，這些保全人員就必須更細膩了解每家住戶的生活習性。服務細節不馬虎，比如說，現在大樓保全會被要求記得哪戶人家有小孩、老人，生活作息如何等等，以掌握更細緻的安全。[22]

　　（3）物業管理之特性

　　隨著人們生活水準的提高，享受物業服務的意識已經越來越強。物業管理是一種不同於其他任何一種服務類型的服務。不同有三，其一就是服務和管理合二為一；其二，服務對象非常廣泛，服務內容不斷豐富；其三，服務標準不一，具有自生性。[23]

　　①服務和管理合二為一

　　沒有任何一個行業像物業管理這樣把管理和服務結合得這樣緊。沒有好的服務的物業管理也不成為物業管理。近來，不斷有樓市糾紛見於各種媒體上，糾紛的核心是物業服務和收費問題。對業主來說，交了費就要享受個性化的服務，物業公司應該滿足我的要求，對物業公司來說，繳納的物業管理費必須和服務水準相匹配，住戶對服務的需要也千差萬別，歸結起來物業本意是管理，實際是服務。兩者是合二為一的關係。北京市小區辦公室主任劉志宇說過，物業公司在日常生活中對業主的作用到底是什麼？很簡單，就是公共服務，同時，重要職責就是管理，由此可見，物業公司就必須

---

22 蔡明淘，〈保全業變臉〉，《天下雜誌》，第 317 期，2005 年 2 月。
23 〈物業管理＝有形管理+無形服務〉，《生活時報》，2002 年 9 月 19 日。

把服務作為管理的重要內容，同時把管理作為有效手段。

　　②服務對象非常廣泛，服務內容不斷豐富

　　物業管理是有形管理無形服務。有形管理可以定價，比如說對大宗維修項目，只要做好投標招標工作，雙方不會發生太大爭議。無形服務不能定價，比如說電梯人員熱情服務和冷面對人的差別。業主所要得到的是有人來看電梯，只為電梯的運行付出費用，對於不同的服務，並沒有想到它的價格區分問題。（在美國，服務是單收費。）對於物業管理來說，根據物業收費情況，也很難對服務水準給出合理的定位。這源於物業管理是有形管理和無形服務的統一。

　　物業管理的對象不僅是客觀存在的房產，還有業主。業主是活生生的個體，也就具有了差別性。與此同時，普遍形成的收費難現象，也會進一步加劇物業公司收支平衡的難度。個性化服務需求愈來愈強烈，為了滿足這些要求，物業公司必須對部分服務項目加大投入從而提高服務水準，但是公共的投入有時卻會使一部分人不履行繳費義務。

　　其實，服務對象的廣泛性在造成困難時也帶來機遇。物業管理公司的綜合實力很大一部分體現在這一方面。在我們物業管理的實踐中，針對同樣的事情，不同的處理方式也會有不同的效果。所以，服務水準和管理水準是分不開的。物業內部管理水準上去了，服務水準也自然提高了。管理是前提，服務是目標。兩者缺一不可。

　　③服務標準不一，具有自主性

　　政府規定統一的服務標準，對於一些新興社區可能就好落實，對於一些老舊社區就力不從心。開發商售房時的過多

承諾，導致業主入住後與物業管理企業的矛盾重重。物業管理只有充分市場化，才能適應千差萬別的住戶需求。實際上，有很多小社區服務標準和收費標準一樣，具有自生性：是由住戶產生了需求，然後經過與相關方交涉，才完成一些項目的立項。政府應該給業主和物業管理企業更大的自主權和自治權，通過雙方協商達到一個合理的標準。

相對於私人空間的擴大來言，介於私人空間和公共空間之間的小區空間，應該按照自生性的原則，充分發揮各小區物業管理要素的積極性和創造性。可見，物業管理是有形管理無形服務。對於有形管理，可以量化小區常規性的工作，應當有個確切的標準。對於無形的服務，則應該市場化、多樣化。

(4) 物業管理模式[24]

目前，隨著經濟的發展和國民對生活質量需求的提高，我國的物業管理市場上呈現出眾多的物業管理需求模式，主要有以下幾種。

① 共管式的物業管理模式

新加坡的公共住宅管理模式基本上是以建屋局為中心，吸引居民與社會參與的共管式管理。1974 年，新加坡房屋發展局提出：房屋建築範圍中，在明確每個產權人所屬公寓的產權界限外，對所建造的公共設備、設施及建築附屬物共有產權實行共管。

共管式物業管理將小區內所有的公共設施讓全體業主共

---

24 譚善勇，〈物業管理市場：理論與實務〉，《首都經濟貿易大學出版社》，2001 年。

同擁有、共有管理，同時實現免費使用，由物業管理公司代表業主行使權利。例如小區內的游泳池、網球場、乒乓球室、健身房等全憑業主卡免費使用，這一方式較變通的小區配套有償使用的物管方式更受歡迎，對於完善、提高居住小區的管理質量，是一種有益的創新。

②酒店式物業管理模式

我們對酒店的服務都有深刻的印象，一個親切的微笑，一聲友好的問候，及時有效的服務，讓人感受到溫馨、舒適。

近年來，隨著物業管理企業運營機制的不斷成熟，各物業公司開始借鑒酒店管理的服務模式和管理理念來提高物業管理服務水平，將酒店管理和物業管理兩者巧妙地進行結合。酒店式物業管理具有以下顯著特徵：

首先，酒店式物業管理必須對從業人員堅持進行深入持久的培訓，制訂詳細的培訓計劃，潛移默化地把服務意識灌輸到每一個員工的意識深處，通過大量生動的案例、講解、示範及集中培訓、現場培訓、參觀學習等多種培訓手段使員工養成註重禮節禮貌、儀容儀態、行為規範並有較高業務技能的高素質隊伍。

其次，酒店式物業管理要求加強與業主的有效溝通。酒店式服務是人性化服務，是以顧客為中心的服務。對物業管理者而言，要貫徹和學習酒店式服務，必須加強與業主、租戶的及時溝通，掌握其消費心理，滿足其合理的需求；虛心聽取業主的建議和意見，不斷改進服務品質，從而體現酒店式服務的精髓。

再次，酒店式物業管理服務貴在它的時效性，處處為顧

客著想，想顧客所想、急顧客所急。酒店式物業管理企業必須學習酒店式服務的時效觀念，努力提高物業服務的時效性，從而提高業主對其服務的滿意度。

總之，把酒店式服務與物業服務有機結合，取之所長，補己所短，相互借鑑和學習，吸收酒店式服務的精髓，是酒店式物業管理的本質所在。

③無人化物業管理模式

傳統觀念認為，物業管理的主要內容無非是保潔、保全、綠化、房屋維修等，是一個技術含量不高的行業。實際上，物業管理是一項專業性很強的活動。隨著經濟的發展和科技的進步，建設領域不斷涌現新技術、新產品，物業的智能化程度越來越高，只有那些擁有、掌握管理技術和硬體技術的專業人員，具備先進管理工具及設備並建立了科學、規範的管理措施及工作程式的物業管理企業，才有能力提供相應的物業管理服務。

無人化物業管理的主要特點是提供智能化與專業化相結合的物業管理服務。無人化物業管理基本看不見管理人員，但業主所需的各種服務卻可隨時提供，如開門、停車、澆花、收費等。此外，無人售貨、自動取款、網上購物等視窗行業也正在引入無人化物業管理的範疇。

在網路信息時代，數字化生活正逐步變成現實，網路信息與生活現實之間將變得越來越密不可分。隨著人們居住環境智能化、日常生活數字化的實現，物業管理行業也逐步向這一方向發展，在為業主提供傳統服務的同時，不斷採用新技術、新方法，依靠科技進步提升管理和服務水平。無人化

物業管理提供的正是這種服務。

④個性化物業管理模式

個性化物業管理模式倡導的是人本化、個性化的物業管理理念。

以人為本和個性化的理念正逐步成為實業界的共識，不論企業從事什麼行業，是生產產品還是提供服務，如不能堅持以人為本和適應個性化的需求，就很有可能被無情的市場所淘汰。

物業管理為居家生活提供「貼身」服務，更要註重以人為本，提供個性化的服務，這既是人們日益增長的物質和文化生活的需要，也是市場競爭的需要。在一個物業管理區域，業主的數量可以從幾戶到幾千戶，業主、使用人的層次參差不齊，男女老幼的需求各不相同，物業管理服務者要從以人為本的角度出發，根據不同業主、使用人的實際情況，儘可能地提供個性化服務。

⑤管家式服務物業管理模式

管家式服務起源於 18 世紀的英國皇室，是最高檔次標誌性的服務模式。管家式服務永遠把業主放在上帝的位置上，一切均以業主的需求為服務標準，實現業主的高度滿意是其不懈追求的目標。

管家式服務就是向業主提供主動式、感動式、超值、深層次、預約式五大類服務。服務內容涵蓋與業主居住生活有關的一切活動，譬如私家車使用方面，業主只管放心用車，其他的一切諸如維護、保養、保險等繁瑣事務都由物業管理公司具體辦理。通俗地講，在這種管理模式下，業主就是「主

人」，物業管理公司是「管家」。

⑥綠色服務物業管理模式

綠色服務物業管理模式，以服務實現價值為指導思想，以創建綠色環保的文明小區為服務宗旨，強調以恰到好處的服務加強服務方與被服務方的溝通互動。綠色服務模式從配套設施到服務流程都遵循生態、環保、人性的原則，通過提供綠色的服務產品以及綠色的硬體設施的使用和處理過程，滿足廣大業主對綠色生活的需求。

⑦一站式服務物業管理模式

一站式服務物業管理模式以更加直接、方便、快捷、有效、熱情、親切的"零距離"為業主提供開放式的服務。

一站式服務模式要求將社區分為若干個小區域，每個小區域設立專門的客戶代表和相應的保全、保潔、維修人員，保證了服務過程中的以客為尊、服務至誠；要求物業服務人員分崗位不分工，一職多能，每位員工都具有兩項以上的工作技能，同一時間內能夠處理不同的工作；要求快捷周到的服務，接到業主的服務需求後能夠迅速趕到現場進行服務。

從上述的說明可以理解，保全業與物業管理在工作性質上，表面雖不同，但實際上，似乎有重疊的部份。因此，保全業與物業發展中二個值得重視的問題：由於市場需求良好，新加入保全公司眾多，致引發服務標準降低，無序競爭的惡果；從居住環境安全防護責任角度出發，存在著保全業與物業管理業，責任界面常有混淆不清的現狀。[25]

---

25 高永昆，〈物業管理業的現況與未來發展〉，《台灣保全業》，2012 年 3 月。
http://wenku.baidu.com/view/52e9c11fff00bed5b9f31d32.html。

三、安全管理在各領域與人力銀行之現況分析

（一）各領域的安全管理現況分析

我們發現，在今天的市場，無論是公司、企業所有的組織都會僱用各階層的安全專業人員，無論是第一線，或是低層、中層、或高層管理人員。銀行、醫院、事業體、工廠、餐廳、旅館、觀光飯店、零售商店、保險公司、博物館、公司、石油公司、超級市場、電信公司、運輸公司以及辦公大樓，都需要執行安全措施。安全人員有許多不同的功能，包括人身保護、電腦安全、優待卷安全（Coupon Security）、災難管理（Disaster Management）、防止犯罪、重要資訊安全、白領犯罪調查、反恐怖主義分子、警衛管理、安全調查、實體安全、危機管理（Crisis Management）、航空安全、隱私與資訊管理、火警預防與安全、以及濫用藥物防止與控制，所以安全管理人員在產業界，實際上是非常廣泛且普遍。[26]

以下就針對各行各業之安全管理狀況做一概述與分析：

1.大型活動展場安全管理的重視與強化

近年來，大型活動每年至少有上百場以上的表演分別在台灣和大陸各地舉行，而一次主要的運動競賽、宗教或演藝活動便可能吸引成千上萬的愛好者聚集在某個場地。因此，這些大型活動就成為媒體、社會、甚至國際關注的焦點。但這些活動、表演的成功與否，最終的關鍵並非完全在於演出

---

26 同前註，Robert J. Fischer，李振昌譯，企業安全管理（完全手冊）。

內容的精彩度或卡司陣容的大小多少，而是在於有無意外發生或順利進行、圓滿完成。

例如 2009 年 7 月 18 日國際知名藝人瑪丹娜，原訂於法國馬賽舉辦的巡迴演唱會，因舞台倒塌造成 1 死 9 傷的悲劇，致使演唱會被迫取消。諸如此類意外，對當事人、主辦單位、甚至引頸期盼的觀眾，都造成很大的傷害與遺憾。[27]

正因如此，各大型活動的主辦單位或負責機關，通常在活動前數月或數年，就開始著手規劃準備，採取各種安全管理措施確保表演者、競技者、觀賞者或演出場地，甚至周邊地區的安全。其目的無他，就是希望所有參與這場盛會的人員都能享有一個平安、順利，安全無虞的過程。

2010 台北國際花卉博覽會、2009 聽障奧運等活動都有規劃各類的安全管理人才，最重要的改變是過去安全管理單位均附屬在行政管理部門之下，這幾次的活動，安全管理已獨立成為一個主要的工作部門，並扮演重要的角色。另外將於今（2012）年 7 月 27 日開幕，舉辦的倫敦奧運，將有逾 4 萬名安全部隊參與維安，並有龐大情報行動支援，其中 1 萬 3500 名安全人員來自國防部及武裝部隊和警方，另外有 1 萬 6000 名民間安全警衛及志工共同維護治安[28]。

從上述這些發展可以理解，未來大型活動的舉辦必將愈來愈多，而大型活動的安全管理勢將日益突出與重要，從事此類安全規劃、管理工作的專業人才也必將增加。

---

27 虞義輝，〈兩岸舉辦大型活動有關安全管理與規範之研究〉，《警學研討會論文》，2011。
28 〈奧運維安 安全部隊逾 4 萬人〉，《中央通訊社》，2012 年 5 月 21 日。

2.企業界的機會

安全從業人員在企業界最大的機會，還是大公司自行進用編制內的安全管理幹部或人員，只要有證照、經驗或是具備相關的學位，在許多企業公司都是必要的人才。如台灣知名的 101 大樓，就有「安全總監」的編制，負責 101 大樓的安全規劃、督導、與相關安全事件之處理；某金控集團即編制有安全室主任及相關安全幹部之職位；再如某大科技公司，在進用一般專業人才時，發現其中一位具有安全專業背景之新進人員，該員到公司一段時間後，即被公司董事長拔擢作為其私人專業助理，藉其安全方面之專才協助其規劃、檢視、處理公司有關安全方面的問題。這些現象都顯示，其實企業界對於安全管理幹部的殷切需求是一直存在的，只是因為我們社會這方面的概念尚未普及，相關制度也尚未建立，因此讓許多安全專業人才，在不願屈就保全警衛的稱謂下而另謀他職，這的確是我們社會與企業界的損失。

3.零售業的市場

零售業提供許多安全的工作機會，從制服警衛的入門職務，到監視順手牽羊的調查員。零售店、連鎖店以及提供暗中監視與購物調查的安全服務公司都有工作機會。今天許多公司自己提供店員與其他調查員訓練，即使這些員工沒有調查的經驗。機警、足智多謀、勇敢與自信，通常要比特殊經驗更重要。

零售業雖有許多不同的作業方式，但安全對於每一項作業方式來說，無論是折扣商店、百貨公司、超級市場等的作業方式，都有相當的影響。另外，存貨損耗對於企業利潤的

影響很大，因此大家都開始重視損害阻抑。正如有位零售業主管所說的，不重視損害阻抑的公司，將無法繼續生存。

至於安全相關科系畢業生所應徵的職務以及銷售人員跨領域所從事的安全工作，這些都屬於入門的工作，其中還有許多員工是半工半讀的學生。

4.健康醫療業的機會

醫院安全警衛佔醫院僱用安全人員的大多數。全國健康醫療安全權威，也是「醫院安全》（Hospital Security）的作者柯林（Russell Colling）指出，警衛如果有心更上一層，可望升任為督導、調查員、訓練、消防與安全主管的職務。

醫院安全警衛通常比其他行業的警衛薪水更高，因為責任較多，需要更多的訓練。警衛必須能夠在經常不斷的壓力下，跟醫療團隊、病患與訪客溝通。不過，薪水也是因地而異。

安全主管的職務通常需要四年的大學教育以及相當的實務經驗，柯林認為，醫院安全跟其他領域的安全一樣，未來前途看好。

5.機場與航空公司的安全

機場與航空公司的安全一直以來都是安全工作的重點，只是在一段承平時期之後人們就會忘記或疏忽它的重要性。基本上，機場與航空公司的安全幹部，許多都是曾在政府安全部門工作的幹員。這當然不是航空公司獨有的狀況，一般來說，曾任公家執法機構的幹部，幾乎都可以在各大企業找到適當的安全管理職務。由於民營企業普遍認為他們的經驗與素質都很高，所以，到了屆齡或適當的時機，往往轉向民間企業機構，航空公司也不例外。在美國，這個安全領域中，

要求的條件相當高,幾乎所有的員工都是大學畢業,其中還有許多擁有法律學位,或是多年的聯邦調查局工作經驗。因此,在機場的安全工作中,光是第一線的安全工作者就有各種不同的職務,其範疇包括實體安全、禁區管制、行李檢查、旅客與隨身行李的篩檢、貨運安全及其他管制,因此,對各類型的安全人員需求是相當迫切的[29]。

但是這些經驗豐富,學養俱佳的人才,在台灣職場上或求職過程中應如何自我定位,或如何歸類,至今並無明確的名稱。尤其近年來,各大學相繼成立安全管理學系,未來這些學生,他們的志向當然不會只安於做一個保全警衛,因此,要如何定位一個有志從事安全管理工作的社會青年,社會各界與人力銀行亦應擔負部份的社會責任,給予他們一個願景與努力的方向。

6.國際旅館、飯店業的安全經理

國際飯店或是高級旅館過去常忽略許多安全責任,雖然近年來法院判決飯店或是汽車旅館因為沒有做好安全措施,尤其是沒有善盡保護客人責任,因此必須負擔巨額賠償案例時有所聞。但美國 911 恐怖攻擊事件後,一連串的國際觀光旅館遭到恐怖威脅或攻擊,旅館、大飯店的安全管理再度受到全面的關注。尤其 2008 年 12 月孟買的國際大飯店遭到恐怖份子入侵,造成 166 人不幸喪生,更引起國際上對觀光飯店和旅館對安全的高度重視,相對的也為安全管理人員與管理規劃階層創造更多的工作環境與機會。

---

29 同前註,Robert J. Fischer& Goin Green 著,頁 53。

　　根據交通部觀光局統計，截至 2012 年 3 月全台灣共有國際觀光旅館 70 家，一般觀光旅館 37 家，共計 107 家。[30]從這些旅館的數量，就可以知道僅這一行業對於安全管理幹部與安全從業人員的需求數量。

　　「飯店與汽車旅館安全」（Hotel and Motel Security）的作者巴茲比（Walter J. Buzby）曾說：「旅館業有許多機會，無論是第一線或是在企業的總公司，對於安全管理人才的需求越來越迫切。」尤其是大飯店的管理階層，只要有飯店經驗、安全管理的學位或經歷，進入這一行業，就有很大的發展機會。[31]

7.校園安全

　　全美知名的校園安全顧問包威爾（John W. Powell）——耶魯大學前任安全主任，觀察過去二十五年來的校園安全，認為這是很有發展潛力的工作機會。許多校園安全工作，薪水高福利好，還有不錯的升遷機會。他們歡迎有進取心的年輕人，尤其是擁有法律學位的人加入。有趣的是，校園安全措施本來比較低調，現在為了應付日益升高的校園問題，所以提高警衛的可見度，作風也比較像警察。

　　校園安全部門包括第一線警衛、現場督導、勤務指揮、第一線作業協調員、主任，還有許多特殊的職位，像是調查員與訓練組長。薪水則因各州各校而有不同。

---

30 台灣地區觀光旅館家數及房間數統計表-總表。
　　t-hotel.tbroc.gov.tw/report/Report_Query_1.asp?RptID.
31 同前註，Robert J. Fischer＆ Goin Green 著，頁 53-54。

8.銀行安全

1968 年，美國聯邦政府頒佈銀行保護法案（Bank Protection Act），銀行安全必須遵此法規辦理，照規定須設置安全經理。銀行以各種方法符合規定，小銀行通常以資深行員負起安全的職責，不過大銀行就會僱用安全經理，通常是前任聯邦調在局幹員，且對於通貨與詐欺的聯邦法規有相當的了解。銀行安全相當倚重電子科技與實體安全，而不是以人多取勝。

由於科技的進步，實體安全器材的改良，已能有效提昇防護能力，許多銀行基於成本效益的考量，可能加強科技器材的應用，並減少銀行警衛。

未來台灣各家銀行將不可能再如目前由警察來擔任其保安工作，警察勤務勢必要回歸本業，而銀行的相關保安工作將釋出給民間保全機構。

9.社區安全管理負責人

目前台灣社會的居住型態，幾乎已全面走向社區化，事實上，社區就如同一個小型社會，或一個大型公司。目前高樓層公寓大廈與複合式集合建築的發展，為了避免居民或住戶的生命財產在社區中受到損害，住戶越來越重視社區整體安全。社區裡面的居民有各行各業，以一個 500 戶的中型社區來看，住戶人數就將近有 2000 人，除了這些人員進出、居家安全的管理，還有公共設施、門禁管制、各項消防、機電維護、安全警衛、緊急應變、安全事件及一般行政庶務的處理，都有賴一位社區管理人來負責。這位社區管理人，不管其職稱是社區總幹事、社區經理或社區主任，可以肯定的說，

他絕對不是一位保全人員可以勝任的。這樣的說法並非要貶抑保全警衛同仁，而是要強調一位負責社區整體安全管理的負責人，他的責任、壓力、工作內容、工作時間是相當龐雜且沈重的，而這樣的重要職位，在人力銀行的職務分類中，也是將他放在保全警衛類，試問這樣的分類對一位社區管理負責人是否妥適，這些都是我們社會、人力銀行可以思考的。

10.近身警衛

由於全世界恐怖事件，綁票與各種威脅，包括不滿的員工可能的攻擊。因此，對於高階主管的特殊保護，也就是近身警衛（俗稱保鑣）的需求有增無減。

紐約名人保護服務公司（Dignitary protection and Investigative Service）的威吉安諾（John Viggiano）說：「電視將近身警衛塑造成金髮碧眼的彪型大漢，實在是無稽之談。近身警衛應該具備的是常識、明察秋毫的能力以及耐心。」近身警衛也應該知道各地不同的法律與風俗，因為保護對象可能住在不同的地區，或是到各地旅行。這個領域本來都是男性，不過也有越來越多的女性加入。大多數近身警衛都要能夠配合保護對象的工作與休閒與休息時間。

近身警衛學校現在越來越重要，許多學生以前是警察或是軍人，所學的技巧包括使用武器與徒手打鬥。此外，學校還有教授禮節、服裝、警報系統與閉路電視等專門技術的老師雖然薪水與福利都還不錯，但是人才的汰換率也很高，主要原因在於長期無法跟朋友與家人相聚，最後常導致他們萌生退意。

11.安全科技服務業

　　自 1998 年開始，已舉辦至第 15 屆的「Secutech 台北國際安全博覽會」，已成為亞洲第一大安全科技展覽，自 2009 年移師至南港展覽館展出，提供廣闊的展覽空間，今（2012）年主辦單位「法蘭克福新時代傳媒」以及指導單位台北市政府與新北市政府，召開的第 15 屆「Secutech 台北國際安全博覽會」，邀請全球 27 個國家，532 家國內外廠商，展出 3,050 種最新安全科技設備或應用。包含了「CompoSec 全球安控電子技術論壇暨器材展」、「Fire&Safety 台北國際防火防災應用展」、「Info Security 台北國際資訊安全科技展」等分項展覽，及多場研討會，介紹展出最新的相關安全科技知識與應用產品。[32]

　　在這個安全科技研發領域的人員，更是安全產業發展與精進的幕後英雄，由於他們的不斷結合外在環境研發各類安全管理的產品，使得在第一線實際從事安全管理工作的人員，得以更有效的達到安全管理的效果。而從事此領域的科技人才，同樣也面臨定位不清的窘境。

　　以上僅列舉幾個行業就可以知道，安全管理產業在今天台灣社會，可謂無所不在，他的普遍性與重要性，更是不可同日而語，但事實上，安全管理在人力銀行的職位欄卻仍停留在保全警衛的概念。因此，要如何改善此一狀況，的確需要產官學界的努力。

32　〈2012 台北國際安全科技博覽會〉，am.u-car.com.tw/15931.html。

（二）安全管理在人力銀行之現況分析

　　要瞭解市場上各行各業之狀況，掌握人力銀行的資訊是一個便捷之途徑，為瞭解安全管理行業目前在國內人力銀行之狀況，筆者透過台灣各人力銀行網站，探究各人力銀行是如何歸類安全管理與給予一個職務分類的項目。

1.安全管理職業在人力銀行之分類

　　台灣目前較具規模之人力銀行共有 104 人力銀行、1111人力銀行、518 人力銀行、YES123 人力銀行、ATT 人力銀行、080 人力銀行、168 人力銀行、聯合人力網、泛亞人力銀行、台北市政府人力銀行等 10 餘家，根據人力銀行將有關安全工作類彙整如下（表 4-2）：

表 4-2

| 台灣各人力銀行有關安全工作職務分類狀況一欄表　資料時間 2012.5 ||||
項次	人力銀行名稱	職務類別	工作項目	備考
一	104 人力銀行	軍警消／保全類 消防專業人員	軍警消防類人員 保全類人員 軍警消防類人員全部 志願役軍官／士官／士兵 消防員、救生員 保全類人員全部 保全人員／警衛 保全技術人員 大樓管理員 總幹事 其他保安服務工作	

二	1111 人力銀行	軍警/消防 保全相關	軍警消防： 志願役軍官/士官/士兵 消防類相關人員 公家機關相關人員 救生員 保全相關： 總幹事 管理員 保全人員 隨護/安全人員 保全工程技術人員		
三	518 人力銀行	其它職務類	軍警消防 保全相關		
四	YES123 人力銀行	保全／消防 ／軍警	保全／消防／軍警 保全／樓管 消防／軍警		
五	ATT 人力銀行	保全/警衛	保全人員、管理員、警衛人員、保全技術人員、保全經理、主管		
六	080 人力銀行	保全／消防 ／軍警	大樓管理員、保全警衛、保全技術人員、其它保全／樓管相關工作		
七	168 人力銀行	保全／消防 ／軍警	保全／消防／軍警 保全／樓管 消防／軍警		
八	聯合人力網	安衛清潔 保全人員	安檢／公衛主管人員	清潔／保全主管人員	
			安全衛生管理人員	污染監測防治人員	
			消防人員	環保公衛人員	
			污物處理人員	資源回收人員	
			清潔人員	大廈／宿舍管理員	
			保全/駐衛人員	其他安檢保全人員	

| 九 | 泛亞人力銀行 | 保全／警衛 | 軍警消防類人員：
現役／職業軍人
消防專業人員
救生員
保全類人員：
保全／警衛
大樓管理人員
保全技術人員
其它保安服務 | |
| 十 | 台北市政府
人力銀行 | 保全警衛／
場管 | 社區警衛、保全員、隨扈等
相關工作 | |

（上表系筆者匯整各人力銀行網站有關職務分類中安全類之項目）

　　上述這些資訊反映出一個問題，雖然社會上各行業已不斷在重視、強化安全管理，但由於安全管理產業本身未能做好自我定位、分類，因此在人力銀行的職位分類欄始終停留在軍警、保全、消防為主軸之安全管理概念，有些放在「其他類」還排不上一個正式的職位欄，由此可以看出安全管理在人力銀行的無奈與無助。相對安全管理產業在人力銀行的重要性也未被注意。

　　試問，如果今天我要找一位來負責公司內部安全規劃、管理工作的中階幹部，請問人力銀行要將他放在那裡？保全？警衛或總幹事？難道保全業或物業管理公司所有的職務就停留在保全警衛這個階段？保全警衛只是安全管理體系中的一小部分基層工作，而用他來含蓋全部安全管理工作，一方面讓外界造成誤會，也貶抑了安全管理工作的內涵與意義。

　　我們是否可以用一個較廣義的名稱將所有從事安全管理工作者均納入這個系統？這也就是筆者要積極為安全管理定

位與釐清其範疇的原因？

2.符合市場現況與實際需求之分類

　　如何較能符合安全管理市場之現況，又能兼顧人力銀行之職務分類，筆者提出個人的觀察與研究心得。人力銀行可將「職務分類」欄，增加一項「安全管理類」，在子項目內再分「社會安全管理」與「工業安全管理」兩類。

　　「社會安全管理」包括：凡與社會治安、社會上各種活動、非勞工類有關之項目均納入，如社區安全經理、總幹事、國際旅館、飯店等顧問、安全主任或經理、校園安全人員、各類演藝、活動展場安全規劃師、保全警衛、人員等，其中就可將安全管理幹部以「企業安全管理師」稱之，而一般基層安全管理人員則以「保全警衛」稱之。由於「企業安全管理師」的概念仍只在學術研究的範疇，因此，未來人力銀行或徵才機構要以何名稱作為統稱，是否能如此分類仍須進一步觀察。

　　而「工業安全管理」則包括：凡與勞工安全、衛生安全、工廠安全有關之項目均屬之，如：消防安全人員、消防技士、污染監測防治人員、環保公衛人員、安全衛生管理人員、公衛安檢主管人員、污物、清潔處理人員等。

　　另有關「資訊安全管理類」，在台灣今天的社會已單獨發展成「資訊安全類」因其涵蓋之專業技術已非一般行政上著重之安全管理範疇，且各大學也都有開設資訊管理科系，因此，有關電腦、資訊、科技等安全管理事宜，仍可將其歸類在資訊科技類。如以表格方式呈現安全管理的職務分類，則如下表所示（表 4-3）：

人力銀行有關安全工作職務分類				
項次	人力銀行名稱	職務類別	工 作 項 目	備考
一	00人力銀行	安全管理	社會安全管理： 社會安全管理師 保全/警衛 工業安全管理： 安全衛生管理人員 污染監測防治人員 消防人員	
附記	本表僅爲一個初步模式，其工作項目亦只是舉例參考。			

小　結

　　這十幾年來，無論在世界各地或在台灣，「安全管理」的概念如雨後春筍般遍及各行各業，似乎只要打著「安全管理」的名號，就是品質的保證，就是品牌的信譽，就可以獲得眾人的信賴與肯定。但什麼是「安全管理」？「安全管理工作」包括哪些？又該如何定位？似乎都有待進一步的釐清。

　　尤其今天台灣各人力銀行和徵才機構在職場上扮演著引導的角色，但對安全管理職場領域的認知與分類似乎仍有相當落差，這些新興的安全管理專業人員，他們負責的是一個全方位的規劃、督導和執行的安全管理工作，與一般的保全警衛無論在工作內容、層級上都有很大的差距。但他們在社會中應該如何定位、分類，卻未被注意和重視。因此，藉由本文，一方面希望透過學術之探討，讓社會各界對安全管理領域有一個正確與全面的認識，也希望各人力銀行及徵才機構能夠重新檢視對安全管理的職務分類，同時引領台灣社會

建構「企業安全管理師」之可能性，最後也希望藉由本文，讓更多有志從事安全管理研究之學者、專家做進一步之探討。

　　以下對企業安全官之設置與需要性做一初步的問卷與調查（如附件 4-1-問卷調查表），得到的結果如下：

　　1.對企業安全官的設置，普遍認為需要設置或急需設置。

　　2.對那些產業或企業需要設置類似「企業安全官」的職務？以金融業、觀光旅館飯店、保全物業、營建業、醫療業、傳產製造業，佔較多數。

　　3.認為「企業安全官」的工作職掌（內容）應包括那些？必須包括的項目有：1、2、3、4、5、6、8、9項。

　　　可以包括：7、10項。

　　　不需包括：11、12項。

　　4.認為從事安全管理工作之企業幹部應以何名稱做為一個總稱？普遍認為符合台灣業界之習慣以「企業安全管理師」較妥。

　　以上數據統計，因樣品數量有限，僅供參考。

（附件 4-1 ── 「企業安全官」設置問卷調查表）

敬啓者：

謝謝您協助塡答此份問卷，本問卷旨在調查台灣社會民間企業是否需要設置「企業安全官」？應在那些產業設置？如有需要「企業安全官」的工作職掌（內容）應包括那些較爲妥適？

說明：

2001 年美國 911 恐怖攻擊事件發生後，國際上各機構對於如何加強安全管理與防衛措施，引起高度的關注與重視。因此，美國企業界有了「企業安全官」的設置，旨在確保並加強企業或公司的各項安全措施。近幾年來，台灣社會各行各業也越來越重視安全管理，在許多企業機構設置安全室主任、經理或總監等職務，但在一般企業徵才或人力銀行職務分類中，並無統一之名稱，仍將負責安全的幹部、主管歸類在軍警、保全及警衛人員，爲符合社會之期待並與時俱進，因此想藉此問卷瞭解我們社會上、各領域對此想法的意見，並提供徵才機構或人力銀行之參考。謝謝您的合作與支持

順祝 平安 健康

銘傳大學 社會與安全管理學系中華民國 101 年 5 月

本問卷區分兩部份，第一部份是基本資料及是否需要設置「企業安全官」，如您認爲有需要，請繼續塡答之第二部份。

第一部份：基本資料

1、性別：男 □　　女 □

2、年齡：20-35 歲 □　　35-45 歲 □　　45 歲以上 □

3、職業：軍公教 □　　私人企業公司 □　　其它 □

4、職位：基層員工 □　　中階主管 □　　高階主管 □

　　　　企業負責人 □

5、「企業安全官」設置的需要性

　急需設置 □　需要設置 □　不需設置 □　沒意見 □

6、您認為那些產業或企業需要設置類似「企業安全官」的職

　　務？（可複選）

資訊科技業□　　金融業□　　觀光旅館飯店□　　保全物業□

營建業□　旅遊服務業□　交通運輸業□醫療業□

傳產製造業□　　其它_____

（第二部分　請繼續作答）

第二部份：您認為「企業安全官」的工作職掌（內容）應包括那些？

說明：請在下表右側欄內打勾。

必須包括：係指該項工作必須納入企業安全官之職掌。

可以包括：係指該項工作可由企業負責人衡量是否需要納入。

不需包括：係指該項工作不應該屬於企業安全官之職掌。

項次	工 作 職 掌（內容）	必須包括	可以包括	不需包括
1	企業機構實體設施安全維護			
2	有關安全事件之調查與處理			
3	有關詐偽預防事件之宣導與處理			
4	有關公司高階人員人身安全之維護			
5	有關反恐維安事件之處理			
6	負責與警察、情治機關之聯繫、協調事務			
7	協助人事部門對公司新進人員之安全查核			
8	有關防火、防災緊急應變事件之規劃與處理			
9	有關群眾陳情抗議事件之處理			
10	有關勞資糾紛事件之處理			
11	有關智慧財產權之確保與維護			
12	有關資訊安全之維護			
13	其它職掌：			
14	您認爲從事上述安全管理工作之企業幹部應以何名稱做爲一個總稱： 企業安全官 □　　企業安全長 □　企業安全管理師 □ 企業安全管理專員 □　　　其他＿＿＿＿＿＿＿＿			
附記	本表所列企業安全官之工作職掌，係依據美國 CSOonline.com 2005 年所做的企業安全官在企業中被賦予的任務，再結合台灣社會之實際狀況彙整。http://www.csoonline.com/csoresearch/report90.html。			

本問卷到此結束，感謝您的合作與支持！

第二節　政府執行安全管理工作之機關現況與分析

　　安全管理不只是民間需要，整個國家社會更需要，很多政府機關的公務人員，雖然是公務員，但他們從事的工作，實際上都是屬於安全管理的相關工作。

　　中華民國的中央行政機關，以行政院爲首，所屬之中央政府部門，共有九部、六會、二總處、三署、十三委員會，

由行政院直轄的中央銀行與國立故宮博物院亦納入中央政府部門編組。其中的九部六會二總處和中央銀行與國立故宮博物院，是《行政院組織法》明文設置的部門機構；其他部門則以個別法律，作爲其擁有中央政府機關之地位的法源依據。共計有 33 個部門、2 個中央級機構，通稱部會，是中華民國政府首要的組成部分；行政院和各部會之首長，在總統的任命與監督之下推行政務。[33]另有兩個單位直屬總統府的安全單位，即爲國家安全會議和國家安全局。

　　政府部門這麼多單位，那些是屬於執行安全管理工作的機關，那些是屬於一般行政機關，應如何界定？的確是一個問題。

一、政府執行安全管理工作之機關界定

　　依照政府體制與過去之實務經驗，政府機關可分爲兩大系統，一個是行政體系，另一個是國安體系，彼此相輔相成，以確保國家安全與國家制度之有效順利運作。至於那些是屬於安全管理機關，以下就做一個探討：

　　依據國家安全局組織法第二條（職責與職掌）[34]明訂國

---

33 〈中華民國中央行政機關〉，《維基百科，自由的百科全書》，
　　http://zh.wikipedia.org/zh-tw/%E4%B8%AD%E8%8F%AF%E6%B0%91%
　　E5%9C%8B%E4%B8%AD%E5%A4%AE%E8%A1%8C%E6%94%BF%E6
　　%A9%9F%E9%97%9Chttp://zh.wikipedia.org/zh-tw/%E4%B8%AD%E8%8
　　F%AF%E6%B0%91%E5%9C%8B%E4%B8%AD%E5%A4%AE%E8%A1
　　%8C%E6%94%BF%E6%A9%9F%E9%97%9C。

34 國安局組織法，中華民國一百年十二月三十日總統華總一義字第
　　10000291391 號令修正公布全文 10 條；並自公布日施行。
　　http://www.6law.idv.tw/6law/law/%E5%9C%8B%E5%AE%B6%E5%AE%89
　　%E5%85%A8%E5%B1%80%E7%B5%84%E7%B9%94%E6%B3%95.htm。

家安全局隸屬於國家安全會議，綜理國家安全情報工作與特種勤務之策劃及執行；並對國防部總政治作戰局、國防部軍事情報局、國防部電訊發展室、國防部軍事安全總隊、國防部憲兵司令部、行政院海岸巡防署、內政部警政署、內政部入出國及移民署、法務部調查局等機關所主管之有關國家安全情報事項，負統合指導、協調、支援之責。

　　從上述的說明就可以清楚瞭解，上至國家安全會議，下至法務部調查局，都是在執行安全管理工作，只是每一個機關或單位負責的分工不同，因此，可以說，上述這些機構都是政府執行安全管理工作之機關。

二、政府執行安全管理工作之機關

　　政府執行安全管理工作之機關，基本上可區分為一、隸屬總統管轄的國安會、國安局，二、直屬行政院管轄的海岸巡防署，三、隸屬國防部管轄的機構，四、隸屬內政部管轄的機構，五、隸屬法務部管轄的機構。以下將上述政府機關現況做一介紹。

（一）直屬總統管轄的國安會、國安局

1.國家安全會議[35]

　　國家安全會議（簡稱國安會）是負責國家安全的專責機

---

35 國家安全會議，《維琪百科，自由的百科全書》
　　http://zh.wikipedia.org/wiki/%E4%B8%AD%E8%8F%AF%E6%B0%91%E
　　5%9C%8B%E5%9C%8B%E5%AE%B6%E5%AE%89%E5%85%A8%E6%
　　9C%83%E8%AD%B0。

構，直屬於總統，依據 1993 年 12 月 30 日制定公布、2003 年 6 月 5 日修正、同年 6 月 25 日公布的《國家安全會議組織法》設立，下轄國家安全局。

1992 年制定的《中華民國憲法增修條文》第 9 條第 1 項明定「總統爲決定國家安全有關大政方針，得設國家安全會議及所屬國家安全局。」

《國家安全會議組織法》（第二條）明定國家安全會議「爲總統決定國家安全有關之大政方針之諮詢機關」、「國家安全係指國防、外交、兩岸關係及國家重大變故之相關事項」。（第三條）並明文規定總統爲主席。（第四條）出席人員爲副總統、行政院院長、副院長、內政部部長、外交部部長、國防部部長、財政部部長、經濟部部長、行政院大陸委員會主任委員、參謀總長、國家安全會議秘書長、國家安全局局長。

國家安全會議的主席雖然是總統，但實際上的負責人是國家安全會議秘書長。

依據國家安全會議組織法：

第 6 條（秘書長之設置及職權）

國家安全會議置秘書長一人，特任，承總統之命，依據國家安全會議之決議，處理會務，並指揮、監督所屬職員。

第 7 條（副秘書長之設置及職權）

國家安全會議置副秘書長一人至三人，襄助秘書長處理會務，職務比照簡任第十四職等。

第 9 條（諮詢委員之設置）

國家安全會議置諮詢委員五人至七人，由總統特聘之。

第 10 條（秘書處掌理事項）

國家安全會議設秘書處，掌理下列事項：

一、關於議程之編撰，會議之記錄，及決議案處理之聯繫等事項。

二、關於文書、檔案、出納、事務、資訊及印信典守等事項。

三、關於國家安全之研究事項。

2.國家安全局[36]

國家安全局（簡稱國安局）為國家安全的最高政府機構，也是最主要的情報機構，直屬於國家安全會議，主要進行綜合國家情報、策劃特種勤務兩大工作。

國家安全局成立於 1954 年 10 月，由國防部保密局（原軍統局）、內政部調查局（原中統局）、國防部大陸工作處、總統府資料室（主任為蔣經國）合併而成，隸屬於國防會議。1967 年國防會議裁撤，同年國家安全會議成立，國家安全局亦改隸。」國安局對台灣其他各情報機關督導、考核、指導和協調作用，統籌台灣的安全及對外國際情報工作。1994 年《國家安全局組織法》立法，確立了組織綜合國家情報、策劃特種勤務等策劃與執行，以「依法行政」、「行政中立」、「情治分立」為原則。2005 年 2 月 5 日《國家情報工作法》經總統公佈後，強化了組織統籌一切底下情報機構的法源依據，透過法令強化組織行政基礎、組織制度，奠定基礎。

---

36 國家安全局，《維琪百科，自由的百科全書》
http://zh.wikipedia.org/wiki/%E4%B8%AD%E8%8F%AF%E6%B0%91%E5%9C%8B%E5%9C%8B%E5%AE%B6%E5%AE%89%E5%85%A8%E5%B1%80。

組　織

國家安全局主要分為三大部門：情報業務處、情報支援單位及中心

情報業務處：包含第一處到第六處共六處，進行台海地區、國際諜報工作、密碼裝備研發、國際戰略情報研究等。

情報支援單位：包含三處以及三室，三處為：人事處、會計處、政風處；三室為：秘書室、資訊室、總務室，進行情報後援等工作。

中心：主要有三個中心：訓練中心、電訊科技中心、特種勤務指揮中心。訓練中心負責教育訓練；電訊科技中心負責掌管電訊科技情報；特種勤務指揮中心負責維護正副總統、卸任正副總統、總統候選人之安全。

任　務

國家安全局主要負責三大任務：國家安全情報、特種勤務策劃執行、統籌密碼管制研發。

綜理國家安全情報工作：掌握國際情報、中國大陸與共軍情報、臺灣安全情報，國家戰略情報分析、科技情報電訊研發工作。

特種勤務策劃執行工作：負責維護正副總統、卸任正副總統、選舉時期的總統候選人人身安全。

統籌密碼管制研發工作：依政府機關密碼管制等政策行事，藉由政府密碼管制機制，建立綿密資訊網路，維護政府施政無虞。

依據國安局組織法第二條（職責與職掌）[37]

國家安全局隸屬於國家安全會議，綜理國家安全情報工作與特種勤務之策劃及執行；並對國防部總政治作戰局、國防部軍事情報局、國防部電訊發展室、國防部軍事安全總隊、國防部憲兵司令部、行政院海岸巡防署、內政部警政署、內政部入出國及移民署、法務部調查局等機關所主管之有關國家安全情報事項，負統合指導、協調、支援之責。

主要掌理下列事項：

一、臺灣地區安全、大陸地區及國際情報工作。

二、國家戰略情報研析。

三、科技情報工作。

四、統籌政府機關密碼政策及其裝備研製、鑑測、密碼保密等。

五、國家安全情報工作督察業務。

六、協同有關機關辦理總統、副總統與其配偶及一親等直系血親；卸任總統、副總統；總統、副總統候選人及其配偶；總統、副總統當選人與其配偶及一親等直系血親；以及其他經總統核定人員之安全維護。

七、其他有關國家安全情報及特種勤務事項。

37國安局組織法，中華民國一百年十二月三十日總統華總一義字第
　10000291391號令修正公布全文 10條；並自公布日施行。
　http://www.6law.idv.tw/6law/law/%E5%9C%8B%E5%AE%B6%E5%AE%89
　%E5%85%A8%E5%B1%80%E7%B5%84%E7%B9%94%E6%B3%95.htm。

（二）直屬行政院管轄的海岸巡防署

行政院海巡署[38]

海岸巡防為國家安全的根本，政府為統一海岸巡防事權及有效管理海域，於民國 89 年 1 月 28 日，納編原國防部海岸巡防司令部、內政部警政署水上警察局及財政部關稅總局緝私艦艇等任務執行機關，成立部會層級的海域執法專責機關「行政院海岸巡防署」，確立岸海合一之執法機制，一方面致力於維護國家的海洋權益、保障人民的生命財產，二方面注重執法的妥當性，在執法的過程中，兼顧公平、適當、澈底等原則，積極朝向海洋發展，開創我國海域及海岸巡防之新紀元。

業務職掌

海巡署為維護台灣地區海域及海岸秩序，與資源之保護利用，確保國家安全，保護人民權益，依法負責掌理下列事項：

一、海岸管制區之管制及安全維護事項。

二、入出港船舶或其他水上運輸工具之安全檢查事項。

三、海域、海岸、河口與非通商口岸之查緝走私、防止非法入出國、執行通商口岸人員之安全檢查他犯罪調查事項。

四、海域及海岸巡防涉外事務之協調、調查及處理事項。

五、走私情報之蒐集，滲透及安全情報之調查處理事項。

六、海洋事務研究發展事項。

---

38 行政院海巡署全球資訊網，
　　http://www.cga.gov.tw/GipOpen/wSite/mp?mp=999。

七、執行事項：

（一）海上交通秩序之管制及維護事項。

（二）海上救難、海洋災害救護及海上糾紛之處理事項。

（三）漁業巡護及漁業資源之維護事項。

（四）海洋環境保護及保育事項。

八、其他有關海岸巡防之事項。

有關海域及海岸巡防國家安全情報部分，並受國家安全局之指導、協調及支援。

所屬機關

1.海洋巡防總局

2.海岸巡防總局

3.北部地區巡防局

4.中部地區巡防局

5.南部地區巡防局

6.東部地區巡防局

海洋巡防總局

內部單位為巡防組、海務組、船務組、後勤組、勤務指揮中心、秘書室、人事室、會計室、督察室及人員研習中心。為應業務需要設偵防查緝隊及直屬船隊。應勤務需要，設第一至第十六海巡隊及北中南東四個地區機動海巡隊。

海岸巡防總局

內部單位為巡防組、檢管組、情報組、後勤組、通資組、勤務指揮中心、秘書室、人事室、會計室、督察室、人員研習中心，所屬機關為北中南東四個地區巡防局。為應勤務需要設警衛大隊及通資作業大隊。

（三）隸屬國防部管轄的單位

國防部[39]

國防部為國家安全之主要職司機關，負責維護確保國家人民財產之安全，並抵禦外敵之入侵。其組織體系如下：

1.國防部組織體系

依「國防法」及「國防部組織法」之規定，部長為文官職，掌理全國國防事務；並置副部長2人，特任或上將；常務次長2人，簡任第14職等或中將；另設參謀本部及直屬軍事機關，以建構「權責相符」、「分層專業」之國防組織，使國軍能專注戰訓本務及戰力整備，成為優質的現代化軍隊。

2.國防部幕僚單位暨所屬機關（構）

幕僚單位、所屬機關（構）分受副部長、常務次長指導，組織體系如下：

①國防部幕僚單位

設戰略規劃司、人力司、資源司、法制司、軍法司、後備事務司、部長辦公室、史政編譯室、督察室、整合評估室、人事室、會計室。

②直屬機關（構）

設總政治作戰局、軍備局、主計局及軍醫局及駐外軍事機構或人員。

③國防部參謀本部

國防部參謀本部置參謀總長1人，副參謀總長執行官1

---

39 國防部，〈國防部組織體系〉，
　　http://www.mnd.gov.tw/Publish.aspx?cnid=23&p=51443。

人，副參謀總長 2 人，設聯合作戰訓練及準則發展室、人事參謀次長室、情報參謀次長室、作戰及計畫參謀次長室、後勤參謀次長室、通信電子資訊參謀次長室及軍務辦公室等幕僚單位，與特業機構、執行機構與支援機構及部隊，並對依國防部命令編配之機關、作戰部隊，執行軍隊指揮事項。

④軍事機關

國防部設陸軍司令部、海軍司令部、空軍司令部、聯合後勤司令部、後備司令部、憲兵司令部及其他軍事機關。依「國防部組織法」第 10 條第 2 項規定：「國防部得將前項軍事機關所屬與軍隊指揮有關之機關、作戰部隊，編配參謀本部執行軍隊指揮」。

依據國防部組織法[40]

第一條（主管事務）

國防部主管全國國防事務。

第四條（國防部掌理事項）

國防部掌理下列事項：

一、關於國防政策之規劃、建議及執行事項。

二、關於軍事戰略之規劃、核議及執行事項。

三、關於國防預算之編列及執行事項。

四、關於軍隊之建立及發展事項。

五、關於國防科技與武器系統之研究及發展事項。

六、關於兵工生產與國防設施建造之規劃及執行事項。

---

40 中華民國九十一年二月六日總統（91）華總一義字第 09100023650 號令，增訂第 9-1 條條文中華民國九十一年二月二十七日行政院（91）院臺防字第 0910007771 號令發布自九十一年三月一日施行。

七、關於國防人力之規劃及執行事項。

八、關於人員任免、遷調之審議及執行事項。

九、關於國防資源之規劃及執行事項。

十、關於國防法規之管理及執行事項。

十一、關於軍法業務之規劃及執行事項。

十二、關於政治作戰之規劃及執行事項。

十三、關於後備事務之規劃及執行事項。

十四、關於建軍整合及評估事項。

十五、關於國軍史政編譯業務之規劃及執行事項。

十六、關於國防教育之規劃、管理及執行事項。

十七、其他有關國防事務之規劃、執行及監督事項。

第五條（室、司之設置）

國防部本部設下列單位，分別掌理前條所列事項：

一、戰略規劃司。

二、人力司。

三、資源司。

四、法制司。

五、軍法司。

六、後備事務司。

七、部長辦公室。

八、史政編譯室。

九、督察室。

十、整合評估室。

第六條（參謀本部之設置與職權）

國防部設參謀本部，為部長之軍令幕僚及三軍聯合作戰

指揮機構，掌理提出建軍備戰需求、建議國防軍事資源分配、督導戰備整備、部隊訓練、律定作戰序列、策定並執行作戰計畫及其他有關軍隊指揮事項；其組織以法律定之。

第十條（國防部設各軍總司令部及其他軍事機關）

國防部設陸軍總司令部、海軍總司令部、空軍總司令部、聯合後勤司令部、後備司令部、憲兵司令部及其他軍事機關；其組織以命令定之。

國防部得將前項軍事機關所屬與軍隊指揮有關之機關、作戰部隊，編配參謀本部執行軍隊指揮。

陸軍司令部、海軍司令部、空軍司令部，由原各軍總司令部改爲司令部。

其餘國防部下轄之總政治作戰局、軍事情報局、電訊發展室、軍事安全總隊、憲兵司令部等單位，都在各自不同的崗位從事國家安全之工作。

（四）隸屬內政部管轄機構

1.內政部警政署[41]

警察機關組織體制暨指揮監督系統：

內政部：掌理全國警察行政，並指導監督各直轄市警政、警衛及縣（市）警衛之實施。

內政部警政署：承內政部部長之命，執行全國警察行政事務，統一指揮及監督全國 警察機關執行警察任務。

---

41 內政部警政署全球資訊網，
http://www.npa.gov.tw/NPAGip/wSite/ct?xItem=54406&ctNode=12554&mp=1。

直轄市政府警察局及各縣市警察局：掌理各市、縣（市）轄區警察行政及業務。

所屬單位

｜警政署｜中央警察大學‖幕僚單位｜行政組｜保安組｜教育組｜戶口組｜安檢組｜外事組｜民防組｜交通組｜經濟組｜後勤組｜秘書室｜督察室｜保防室｜法制室｜公共關係室｜資訊室｜勤務指揮中心｜人事室｜會計室｜統計室｜政風室｜署屬機關｜臺灣警察專科學校｜刑事警察局｜航空警察局｜國道公路警察局｜保安警察第一總隊｜保安警察第二總隊｜保安警察第三總隊｜保安警察第四總隊｜保安警察第五總隊｜保安警察第六總隊｜國家公園警察大隊｜鐵路警察局｜臺灣保安警察總隊｜基隆港務警察局｜臺中港務警察局｜高雄港務警察局｜花蓮港務警察局｜警察電訊所｜警察廣播電台｜民防防情指揮管制所｜警察機械修理廠

依據內政部警政署組織條例[42]

第 2 條

內政部警政署（以下簡稱本署）承內政部部長之命，執行全國警察行政事

務，統一指揮、監督全國警察機關執行警察任務。

第 3 條

本署掌理警察法第五條所列全國性警察業務，並辦理下

---

42 內政部警政署組織條例，
http://glrs.moi.gov.tw/LawContentDetails.aspx?id=FL001517&KeyWordHL
=&StyleType=1

列事項：

　　一、警察制度之釐訂、職權調整、機關設置、裁併及警力調配之規劃事項。

　　二、警察業務之正俗、市容整理、特定營業管理及協助推行一般行政之規劃、督導、協調事項。

　　三、預防犯罪、協助偵查犯罪、檢肅流氓及處理違反社會秩序維護法案件之規劃、督導事項。

　　四、警衛安全、警備治安及義勇警察、民防團隊等編組、訓練、運用之規劃、督導事項。

　　五、槍、砲、彈藥、刀械之管制及自衛槍枝管理之規劃、督導事項。

　　六、人民集會、遊行許可及其秩序維持之規劃、督導事項。

　　七、警察教育、訓練、進修、考察、心理輔導之規劃、督導及警察學術研究事項。

　　八、戶口查察之規劃、督導事項。

　　九、入出國與飛行境內民用航空器及其載運人員、物品安全檢查之規劃、督導事項。

　　十、涉外治安案件處理、各國駐華使領館及代表機構、官員安全維護及促進國際警察合作之規劃、督導事項。

　　十一、空襲防護、演習、防情傳遞、警報發放之規劃、督導事項。

　　十二、交通安全之維護、交通秩序之整理、交通事故之處理等規劃、督導及交通統計、紀錄、通報事項。

　　十三、協助查緝走私、漏稅、偽鈔、仿冒等經濟犯罪及

財經動態調查之規劃、督導事項。

十四、警察機關設備標準之釐訂、裝備之規劃、統籌、調配、管理及本署財產、庶務、出納、檔案事項。

十五、警察業務、勤務之督導及警察紀律之督察、考核事項。

十六、社會保防及社會治安調查之協調、規劃、督導事項。

十七、警政法規之整理、審查、協調、編纂及宣導事項。

十八、警民聯繫、警察公共關係、警政宣導及警民合作組織之輔導事項。

十九、警政資訊電子處理、警察通訊之規劃、發展及督導事項。

二十、重大、突發、緊急案件處理及勤務之指揮、管制、督導、支援及與有關機關之聯繫、協調事項。

二十一、其他有關警政業務之規劃、督導事項。

2.內政部入出國及移民署[43]

移民署隸屬內政部，置署長一人、副署長二人及主任秘書一人，下設四組四室及五大隊，負責實際工作之執行。

本署掌理下列事項：

1.入出國政策之擬訂及執行事項。

2.移民政策之擬訂、協調及執行事項。

3.大陸地區人民、香港、澳門居民及臺灣地區無戶籍國

---

43 內政部入出國及移民署全球資訊網，
http://www.immigration.gov.tw/ct.asp?xItem=1090260&CtNode=31434&mp=1。

民入國審理事項。

　　4.入出國證照查驗、鑑識、許可及調查處理事項。

　　5.停留、居留及定居審理許可事項。

　　6.違反入出國及移民相關規定之查察、收容、強制出境及驅逐出國等事項。

　　7.促進與各國入出國及移民業務之合作聯繫事項。

　　8.移民輔導之協調及執行事項。

　　9.難民認定、庇護及安置管理事項。

　　10.入出國安全與移民資料之蒐集及事證調查事項。

　　11.入出國與移民業務資訊之整合規劃及管理事項。

　　12.移民人權之保障事項。

　　13.其他有關入出國與移民業務之規劃及執行事項。

　　移民政策：

　　核心價值為安全、關懷、便民、包容

　　國境管理：

　　人員管理是國境管理上重要的一環，在於結合國際線之證照查驗，人別辨識，以及國際內外之面談審核、查察、追蹤等機制。統合三方面管理，以建構台灣地區人民、大陸地區人民、香港澳門地區居民及外國人之人流管理機制。

　　國境管理分成國境外、國境線上、國境內三大區塊。

　　國境管理的目標：強化境外管理、國境線查驗功能、並對移入人口停留、居留、定居不同階段之積極有效管理。

　　移民署的國境管理工作相當嚴密，各種企圖持假護照闖關者，均無法僥倖過關。在處理偷渡、逾期停居留，與防治人口走私販運上，有著卓越的表現。本署整合既有基本資料，

臉部影像、指紋特徵等身分辨識系統，以配合國境未來快速通關規畫，提昇查驗人員驗證效率，增加便民服務。

該署在全國 25 縣市設有服務站，係代表移民署之溝通／服務／諮詢平台，民眾任何有關入出國與移民之相關業務問題，均可至本署服務站辦理。

外國人士的停留延期、居留、永久居留及重入國的收件、審理、許可，服務站內有各個單一處理櫃台，並針對東南亞地區不同語言，設有專屬櫃台處理，外國人士可以親自前來辦理，無須委託他人。

大陸地區人民來台停留／團聚／依親居留／長期居留，以及定居等案件之收件／審理／許可，服務站內設有專櫃處理。

兩岸跨國婚姻案件快速增多，申請團聚／居留／定居時，須接受面談，均由面談人員製作紀錄，並全程錄音，必要時得全程錄影。

該署在全球五大地區，設有 28 個據點，協助僑民辦理各種入出境以及移民諮詢服務等事項，解決日益複雜移民事務

該署各縣市專勤隊，結合當地警察／勞政等機關，主動對非法移民、逾期停居留，及其他違反入出國移民相關規定者，予以取締、查處並收容及強制出國。

該署下設六個收容所，各縣市專勤隊亦設有臨時收容所，負責強制出國前之收容。爲落實人道關懷及保障人權，對於收容所內非法移民，管理人員均以關心、愛心、耐心來服務，並有社工人員定時探訪，進行各種諮詢輔導。執行強制出國時，秉持人道與安全原則，完成遣送事宜。

非法移民管理權責，除本署外，還包括領務、海巡、勞政及警察等機關共同緝獲跨國偷渡人蛇集團，維護國境安全。

非法移民管理

全球經濟快速發展及地球村效應，國際間人士商務往來、旅遊、求學、工作及結婚絡繹不絕於途。加上兩岸關係日趨緩和，人民往來密切，在龐大的跨國性人口移動現象中，衍生逾期停留、居留、非法工作、非法入境、人口走私販運及觸犯我國刑事、行政法令規章等行為，非法移民之存在對於社會治安、經濟、公共秩序及衛生影響甚大，是以，非法移民管理工作日形重要。本署自 96 年 1 月 2 日成立以來，即設有兩個專勤事務大隊，下轄各縣市專勤隊，掌理面談業務、外來人口訪查、違反入出國及移民法相關法規之查處及臨時收容遣返事宜。外來人口以婚姻移民及工作移民為大宗，專勤隊工作重點，一部分延續前境管局對兩岸聯婚進行境內面談工作，以期有效遏阻虛偽結婚情事；另一方面延續警政署之外來人口管理，對在臺從事非法活動者進行查處及臨時收容，以落實外來人口管理。

外籍配偶訪查、非法外籍勞工查處及非法移民收容遣返工作執行狀況：

鑒於近年來虛偽結婚與人口販運問題日益嚴重，引起國際廣大重視，專勤事務大隊及所屬各專勤隊於實施訪查勤務時，全面清查轄內外籍配偶生活狀況，確實掌握轄內外籍配偶動態資料，以期杜絕不肖業者及人蛇集團使用不法手段，非法仲介外籍女子假藉結婚名義來臺打工、從事坐檯陪酒或賣淫等行業，端正我國社會風氣、導正國際視聽及提升國際

地位。另專勤事務大隊須執行申請外籍配偶歸化國籍之訪查
勤務，作為相關單位審查外籍配偶長期居留或定居之重要參
考。以期達到強化外籍配偶管理作為；另透過訪查作業，提
供大陸及外籍配偶（以下簡稱外配）諮詢服務，提昇為民服
務品質。保障合法婚姻、清查虛偽婚姻。藉由訪查之持續追
蹤，建立可疑對象之篩選機制，以發現渠等在臺從事不法情
事之具體事證。

（五）隸屬法務部管轄機構

法務部調查局[44]

調查局前身成立於民國 17 年，迄政府行憲後，於民國
38 年 4 月間，改制為「內政部調查局」，同年 12 月隨政府
遷台北。民國 45 年 6 月 1 日改隸司法行政部。民國 69 年 8
月 1 日又改制為法務部調查局，成立迄今，對確保國家安全、
維護社會安定、保障民眾福祉，有重要的貢獻。

兩大任務與一項工作

兩大任務：法務部調查局是我國的司法調查機關，主要
任務為維護國家安全與偵辦重大犯罪。

維護國家安全

◎ 反制中共滲透

◎ 防制境外滲透

◎ 反制恐怖活動

◎ 保護國家機密

---

44 法務部調查局，
　　http://www.mjib.gov.tw/cgi-bin/mojnbi?/newintroduction/newintro-3.html。

◎　國內安全調查
◎　協調全國保防
◎　兩岸關係研究

偵辦重大犯罪
◎　貪污、瀆職、賄選
◎　經濟犯罪
◎　毒品犯罪
◎　洗錢犯罪
◎　電腦犯罪

一項工作：為有效打擊犯罪，本局發揮鑑識科學功能，提升辦案能力。

掌理鑑識科學
◎　化學鑑識
◎　物理鑑識
◎　文書鑑識
◎　法醫鑑識
◎　資安鑑識

依據 96.12.19 總統公布法務部調查局組織法第二條掌理下列事項：

一、內亂防制事項。
二、外患防制事項。
三、洩漏國家機密防制事項。
四、貪瀆防制及賄選查察事項。

五、重大經濟犯罪防制事項。

六、毒品防制事項。

七、洗錢防制事項。

八、電腦犯罪防制、資安鑑識及資通安全處理事項。

九、組織犯罪防制之協同辦理事項。

十、國內安全調查事項。

十一、機關保防業務及全國保防、國民保防教育之協調、執行事項。

十二、國內、外相關機構之協調聯繫、國際合作、涉外國家安全調查及跨國犯罪案件協助查緝事項。

十三、兩岸情勢及犯罪活動資料之蒐集、建檔、研析事項。

十四、國內安全及犯罪調查、防制之諮詢規劃、管理事項。

十五、化學、文書、物理、法醫鑑識及科技支援事項。

十六、通訊監察及蒐證器材管理支援事項。

十七、本局財產、文書、檔案、出納、庶務管理事項。

十八、本局工作宣導、受理陳情檢舉、接待參觀、新聞聯繫處理、為民服務及其他公共事務事項。

十九、調查人員風紀考核、業務監督與查察事項。

二十、上級機關特交有關國家安全及國家利益之調查、保防事項。

第三條有關其組織：

本局設國家安全維護處、廉政處、經濟犯罪防制處、毒品防制處、洗錢防制處、資通安全處、國內安全調查處、保

防處、國際事務處、兩岸情勢研析處、諮詢業務處、鑑識科學處、通訊監察處、督察處、總務處及公共事務室，分別掌理前條所列事項，並得分科辦事。

以上為依據國家安全局組織法，法定之安全機構，但實際上在政府體系中仍有相關單位在從事安全管理工作，如內政部消防署，該單位於隸屬警政署於 84 年 3 月 1 日消、警分立後，成為內政部下獨立機關。他是以公共安全為主要工作目標。簡述如後：

內政部消防署[45]

為健全公共安全防災體系、提升緊急救護服務、積極推動各項消防專業系統與制度、強化消防救災效能，以確保民眾生命 財產安全，特成立「內政部消防署」專責火災預防、災害搶救及緊急救護工作。

初設災害預防、災害搶救、緊急救護、教育訓練、災害調查等 5 組及救災救護指揮中心；於 90 年配合災害防救法公布施行，將災害預防及災害調查兩組，分別修正為火災預防組及火災調查組，並增設綜合企劃、災害管理、危險物品管理及民力運用 4 組；又 90 年與 92 年分別明定本署得視業務需要設消防科學研究所、消防學校，以及港務、科學工業園區及各加工出口區之消防隊，嗣 94 年配合內政部空中勤務總隊成立，將「空中消防隊」刪除。辦理火災預防、人為與天然災害搶救、緊急救護 3 項消防業務，自 90 年起依災害防救法規定，另辦理災害管理業務，並統一指揮、監督全國消防

---

45 內政部消防署全球資訊網，
　　http://www.nfa.gov.tw/main/Content.aspx?ID=&MenuID=524。

機關，執行消防及災害防救任務爲職掌事項。

組織架構

分設綜合企劃、災害管理、火災預防、危險物品管理、災害搶救、緊急救護、火災調查、教育訓練、民力運用等 9 組、救災救護指揮中心及秘書、人事、會計、政風等 4 室，另以臨時任務編組成立督察室及資訊室，分掌各項業務；並設特種搜救隊及訓練中心等 2 個派出單位。下轄基隆、臺中、高雄、花蓮 4 個港務消防隊。

主要任務

（一）建立消防體系、厚植消防根基。

（二）研修消防法規、健全消防法系。

（三）加強災害防救、推動敏捷服務。

（四）規劃緊急救護、提昇搶救品質。

（五）重視義消組訓、建立全民消防。

（六）推動立體救災、強化消防能量。

（七）端正生活品德、建立消防形象。

（八）加強教育訓練、提昇消防素質。

（九）爭取消防經費、健全器材裝備。

（十）強化化災應變、建立完整體系。

（十一）推動專業技師、建立檢修制度。

（十二）加強科學研究、提昇專業知識。

另尙有司法，監所之安全管理單位，如典獄長、監所管理員、戒護人員、獄警等工作人員其從事之工作均屬安全管理工作。

三、政府執行安全管理現況分析

　　由於我國政府從 1949 年播遷來台之後,面臨國際環境與兩岸關係之險峻,爲確保國家安全與國內民心、社會之穩定,在處理國家安全與社會安全管理方面,著墨甚深。整體而言,國安體系這領域並無太多問題,上至國安會、國安局,下至地方基層,都有很嚴密的組織,目前國家已進入民主法治階段,許多不合時宜之安全管理機制亦都退出各機關,在法治基礎下,已基本符合民主國家之標準。但政府情治機關本位主義,搶功觀念,往往造成機關間橫向聯繫之不足或相互角力現象。而國安會與各政府機關要如何扮演整合協調,發揮總體戰力的功能,仍有待琢磨。

第三節　美國、中國、台灣各大學安全管理相關科系現況與分析

　　2001 年美國 911 恐怖攻擊事件發生後,安全管理的概念產生了重大的轉變,它從原來的工業安全管理重點,擴大到社會各個階層、行業和不同的領域,例如:社區安全管理、機場安全管理、飯店安全管理、國際博覽會安全管理、大型演藝活動會場安全管理等……,同時在政府部門、學術界,都受到高度的關注,並成爲一門備受矚目的顯學,美國許多

大學紛紛在原有的刑事司法（Criminal Justice）教育的基礎上教授安全管理課程，有的大學甚至成立研究所，致力於安全理論與實踐的研究，例如位於全美第四大城休士頓市中心的休士頓大學城中校區（University of Houston-Downtown，簡稱 UHD），於 2004 年 1 月開始招收安全管理碩士班（Master of Security Management，簡稱 MSM）的學生。另外 University of New Haven 大學也成立了「安全管理學院」（College of Security Management）。在國內，中央警察大學「安全管理研究中心」也在 96 年 9 月正式設置成立。國內對安全管理的教學、研究，也在 911 之後結合國際整體形勢，做了大幅度的改變與轉型，也因為這些原因，銘傳大學以高瞻遠矚的「藍海策略」走在時代尖端，掌握此一趨勢，於民國 95 年開始著手規劃成立「安全管理學系」，邀集了學術界、實務界的精英，成立了國內首創的「安全管理學系」。成為今天台灣各大學「安全管理學」先驅與引領者的龍頭角色。

　　以下就分別針對美國、中國大陸及台灣各大學有開設安全管理相關科系的學校其宗旨、目標及開設課程做一探討，但因有些資料不易蒐集，因此在盡可能範圍內將蒐集之美國各大學 10 所大學部、2 所研究所，中國大陸各大學 10 所及台灣所有有關安全管理相關科系院所，包括 3 所國立大學、3 所私立大學之資料彙整做一說明及分析，以進一步瞭解美國、中國大陸及我們自己在安全管理領域發展的狀況與關注的重點。

一、美中台各大學安全管理相關科系之界定

本文所謂「安全管理」相關科系，係指與社會上安全管理有較密切關連之科系，如：安全管理、公共安全、犯罪防治、應急管理等科系。

因此筆者在各大學蒐尋相關科系時，即以上述所列之科系為要件。目前因美國與中國大學數量太多，無法全部列舉，僅列舉與社會安全管理有較密切關連之大學、研究所，而台灣部分與社會安全管理有較密切關連之大學均已全部列舉。僅先列表如下（表 4-4~6）：

美國各大學部份（表 4-4）

美國各大學安全管理相關科系部份		
學 校 名 稱	系 或 研 究 所 名	備註
Cardinal Stritch University	Public Safety Management（公共安全管理）	
Davenport University	Public Safety and Security Management, BBA（公共安全及安全管理，工商管理）	
Southwestern College	Security Management（安全管理學系）	
Grand Canyon University	Bachelor of Science in Public Safety Administration（公共安全行政管理學系）	
Franklin University	Safety, Security & Emergency Management（安全和應急管理學系）	
Bellevue University	Security Management（安全管理學系）	
University of Houston, Downtown USA	BS in Safety Management（安全管理學系）	
Devry University	Security Management（安全管理學系）	
John Jay College	Security Management（安全管理學系）	

University of Denver	Security Management （安全管理學系）	
West Virginia University	Master of Science in Safety Management（安全管理學研究所）	
Saint Joseph College	Graduate Certificate in Homeland Security Management （國土安全管理研究所）	
共計：10 所大學部，2 所研究所。		

中國大陸各大學部份（表 4-5）

中國大陸各大學安全管理相關科系部份		
學 校 名 稱	系 或 研 究 所 名	備註
清華大學	公共管理學院；安全工程碩士班	
華東政法大學	治安學	
復旦大學	社會管理與社會政策系	
浙江大學	社會保障與風險管理系	
暨南大學	應急管理學院（系）	
河南理工大學	應急管理學院公共安全管理系	
江蘇警官學院	治安管理系	
北京師範大學	減災與應急管理研究院	
華南農業大學	公共事業管理學系	
華中科技大學	公共安全預警與應急管理系	
共計：10 所大學		

台灣各大學部份（表 4-6）

台灣各大學安全管理相關科系部份		
學 校 名 稱	系 或 研 究 所 名	備註
中央警察大學	公共安全學系	
中央警察大學	犯罪防治學系	
中央警察大學	安全管理研究中心	
國立台北大學	犯罪學研究所	
國立中正大學	犯罪防治學系	
銘傳大學	社會與安全管理學系	
吳鳳大學	安全科技與管理系	
和春技術學院	安全科技管理系	
共計：3 所國立大學、3 所私立大學。		

二、美國、中國、台灣各大學安全管理相關科系之現況

（一）美國各大學及研究所安全管理相關系所課程宗旨現況

Cardinal Stritch University[46]

大學系名：Public Safety Management　公共安全管理

宗旨（Purpose）

在公共安全管理科學學士學位是 44 個學分課程，爲那些希望結合他們的實際職業經驗和管理理論的成人學習者設計。

目標（Target）

此課程特別爲執法、消防、矯正及緊急服務人員所設計，並特別強調在公營及私營機構的資源管理基本知識和技能。爲了滿足執法和消防服務人員不定時工作的需要而設計，主要課程提供在職及在傳統課堂的環境而設。

大綱（Outline）

該科規定的課程在以下幾個方面：領導才能、道德、人力資源管理、組織行爲學、統計學、通信。主要課程是循序漸進式，每次可選一門課，在課程結束之前，學生必須依過

---

46 Cardinal Stritch University ，
　http://translate.google.com/translate?hl=zh-TW&sl=en&u=http://www.stritc
　h.edu/&ei=5Lu4T4CNJs3MmAXF6fCfDQ&sa=X&oi=translate&ct=result&
　resnum=1&ved=0CFwQ7gEwAA&prev=/search%3Fq%3DCARDINAL%2B
　STRITCH%2BUNIVERSITY%26hl%3Dzh-TW%26biw%3D1280%26bih%
　3D685%26site%3Dwebhp%26prmd%3Dimvns。

去所學的課程，完成以公共安全為重點的組織領導策略課程整合。

課程（Programs）

當代公共安全問題（Contemporary Issues in Public Safety）

在維護公共安全的職能上檢查與自己相關的目標和社會目標。主要強調的是對公共安全的做法、決策和責任。在此框架內，深入地考慮當前的問題，並發現在公共安全管理方面爭議的問題。

公共安全組織的管理溝通（Managerial Communication for Public Safety Organizations）

本課程旨在讓學生學習管理溝通的必要技能，以促進公眾安全組織的有效性，並增加員工的工作環境質量。它涵蓋當代組織中有關管理溝通過程所需的管理作業策略、人際溝通策略和正式組織溝通策略。

Davenport University[47]

大學系名：Public Safety and Security Management, BBA

公共安全及安全管理，工商管理

宗旨（Purpose）

---

47 Davenport University，
http://translate.google.com/translate?hl=zh-TW&sl=en&u=http://www.dave
nport.edu/&ei=eou4T9GeMYvvmAW8ocWlCQ&sa=X&oi=translate&ct=res
ult&resnum=1&ved=0CFwQ7gEwAA&prev=/search%3Fq%3DDAVENPO
RT%2BUNIVERSITY%26hl%3Dzh-TW%26biw%3D1280%26bih%3D685
%26site%3Dwebhp%26prmd%3Dimvns。

該科是專為那些已獲得並已應用他們的副學位在公共安全和安全管理領域的學生所設。（Associate Degree 為專科畢業所拿到的學歷,一般是讀完兩年的 college 之後所被授予的學歷證明）

目標（Target）

副學士學位的主要課程是以應用為基礎的刑事司法，矯正或私人保全等學科。

當他們進修公共安全和安全管理的學位時，他們將獲得商業基礎的技能，並結合安全和保安領域的管理研究。這個科系課程設計的特點，有助於個人未來承擔越來越多公眾安全和私人保安業的領導角色。

大綱（Outline）

1.副學士學位每學期必須修至少 21 個學分，主要課程必須是公共安全相關的領域，包括：執法、私人保安、刑事司法、消防科學或緊急醫療服務。

2.學分轉移時，每學期只能有 21 學分，用在專業領域的工商管理項目內。

3.副學士學位，共需修 64 個學分才會被接受。

4.學生必須居住在 Davenport 至少 30 小時，其中每學期至少 15 小時需符合基金會要求,從事公共安全策略和安全管理的課程。

5.課程（Programs）

安全管理基礎（security management foundations ）

本課程提供了一個公共和私人的安全與防損管理策略的重點管理原則。平衡業務和安全業務的法律方向，強調的是

物理，人員及信息安全。還探討了具體的安全應用，包括工業、交通和計算機。在本課程中的知識，也可以作為一個追求專業的認證保護（CPP），指定通過 ASIS（美國工業安全協會）的學生指南。

安全基礎（secutity foundations ）

本課程將提供一個概述性的組織觀點和個人電腦的信息安全。內容包括安全管理的做法、人身安全、安全體系結構，業務連續性和災難恢復計劃，門禁系統，安全控制，加密技術，電信和網絡安全，運行安全，法律和道德，和個人電腦的安全。

公共安全管理（public safety administration ）

本課程探討了規劃的主要管理職能、組織、領導和控制，在 911 後的公共安全組織。公共部門，如政府間關係和政治管理。學生獲得在公共安全組織人力、財力和技術資源分配和管理的專業知識。

公共安全策略（strategic public safety/security ）

基於各種情況下，採用批判性思維和分析解決問題的各種安全措施和方案，以確定採取適當的行動。在 911 後的各種情況下設計，重點在流程和應用，培養學生分析安全和安全管理的各個方面能力，以及人員的考慮、財政管理和保護個人和企業。

應急準備和國土安全（emergency preparedness and homeland security ）

本課程著重於全面的應急計劃，並詳細審查應急預案，必須解決的主要元素。本課程探討典型的突發事件，包括減

少危害和風險和信息管理，監控策略和設備，恐怖主義和應急人員的培訓，應急人員和公眾所面臨的危險和風險的類型。注重學生對緊急情況的分析，包括風險評估和設計的主動和被動的行動計劃。

Southwestern College[48]

大學系名：Security Management

安全管理學系

宗旨（Purpose）

隨著不斷改變的世界及日益增加的安全需求，我們需要具有各方面安全管理和運營管理專長的安全管理專家。

目標（Target）藉由安全專業人員的協助將使公營及私營機構，能加強現有的保安措施和制定新的安全政策和程序，以確保安全和可靠的工作環境，防止或減少組織的損失。

大綱（Outline）西南大學專業進修學院提供在安全管理上的理學學士，學科涉及廣泛的安全領域，包括國土安全，反恐，企業的安全，和其他相關科系。

課程（Programs）

安全簡介（Introduction to Security）

本課程包括從事私人和公共的安全專業人士職責。審查的重點在安全行業的最新動向，關注的問題包括具體的威脅分析、對策、安全功能、和國防基礎課程，也將提供一個安

---

48 Southwestern College，
http://translate.google.com.tw/translate?hl=zh-TW&sl=en&tl=zh-TW&u=http%3A%2F%2Fwww.southwesterncollege.org%2Fbachelor%2Fsecurity%2Fsecurity-management%2F。

全的發展歷史概述。

實體安全（Physical Security）

實體設計、風險評估、安全調查、障礙、鎖、照明、報警、入口控制、閉路電視和數位錄音系統。實體保護系統設計和整合個過程。

信息安全（Information Security）

分析當前和預測的數據，暴露在一個組織內的信息，提供了一個框架，包括防火牆、病毒防治技術的研究、網絡安全和網絡犯罪的常見形式。

國土安全的基礎（Homeland Security Fundamentals）

國土安全相關的主題提供了一個多元化的群體。涵蓋的主題包括（但不僅限於），關鍵基礎設施部門和保護，大規模殺傷性規劃和應對策略，國家安全和公共管理的武器，檢討政府機構和私營實體之間的通信和必要的協調。

預防損失和預防犯罪（Loss Prevention and Crime Prevention）

檢查安全功能和預防損失和預防犯罪的角度問題，它具體表現如何避免或減少損失，與豐富的實用信息。這包括，但不僅限於，面向社區的治安，工作場所暴力事件，內部盜竊控制，執行保護意識，零售安全，高層建築的安全和火災的生命安全，人身安全和自衛，設計的犯罪風險管理系統，金融機構的安全，電信詐騙，反間諜戰略。

安全法律方面（Legal Aspects of Security）

提供了一個安全專業人員必須熟悉，而在公共或私人組織經營的法律問題和概念的全面概述審查的合法權益提供保

安人員，企業，合夥企業，個體工商戶，為他們的財產，保
護員工，客戶和其他盜竊被覆蓋還審查逮捕，搜查和扣押、
拘留、監視和法律後果的法律。

緊急規劃（Emergency Planning）

救災規劃和緩解在公共和私營機構對安全工作的專業人
員提供了一個實踐過程。包括聯邦緊急事務管理署（FEMA）
的審查以及審查的角色，職責，聯邦緊急事務管理局，國家
和地方應急管理系統和其他重要的合作夥伴之間的相互關
係。整體而言，瞭解政府的應急資源危機之前、中、後和應
急管理的基礎學科。

Grand Canyon University[49]

大學系名：Bachelor of Science in Public Safety Administration
公共安全行政管理學系

宗旨（Purpose）

課程強調研究方法的應用;個人，專業和公共溝通技巧的
運用，以及在公共安全領域的專業知識和技能的發展。

目標（Target）

公共安全管理課程對一個大峽谷大學的學士而言，是一
個必修的學位課程，其專業教育提供理論和應用的方法，同

---

49 Grand Canyon University　，
http://translate.google.com/translate?hl=zh-TW&sl=en&u=http://www.gcu.e
du/&ei=wum4T4zwMYGdmQW-ssG_CQ&sa=X&oi=translate&ct=result&r
esnum=1&ved=0CGoQ7gEwAA&prev=/search%3Fq%3DGRAND%2BCA
NYON%2BUNIVERSITY%26hl%3Dzh-TW%26biw%3D1280%26bih%3D
685%26site%3Dwebhp%26prmd%3Dimvnsz。

時也學習有關國土安全保衛與產業保護的相關課程。

課程（Programs）

研究方法論（Research Methodology）

本課程幫助學生發現問題，檢討相關文獻，收集數據，並測量在公眾安全環境下，學生如何透過分析技巧，保障公眾安全相關的研究項目，以作為一個寫作密集的課程。

公共安全倫理（Ethics in Public Safety）

在本課程探討下，瞭解它們涉及那些公眾的安全環境責任、問題和有關的倫理議題。

在公眾安全的領導（Leadership in Public Safety）

本課程著重於有關個人和團體在公共安全組織運作的動機理論、領導風格及對個性的影響研究。

公共安全和社區（Public Safety and the Community）

本課程探討人際互動和社會服務，特別是執法、消防、緊急醫療服務，從理論和實踐的立場去探討基礎的理念、價值觀、使命、規劃、方案和系統的發展。以及評估和改變它們所預測當前和未來的挑戰，尤其對公共政策，輿論和顧客動力學的影響過程。

策略規劃（Strategic Planning）

本課程包括公共安全的基本原則、策略分析和規劃應用等。

公共安全基石（Public Safety Capstone）

本課程從學術的主要組織中提供了一個結構化的方式、事實、信息和思想。將討論的理論、概念做批判性的分析和評價，其中包括實際應用過程中的想法、研究的信念、信仰

和研究的道德、倫理問題，還有個人和社區的責任歸屬。

Franklin University[50]

大學系名 ：Safety, Security & Emergency Management
安全和應急管理學系
宗旨（Purpose）
公共安全管理課程的設計，旨在增進個人現有的技術技
能，其中包括一般知識，溝通技巧和企業領導的做法。
目標（Target）
在相關安全和應急管理的課程中，將學習緊急管理，國
土安全，風險管理，威脅評估，安全規劃等，以培養在不同
環境下都具備領導與處理的能力。
大綱（Outline）
學習了解公共安全或私人保安機構中的各種設施。
課程（Programs）
公共安全管理（Introduction to Public Safety Management）
介紹各機構的組織，包括公共安全、應急管理和國土安
全。重點放在對公共安全各種機構的歷史發展和演變，以及
這些特定機構是如何領導和面臨的管理挑戰。
在公共安全管理中的當代問題（Contemporary Issues in

---

50 Franklin University，
http://translate.google.com/translate?hl=en&sl=en&tl=zh-TW&u=http%3A
%2F%2Fwww.franklin.edu%2Fdegree-programs%2Fcollege-of-health-publi
c-administration%2Fundergraduate-majors%2Fsafety-security-and-emergenc
y-management%2F&anno=2。

Public Safety Management）

本課程提供了一個持續關注和重視公共安全的機構，及局部地區的研究。

應急管理和國土安全部（Emergency Management and Homeland Security）

公共部門財政預算（Public Sector Finance and Budgeting）

在公共部門財政管理的技術和業務的研究。特別強調的是公共資金、支出、現金管理和風險管理。也是重點建設的資源和服務的成本預算估計。

行政法（Administrative Law ）

主在公共安全管理方面的行政法律問題的研究。主題包括憲法的限制，制定規則的權力，授權和地位，證據規則，非正式的程序，道德法規和合同法。

在公共安全管理專題（Special Topics in Public Safety Management）

在公共安全管理的教室課程中提供一個變項，讓學生在追求當前關心的議題或課題時，瞭解課程之外的一部分。

公共安全管理基石（Public Safety Management Capstone）

這是策略規劃的高級課程，作為公共安全管理方案的最高經驗。本課程探討組織策略的設計，實施和評價，並將其運用在專業環境中的規劃。藉此找出問題和機會;並吸收、分析、解釋信息，運用批判性思維和判斷，以制訂一個合理的策略規劃案。其中內部因素包括：道德，領導，組織文化，員工培訓等要件，視為分析和規劃過程的一部分。最後將由老師來做整體評估。

公共安全管理的獨立研究（Independent Studies in Public Safety Management）

獨立研究課程，旨在讓學生繼續在非正規課程涵蓋的領域中學習或延長目前研究的領域，以達到良好的學術地位。

Bellevue University[51]

大學系名：Security Management

安全管理學系

宗旨（Purpose）

安全管理科系是在加速、專注培養那些準備進入私營和公營機構安全管理部門職位的人才。

目標（Target）

1.分析運用基本的安全理論到國土安全政策和各類活動。

2.準備、管理和參與檢討有關應急狀況及回應相關活動。

3.比較和綜合建立組織標準作業程序。

4.分析和建構風險分析和威脅評估報告。

5.評估和製作應急反應計畫。

大綱（Outline）

國土安全原則、人事管理、組織互動，基礎設施安全、威脅評估和溝通技巧。

課程（Programs）

司法、法律和安全的共同核心課程（Justice Law ＆

---

51 Bellevue University
http://www.bellevue.edu/degrees/undergraduate/security-management-bs/major-requirements.aspx。

Security Common Core Courses）

　　1.司法、法律和安全的理論與實踐

　　本課程將提供基礎和不同但相互關聯的司法、法律和安全學科的概述。課程的重點將是正義與法律、概念和理論在刑事司法中的發展和我國的安全規章。

　　2.美國刑事和民事法律制度

　　本課程將提供刑法和民法的憲政基礎，適用于刑事司法、法律和安全管理等領域。特別聚焦於美國法院系統的概述、犯罪、民事判例，操作、審查政策和影響美國法律程式的特定元素。

　　3.專業責任和道德

　　本課程將解決司法、法律和安全理論與應用層面中的倫理問題。著重於道德原則，以及道德和規範判斷之間的關係。

　　安全管理課程（Security Management Courses）

　　1.基礎設施安全與國防

　　本課程旨在向學生介紹國家基礎設施和目前的機制與及其防禦和保護相關的關鍵因素。建立明確的概念，理解什麼是受到威脅或威脅的類型，性質，包括大規模毀滅性武器和恐怖主義，以及當前民用和國防方法，用來保衛的能力。

　　2.風險分析和組織的安全

　　本課程將討論如何確定組織的安全性漏洞和潛在的威脅，以及如何衡量選定有效的安全專案。旨在培養學生的能力去檢查和調查、審核、相關問卷。瞭解安全專業人員抗禦風險所利用的程式指引。本課程還向學生介紹基本的定量方法和相關的風險分析和機構間的通訊系統。

3.安全行政和管理

本課程旨在向學生介紹所必需在公共和私人安全部門的參與，因為它們與應急管理有關的管理技能。探討的主題包括某些特定方面的高效營運管理；集團和組織的領導；監督、招聘和選擇的雇員，包括培訓、績效評估和其他勞工問題；與公共和私人安全組織在國家應急計畫的未來作業。

4.安全管理物理和技術因素

本課程旨在建立關鍵因素、要求、流程和參與者與自然和人為災害發生時，緊急情況回應關聯的理解。重點將放在發展學生理解個人與組織中的關鍵角色、規例、能力和責任。

5.國土安全和恐怖主義

本課程的設計重點在於美國國家利益的事態發展，及威脅這些利益時的做法和保護方法。

6.有效的應急規劃原則與實踐

本課程的重點是發展和執行有效的緊急情況管理計畫，自然或人為的災難期間如何維持企業、政府的安全。將特別重視案例研究和類比場景開發和分析。主題包括威脅評估、風險分析的計畫制訂，及協調各機構的支援和對災難或應急回應的實際整體管理。

University of Houston, Downtown USA[52]

大學系名：BS in Safety Management

---

52 University of Houston, Downtown USA，
http://www.uniguru.co.in/studyabroad/united-states-courses/bs-safety-manag
ement-course-details/cseid/811896/cid/3387/programs.html。

安全管理學系

宗旨（Purpose）

受訓的學生將會成為成功的個體，具有很強的職業道德，對社會負責任和職業競爭的意識。

大綱（Outline）

學生將理解人力和設備方面的安全管理，並接受企業界的新技術，訓練學生具備使用與操作方面的能力。

課程（Programs）

消防化學與物理（Principles of Fire Protection Chemistry and Physics）

火災報警信號系統（Fire Alarm Signaling Systems）

火災報警代碼和應用（Fire Alarm Codes and Applications）

職業安全（Occupational Safety）

工業衛生（Industrial Hygiene）

系統安全管理（Systems Safety Management）

工業防損（Industrial Loss Prevention）

工業安全（Industrial Safety）

消防安全中的人為因素（Human Factors in Fire and Safety）

暴力和安全（Violence and Safety）

計劃管理（Scheme Management）

施工安全（Construction Safety）

電廠消防保護（Fire Protection in Power Plants）

消防法（Fire Protection Law）

技術研討會（Technology Seminar）

Devry University[53]

大學系名：Security Management

安全管理學系

宗旨（Purpose）

培育具備全方位的安全管理人才以應付突發和意外狀況。

目標（Target）

保障人民、財產及國家安全是一個安全管理專業者的終極目標。培養具有實體安全、門禁管制、信息安全、安全程序等方面的能力之外，並將安全管理的專業技能提供商業、企業和政府部門穩定和安全的環境。

大綱（Outline）

藉由分析、計劃和管理以達保護政府，企業所需的設備、作業程序和各項設施。身為一個安全管理者，安全營運總監，或現場安全專家，您的專業職責包括：

1.分析公司或行業的安全需求（Analyze company or industry security needs）

2.評估實體或信息安全系統（Evaluate physical or information security systems）

3.設立，監測，維護和提升安全系統（Set up, monitor, maintain, and upgrade security systems）

4.培訓、教育員工和客戶（Train and educate staff and

---

53 Devry University，
http://www.google.com.tw/url?sa=t&rct=j&q=&esrc=s&frm=1&source=web&cd=5&ved=0CIABEBYwBA&url=http%3A%2F%2Funiversitycollege.du.edu%2Fsmgt%2F&ei=n1iyT8u4HKHYige-kqGPCQ&usg=AFQjCNH8k8oy9KpHw4sWhT8PoKQEI9Y9xg&sig2=QxURrWpDHdLDJnP4OmFdWw 。

clients）

課程（Programs）

風險分析，損失預防和應急計劃（Risk Analysis, Loss Prevention and Emergency Planning）

本課程通過安全調查和審核，探討安全威脅以及分析評估入侵風險和資產損失的性質。利用現實生活中的案例，學習計劃的緊急干預措施，管理檢測，延遲，和應對措施。

安全管理（Security Administration）

本課程通過案例分析，模擬和實地觀察，讓學生藉由個人和組織的保護系統學習安全管理，並從交流互動、發展規劃和評價、鑑證提出報告。主題包括安全規定、識別、計量檢定流程、信息系統確保以及處理緊急威脅和相關的安全作業。

人身安全和門禁管制（Physical Security and Access Control）

介紹人身安全的系統模型，重點檢測，延遲，反應，威脅，入侵者的目標，包括設施和環境的建築，實體安全的方法，電子感應裝置，閉路電視，鎖，生物識別技術，警衛部隊，政府公共安全的基礎設施。

安全方案的評價（Evaluation of Security Programs）

本課程旨在確定安全管理計劃的有效性，使學生學習評估主要的保護目標，對作業標準、具體做法，及在安全要求上的理解。將定性和定量分析技術應用到能顯示各項能力和弱點。

信息系統安全的原則（Principles of Information Systems Security）

本課程提供廣泛信息系統的安全性概述，包括有關電腦產生的數據安全問題，安全觀念和安全機制，強制性和非必要性加密技術之應用；入侵檢測和預防工作；信息系統保證及匿名信和隱私處理。

John Jay College[54]
大學系名：Security Management
安全管理研究所
宗旨（Purpose）
安全管理研究所作爲學術界，執法，和私人保安行業之間的聯繫。
大綱（Outline）
該研究所提供學生各種專業發展的培訓和教育機會，及研討會和講習班。並提供安全和刑事司法運作和諮詢服務的評估。該研究所授權由紐約州刑事司法服務司進行和平官員和保安員的培訓。
課程（Programs）
專業的安全管理（Professional Security Management）
專爲想要以安全管理爲志業的人設計。此課程的架構以國家工業安全認證的保護（ASIS）專業（CPP）的認證委員會爲主。
國際恐怖主義和犯罪問題（International Terrorism and Crime）

---

54 John Jay College，
　　http://www.jjay.cuny.edu/centers/criminal_justice/2776.htm。

　　該計劃旨在提供當前國際恐怖主義的戰術和犯罪地圖。並提出建議採取行動，以減少風險和提高安全。該方案包括一個國際犯罪問題，恐怖分子的目標和策略的檢討。該計劃還包括商業，旅遊和居住安全等問題。

　　安全系統的設計與應用（Security Systems Design & Application）

　　該計劃旨在為安全專業人士的需要提供專業技術，911事件後，安全從業者需要不斷掌握新技術的發展來面對挑戰。參與學生將研究如何保障制度並納入整體建築設計和施工隊伍。從門禁系統開始做安全計劃，並判斷經常被忽略的工業間諜威脅可能產生的負面影響設施。分析哪些需要保護和為什麼需要如此做。

　　校園安全管理與技術援助（Safety Mgmt, & Technical Assistance ）

　　此計劃提供員工的發展和技術援助，為學校行政人員，教師，學生，家長，執法，安全的專業人士和社區領袖創造和維護安全可靠的校園。鼓勵利益相關者發揮積極作用，努力創造一個安全的學習環境。培訓側重於暴力和犯罪預防，安全管理在學校，社區警務，協作解決問題。

　　University of Denver[55]

55　University of Denver ，
　　http://www.google.com.tw/url?sa=t&rct=j&q=&esrc=s&frm=1&source=web
　　&cd=5&ved=0CIABEBYwBA&url=http%3A%2F%2Funiversitycollege.du.

大學系名：Security Management

安全管理研究所

宗旨（Purpose）

為滿足忙碌成年人的需要，丹佛大學的安全管理碩士學位和研究所證書提供網上的課程或校園內的晚上課程，或是兩者皆可的選擇。

目標（Target）

安全管理專業人員在各階層有很大的需求量，此學院準備的課程滿足這種需求，且具有無可比擬的競爭力和成功機會。

大綱（Outline）

安全管理學位有三個專業:應急管理規劃和處置，信息安全，組織安全，這三個領域的授課師資都具有領先地位的專業從業人員提供最具創新性課程。

課程（Programs）

訊息安全（Information Security）

安全威脅（Threats in Security）

本課程探討信息時代新興的環保理念。 學生的安全系統識別威脅，發現安全缺失，並建議和設計保護系統。 主題包括信息安全和數據處理設施的管理，數據盜竊，濫用信息技術，計算機病毒和駭客，網絡保護。還包括法律，隱私問題，安全和信息安全規劃。

安全管理的法律與倫理問題（Legal Ethical Issues in Security Management）

---

edu%2Fsmgt%2F&ei=n1iyT8u4HKHYige-kqGPCQ&usg=AFQjCNH8k8oy9KpHw4sWhT8PoKQEI9Y9xg&sig2=QxURrWpDHdLDJnP4OmFdWw。

主要探討在安全管理範疇中企業的法律和倫理問題。檢查人員的法律和義務等問題；合同管理;個人的憲法權利；安全的專業人士和組織的法律責任;相關法律和道德標準。

安全管理的人為因素（Human Factors in Security）

本課程著重於人類行為的歷史發展和當代的觀點。威脅生產活動中的行為理論。研究當代問題，如濫用藥物，暴力，意識形態和類似的主題。

組織安全（Organizational Security）

風險管理（Risk Management）

藉由通過案例研究和實際練習，讓學生學會識別和管理風險，危機和災難，並準備緊急應變計劃。學習如何避免傷亡，減少損失，並加速從安全事件或自然災害中恢復。

安全管理（Security Administration）

學生學會安全管理的相關原則。內容包括人事管理，安全規劃，組織領導和溝通，招募和培訓等。

West Virginia University[56]

研究所系名：Master of Science in Safety Management

安全管理學碩士

宗旨（Purpose）

此課程是針對在商業和經濟學、動物學、化學和生物學、工程和技術科學、醫學、物理學等領域受過訓練且對安全、健康和環境管理等方面有興趣的學生所設計。

---

56 West Virginia University，
　　http://www.imse.cemr.wvu.edu/grad/degree-info.php?degree=mssm。

目標（Target）

研究生學位的教育目標

一個安全管理研究所的畢業生將能夠：

1.有效的溝通，口頭和書面形式，包括管理階層和員工的安全數據傳輸。

2.具備在安全管理方面的知識和技能。

3.具備專業倫理的責任和運用法律、法規的專業知識能力。

4.具備適用於各種研究活動的能力，並通過安全管理的決策過程。

研究生的安全管理方案的教育成果

為了達到教育目標，安全管理研究所的學生必須在畢業時能夠符合以下的教育成果：

1.在損失控制和法規的基礎上，運用所學的知識和技能，建置一個全方位的安全與健康的計劃。

2.運用所學的知識和技能，在安全及健康的功能上能使用分析的技術。

3.運用所學的知識和技能，能達到聯邦政府，州政府和非政府組織的安全健康計畫標準和最佳做法。

4.運用所學的技能，在安全和健康的專業領域中，能以書面和口頭的方式達到溝通的效能。

5.運用所學的知識和技能，能撰寫、評估安全和健康的研究計畫。

6.運用所學的知識和技能，以管理工具來實施和評估SHE 的計畫。

大綱（Outline）

在工業界具有超過 30 年豐富的傳統安全專業組織、開發、經營及相關安全管理的經歷。

該科的畢業生，在職場的位置：

（1）安全經理人（Safety Managers）

（2）安全協調人員（Safety Coordinators）

（3）安全主管（Safety Directors）

（4）安全工程師（Safety Engineers）

（5）工程安全人員（Construction Safety）

（6）損害管控經理（Loss Control Managers）

我們的校友，可以預期在各種安全領域的工作：

（1）安全管理（Safety Management）

（2）培訓與發展（Training and Development）

（3）消防安全（Fire Safety）

（4）防災（Disaster Preparedness）

（5）儀器儀表和測量（Instrumentation and Measurements）

（6）運輸（Transportation）

從事這科的學生畢業後可以期望的發展領域：

（1）政府機構（Government Agencies）

（2）製造公司（Manufacturing Companies）

（3）能源產業（Energy Industries）

（4）政府安全計劃（Government Safety Planning）

（5）醫療保健與保險（Health Care and Insurance）

課程（Programs）

安全管理一體化（Safety Management Integration ）

目標：為了保證安全管理功效，期能涵蓋整個組織。安

全立法和監察（Safety Legislation and Compliance ）

　　目標：提供聯邦政府和州政府相關法規的研究和分析任務，亦能全面符合相關的職業與工作的安全條件和設置規範。

　　安全評估和研究（Safety Evaluation and Research ）

　　目標：基於堅實的理論規範和良好的教育學習過程，建構一個通用的方法來進行基本的安全研究與評估。

　　消防安全管理（Managing Fire Safety ）

　　目標：完成課程後，學員將能夠分析一個全面的消防程序，並提供法律依據，組織結構，相關的服務，同時具備在安全管理權限下培訓人員和管理的技術。

　　安全及健康訓練（Safety and Health Training ）

　　目標：為了確保安全和人們的健康，藉由培訓和適當的技術，以提升安全和健康的知識、技能和勞動力的安全。

Saint Joseph College[57]

　　研究所系名：Graduate Certificate in Homeland Security Management 國土安全管理

　　宗旨（Purpose）

　　國土安全管理研究所旨在培養面對公共安全管理及其相關領域的專業人士需求。

57　Saint Joseph College，
　　http://translate.google.com/translate?hl=zh-TW&sl=en&u=http://www.sju.e
　　du/&ei=eeq4T4jJDJDJmAW8k6zXCQ&sa=X&oi=translate&ct=result&resn
　　um=9&ved=0CI8BEO4BMAg&prev=/search%3Fq%3DSaint%2BJoseph%2
　　6hl%3Dzh-TW%26biw%3D1280%26bih%3D685%26site%3Dwebhp%26pr
　　md%3Dimvns。

目標（Target）

該領域的性質和計劃目標是開放給從事國家安全，安全產業，執法人員，消防和醫務人員。這些人員包括目前正從事危機管理和國內安全管理工作者，也有些人是希望將國土安全管理相關領域工作，當成他們的未來事業者。

大綱（Outline）

建構一個包括聯邦，州政府和地方機構，在面對如颶風、自然災害，傳染病，和潛在的恐怖攻擊時，均能強化國土安全的組織模型。能適時引導決策制定者在改善國土安全上做好準備工作。發展強大的組織和管理技能，足以因應一個複雜的、眾多機構組成的政府部門。並發展出一個需要去克服在通信，指揮和任務完成上眾多機構對功能挑戰的機制。

課程（Programs）

國土安全簡介（Introduction to Homeland Security）

國土安全及其影響：聯邦、州政府對公共安全的介紹;國土安全的戰略目標;恐怖主義（國內和國際機構的夥伴關係），如何打擊恐怖主義;公共政策問題和跨部門合作和反恐技術。

執法和司法系統的問題（Law Enforcement and Judicial System Issues）

恐怖主義和反恐怖主義的政策：在聯邦和州兩級執法和國土安全的議題；愛國者法案和 2002 年「國土安全法」。關於公民權利和公民自由與法律的挑戰（包括隱私問題），政策的發展和轉變，以及情報和信息的分享技術。

指揮管理和運作（Command Management and Operations）

　　危急事件管理：通過警察、消防、緊急醫療服務的統一指揮（包括決策，基礎設施和重要資產的分析）；公共安全與健康和生物戰劑反恐問題；緊急應變、規劃管理、通信和媒體的關係。

　　國土安全模擬訓練（Simulation for Homeland Security）

　　本課程著重於事故現場的指揮系統（ICS），國家事故管理系統（NIMS）和國家緊急應變計劃（NRP）的應用，提供過去發生的事件與情境，在災害管理系統作業上進行深入分析研究。學生將審慎評估管理的決策，策略和採取的行動。

（二）中國大陸各大學安全管理相關科系課程宗旨之現況

　　在中國大陸「安全管理」名稱並不普遍，主要仍是稱為「應急管理」（emergency management），是一門專門處理安全問題和避免風險的學科，也是一門新興學科。在台灣則分別稱為「安全管理」、「風險管理」、「公共安全管理」等學系。在中國大陸，大部分的大學僅有，應急管理、風險管理、國防安全等相關課程，其附屬於公共管理學院、社會科學院、管理學院之中。

　　以下藉由目前中國大陸各大學安全管理之相關科系，以其宗旨、目標、及課程大綱為觀察，並針對以下 10 所大學進行探討與了解。

清華大學・公共管理學院[58]

宗旨：

發展公共管理學科，爲國家和社會培養現代公共管理人才、加強公共政策與管理的研究，以提高公共管理水平，促進社會全面進步。進而影響中國的改革與發展。

目標：

以實現公共利益和社會效益作爲目標，透過所配置的公共資源來制定與實施公共政策，提供良好的公共服務，組織、協調其中的關係，是經濟發展和社會進步的核心。

從某種意義上說，公共管理決定著一個國家或地區的經濟運轉之效率和社會進步程度。

課程大綱：

此學院無本科生（大學生）之課程，只有 MBA 教育等碩博士研究。研究中心較著重在案例的開發、教學與應用。

此學院的六大研究學群分域：台灣研究所、國情研究所、國際戰略與發展研究所、公共政策研究所、政府研究所、非政府管理研究所。本文針對與台灣安全管理系有相關的學群之領域做簡單介紹。

1.台灣研究所：

研究如何促進兩岸交流並進行良好的溝通。

2.國際戰略與發展研究所：

研究關於區域安全、國家戰略、地區性安全等，傾向於國家安全政策與考量的課程。

---

58 清華大學，〈公共管理學院官網〉，
　 http://www.tsinghua.edu.cn/publish/sppm/index.html。

3.公共政策研究所：

開發社會政策、資源與環境政策、危機管理等。此外，其注重西方公共政策研究的理論和方法，並與中國的具體實踐做結合。

4.政府研究所：

主要是以政府之問題解決為導向，研究主要有：國家行政體制、應急制度等。

5.非政府管理研究所（NGO）：

EX：非營利組織、機構的運作和管理。

清華大學・工程物理系・安全工程碩士班[59]

地址：北京市海淀區清華園 1 號

宗旨：

為了進一步提高各級政府和部門應急管理機構人員的綜合素質和專業能力，國務院的應急管理辦公室面向全國各級政府、各級部門之應急管理機構，委託清華培養應急技術與管理方向的工程碩士。

目標：

珍惜來之不易的學習機會，掌握現代科學知識，為我國應急管理做出應有的貢獻。

課程大綱：

根據國務院表示，在工程物理學系之下設立「安全工程」工程碩士班，以提升應急技術及訂立未來管理方向。其課程

---

59 清華大學，〈工程物理系之學碩士課程大綱〉，
　　http://www.ep.tsinghua.edu.cn/publish/ep/1021/index.html。

分為兩大領域，有：風險評估理論與方法、應急管理導論。

　　風險評估理論與方法的課程重點在於：

　　介紹幾種常用的風險評估方法以及這些方法的組合運用，並通過案例分析，結合我國的城市特點，將風險評估中涉及的關鍵問題和要素進行融會貫通。掌握常用的風險評估基本原理和方法，對我國大中城市面臨的典型風險有一定的了解，能夠熟練運用不同風險評估方法及其組合方法，並對實際問題進行分析和評估。

　　應急管理導論的課程分為兩大部分：

　　1.應急管理的關鍵環節：

　　（1）主要災害類型

　　（2）應急管理的相關者

　　（3）應急管理組織體系的構建

　　（4）公眾的危機認知和信息發布

　　（5）風險分析

　　（6）防災減災

　　（7）災害應對準備

　　（8）災害響應中的民眾典型心理和行為

　　（9）應急響應

　　（10）災後恢復重建

　　（11）應急管理相關內容的評價

　　2.應急管理的關鍵技術：

　　（1）通訊網絡系統

　　（2）GIS 與 GPS 技術

　　（3）監測監控技術

（4）災害預測模型

（5）災害預警系統

（6）應急管理決策支持系統

（7）技術應用中的問題

（8）技術發展趨勢

　　本科生（學士班）則是有設立一些相關課程，但並非專門科系設計出來的專業課程。相關課程如：反應堆安全（Nuclear Reactor Safety）、可靠性工程及風險分析（Reliability Engineering and Risk Analysis）。

　　華東政法大學，治安學[60]

　　英文名爲 East China University of Political Science and Law（簡稱 ECUPL）。是一所以法學爲主的綜合性大學，目前擁有長寧和松江兩個校區，長寧校區位於上海市長寧區萬航渡路 1575 號，爲原聖約翰大學的校園，松江校區位於上海市松江區松江大學城龍源路 555 號。

　　治安學

　　目標：

　　專業培養目標：屬於公安學學科，實踐性非常強的學科，治安學專業是近年來興起的一個新專業治安學，本專業爲公安機關培養具有堅實的法學理論和治安學理論基礎，掌握公安工作的專業技能、適應公安機關實際工作需要的複合型應用型專門人才。

---

60 華東政法大學，〈治安學〉，
　　http://zhidao.baidu.com/question/159734794.html。

課程大綱：

專業主要課程：刑法學、民法學、刑事訴訟法學、刑事偵查學、行政法學、行政訴訟法學、治安管理學基礎、治安案件查處、治安管理處罰、交通管理、消防管理、出入境外事管理、保衛學、刑事照相、痕跡檢驗、檔檢驗、緝查戰術、擒敵技術、射擊、汽車駕駛等。

就業前景：

主要到公安、邊防、國家安全等部門從事治安管理、出入境管理、道路交通管理、安全保衛、預防和控制犯罪以及治安學教學、科研等方面的工作。

復旦大學‧社會發展與公共政策學院‧社會管理與社會政策系[61]

地址：上海市邯鄲路 220 號

宗旨：

院長彭希哲表示，學院旨在構建與復旦大學創建世界一流大學相稱的、國際化與本土化結合的、國內領先和國際有一定知名度的社會發展與公共政策的教學和研究基地，在若干領域具有鮮明特色和重要影響力，為全國尤其上海的社會發展重大決策提供服務和支撐。

目標：

為適應經濟與社會協調發展、實現現代社會管理目標。

課程大綱：

---

61 復旦大學，〈社會發展與公共政策學院官網〉，
　　http://www.ssdpp.fudan.edu.cn/s/43/t/78/p/1/c/733/d/774/list.htm。

　　此學院是一所涉及社會學、心理學、公共管理和經濟學等四大學科的綜合性學院，分為以下四系一所：社會學系、社會工作學系、心理學系、社會管理與社會政策系，以及人口研究所。

　　與安全管理之相關學系的課程有相近的有：

　　社會管理與社會政策系，分為社會管理、社會政策兩大學群。

　　1.社會管理：

　　主要研究方向：

　　（1）人口老齡化與養老保障

　　（2）健康與醫療保障

　　（3）勞動就業保障

　　2.社會政策：

　　與安全管理學科之課程較相近，及主要研究方向：

　　（1）勞動就業與城鄉統籌發展

　　（2）國家能源與生態安全

　　（3）公共衛生體制與國民健康

　　其相關課程：城市與區域管理及政策分析、環境與公共政策研究。

　　浙江大學‧社會科學部‧公共管理學院‧社會保障與風險管理系[62]

　　地址：上海市邯鄲路 220 號

---

62 浙江大學，〈社會科學部 ── 公共管理學院〉，
　　http://www.cpa.zju.edu.cn/intranet/list.aspx?cid=91。

宗旨：

院長表示：【需求導向，服務社會】。

目標：

院長表示：【培養具有國際視野的現代領導者】。

課程大綱：

關於現代管理學、經濟學、社會保障、風險管理方面等基本知識，以及社會保障、風險管理方面等技能，並且熟悉專業相關之政策法規。

為培育社會保障、國內外風險管理、保險經營管理等工作的專門人才。

課程上分為社會保障、風險管理兩大專業方向。

針對的就業方向主要：

1.各級政府行政部門（如：勞動與社會保障部門、民政部門等）

2.政策研究部門

3.大中型企事業單位（風險管理部門、人力資源管理部門）

4.社區服務部門

5.勞動仲裁機構等

暨南大學·應急管理學院（系）[63]

地址：廣州市黃埔大道西 601 號

---

[63] 暨南大學官網 http://www.jnu.edu.cn/；http://jd.jnu.edu.cn/yxsz/。
〈暨大首設應急管理專業之招生訊息〉，
http://news.sina.com/oth/nanfangdaily/301-101-101-102/2008-06-11/191629
76707.html。

2009 年 4 月 23 日，全國高校首個應急管理學院－「暨南大學應急管理學院」揭牌成立。課程包括《應急管理理論與實務》《災害社會學》《志願者管理》《應急管理計量分析》和《應急管理案例分析》[64]

宗旨：

王守興副主任在致辭中表示，希望應急管理學院的發展密切結合我國應急管理的實踐，形成一流的體系。推動應急管理產、學、研發為一體。

目標：

首先開創應急管理學院，並立足廣東、服務全國、面向世界的高水平、有特色的學院。

課程大綱：

應急管理是一門新興的交叉學科，其專業的培養計劃涉及管理學、新聞、法學、生物、醫學等學科。

該專業課程主要為公共行政學、管理學等交叉學科知識，初步掌握應急管理的知識體系，培養能夠在各級政府應急管理專業部門，以及企事業單位從事公共管理，並擅長危機評估和應急管理工作的專門人才。

專業課程顯示：管理、新聞、法學、信息技術、醫學、心理學、社會學、統計學、財政學、災害學等多個領域，為典型的交叉學科。

由於國內無現成教材，故引進西方教材進行翻譯。新入學的學生在第一、二年的學期基本上都是學習公共課。

---

64 暨南大學，〈應急管理學院〉，《百度百科》，
　　http://baike.baidu.com/view/3931811.htm 。

其系主任表示:「應急管理」目前還只能算是「方向」,而無法真正媲美「專業」。雖然教育部目錄目前無此專業,故只能先放置行政管理之專業下進行招生,但實際課程已經是將其作為一個獨立專業來運作。

河南理工大學・應急管理學院・公共安全管理[65]
地址:河南焦作高新區世紀路 2001 號
河南理工大學應急管理學院於 2010 年 5 月 22 日正式成立,是國內首個實體意義上以突發事件、應急管理為學科特色的學院,其前身為 2008 年成立的公共管理系。[66]
宗旨:
以「教學立院、科研強院」思想作為指導,繼續加強應急管理相關領域的研究和實踐,並培養出優秀人才。
目標:
面對未來,學院將密切結合我國應急管理,努力建立出具有中國特色的應急管理學科體系,推動應急管理的產、學、研一體化,使學院的公共安全管理之專業保持全國領先,力爭與世界水平同步。
課程大綱:
應急資源就是應急過程中所需要的各類人員、物資、設

---

65 河南理工大學官網,
　http://www.hpu.edu.cn/www/channels/yxsz.html。
　河南理工大學,〈應急管理學院官網〉,
　http://www2.hpu.edu.cn/www2/em/。
66 河南理工大學,〈應急管理學院〉,《百度百科》,
　http://www2.hpu.edu.cn/www2/em/contents/2304/67104.html。

備和設施。對於突發事件的應急，本質上就是對應急資源的充分佔有、合理配置，以及發展過程，故應急資源管理就是其研究的核心內容之一。

研究的方向分成三大學群：

1.公共安全風險評估

2.突發事件指揮系統

3.應急救援體系：

其主要內容包括：應急資源的儲備、應急資源的空間佈局、應急資源的調度，以及應急資源的更新與補償問題。

初步的課程是三大學群之結合，其有：

（1）公共安全管理學原理

（2）應急管理理論與方法

（3）應急管理綜合

（4）風險分析與安全評價

應急管理學院不僅與一般大學的應急管理學系一樣擁有豐富的課程，學院除了包含兩大科系：公共安全管理系、公共事業管理系。

除此之外，應急管理學院最大的特別之處在於，其設立了許多相關設施，如：應急預案評估中心、應急技能實訓室、應急管理技術研究中心，以及培訓中心。

江蘇警官學院・治安管理系[67]

地址：南京市安德門 128 號

宗旨：

治安管理系對於應急管理的研究前沿、應急管理學科建設、應急管理實驗室建設、人才培養等方面進行了廣泛、深入的交流。

目標：

是改革傳統的教學方法，將案例教學法、演示教學法、模擬與情景教學的方法引入課堂教學，提高課堂教學質量。

充分利用現代教育技術組織教學。

加強學生技能訓練，培養學生實際工作能力。

課程大綱：

治安管理系主要包含：治安學、行政法學、社會學、心理學、犯罪學、保衛學、交通管理學等學科領域的專業教學和科學研究。

畢業班學員製作了《現代應急管理理論與實踐》的報告，報告中提到應急管理現狀、應急管理的基礎概念、應急機理、應急過程管理、應急管理評價等方面進行闡述，更使學生對於應急管理之工作有了初步的概念，激發起學院對此的關注。

因而更增進應急管理之相關課程，以下為治安管理系的課程大綱：

---

67 江蘇警察學院，〈治安管理系官網〉，
　　http://partment.jspi.cn/zax/http://www.jspi.cn/default.html。
　　江蘇警察學院・〈治安管理系課程大綱〉，
　　http://partment.jspi.cn/zax/rencai.htm。

1.精品課程：
（1）社區警務
（2）治安案件查處
（3）公安社會學
（4）治安秩序管理學

2.院級課程：
（1）公安行政救濟
（2）經濟文化保衛
（3）民法學
（4）治安案件查處
（5）社區警務
（6）犯罪心理學
（7）治安秩序管理學
（8）行政法學
（9）公安社會學
（10）保衛學

3.其餘課程介紹：
（1）警察心理學
（2）道路交通管理學
（3）危險物品管理
（4）交通事故處理
（5）涉外警務

北京師範大學‧社會發展與公共政策學院 / 減災與應急

管理研究院[68]

宗旨：

研究生教育的改革和發展要認真貫徹全國教育工作會議精神，深入落實科學發展觀，以人才培養為根本、以提高質量為核心、以優化結構為重點，大力推進培養機制改革和創新，全面提高研究生特別是博士生培養質量，切實加快培養拔尖的創新人才，為建設創新型國家和人力資源強國服務。

目標：

以五大方向作為學術與實作並行之發展目標：

（1）選擇典型高風險地區，建立減災與災害風險管理綜合示範區

（2）建設自然災害應急預案模擬仿真系統

（3）建設自然災害災情監測與減災能力評估系統

（4）完善減災和應急管理的政策與法規體系

（5）建立國家減災與應急管理教育與培訓基地

課程大綱：

學士階段的災害管理、風險管理、應急管理課程是隸屬於社會發展與公共政策學院，學院強打公共管理系的 MPA 教育。

碩、博士階段則有專門的減災與應急管理研究院進行專

---

68 北京師範大學，〈社會發展與公共政策學院課程大綱〉，
http://www.ssdpp.net/News/ShowInfo_teaching.aspx?ID=1059。
北京師範大學，〈減災與應急管理研究院官網〉，
http://adrem.org.cn/index.jsp。
北京師範大學，〈減災與應急管理研究院科研項目〉，
http://adrem.org.cn/kyxm_xin.jsp。

業、深入的科研項目計畫，有：

(1) 自然災害風險等級評估技術研究

(2) 綜合風險防範的關鍵技術

(3) 綜合風險鑑別與防範技術研究

(4) 農村生態環境預警技術和應急預案決策支持系統研究

　　科研計畫通常做爲師生一起相互學習完成的學術性探討，有傑出之重大科研計畫甚至有機會與相關單位合作。

　　華南農業大學．公共事業管理學系[69]

　　地址：廣州市天河區華南農業大學 17 號樓

　　宗旨：

　　希冀學生具有前進力量與領導力量、具有探索真知，立志成才的崇高追求，埋頭苦幹而有紮紮實實的作用。

　　有向上的衝擊力，充分體現團結奮發，進取向上的公管精神，象徵學院教育事業蓬勃發展，也象徵著學院的未來美好無限。

　　目標：

　　本專業旨在培養學生關於現代公共管理之理論與方法、技術，能綜合運用管理學、行政學、社會學、經濟學等多學科理論，研究公共組織的管理活動及規律，熟悉相關的政策法規，具備現代管理素質的應用型高級專業管理人才。

---

69 華南農業大學，〈公共管理學院官網〉，
　　http://xy.scau.edu.cn/gongguan/new/bkjy/ShowClass.asp?ClassID=17。
　　華南農業大學，〈公共事業管理系課程大綱〉，
　　http://xy.scau.edu.cn/gongguan/new/bkjy/HTML/500.asp。

課程大綱：

主要課程：

管理學原理、公共管理學、公共事業管理導論、政治學、公共政策、人力資源開發及管理、物業管理學、公共關係學、行政管理學、公共管理方法、管理信息系統、社會學概論、社區管理等相關知識。

培養學生獲得以下知識和能力：

1.掌握管理科學、經濟學、社會科學等學科的基本理論、知識

2.具有適應辦公自動化的能力，用管理信息系統所必須的定量分析和應用計算機的技能

3.具有現代公共管理理論和公共政策素養，掌握先進公共管理方法與技能

4.熟悉我國有關的法律法規、方針政策和制度，並具備國家公務員的基本素質

5.具有優良的社會調查、政策分析和寫作能力

6.掌握文獻檢索、資料查詢的基本方法，具有初步的科學研究和較強的實際工作能力

未來的就業方向：

黨政管理部門、社區管理部門、物業管理部門、文化管理部門、企事業管理部門等從事管理及政策分析、宣傳文書等工作。

華中科技大學・公共安全預警與應急管理系[70]

地址：湖北省武漢市洪山區珞喻路 1037 號

宗旨：

學院採用國際化、信息化、工程化的培養模式，突顯出現代信息技術在公共管理教育中的重要地位，強化基礎理論教育和能力素質教育，在課程設置和教學方式上參照國際知名大學的標準和經驗，努力培養和塑造具有分析、處理和駕馭國際國內公共政策和公共事務能力的高級專門管理人才。

目標：

本專業致力於培養學生具備現代公共安全的基礎理論素養、公共政策素養、掌握預警與應急管理理論、掌握科學的分析方法和現代化技術，具有較一般學生寬的知識面。

課程大綱：

在公共安全預警與應急管理的基礎理論、原理方法，以及關鍵技術研究領域上有所創新。

熟悉並足以勝任其管理政策研究，掌握公共安全預警與應急管理系統的規劃與設計、突發事件的應急工作流管理、預警及應急績效的分析與評價，以及應急資源的規劃、配置、調度等。

熟練運用電腦之信息化技術，以解決問題並有新的見解，可勝任本專業或相鄰專業的教學、科研以及相關的管理、

---

70 華中科技大學，〈公共管理學院官網〉，
http://spa.hust.edu.cn/2008/index.html。
華中科技大學，〈公共安全預警與應急管理系招生網頁〉，
http://souxiao.koolearn.com/ssmPage?_method=subjectInfoDetail&subjectId
=12802。

研究工作。

公共安全預警與應急管理之研究方向和專業項目：

（1）城市應急決策支持系統

（2）公共安全預警與應急管理理論

（3）應急管理技術政策

（4）應急物流與資源調配

未來就業發展：為政府、行業部門、非政府公共機構，以及企業提供預警管理系統設計、安全信息管理、公共安全裝備開發、預警運營等管理方面的專業化服務。

（三）台灣各大學安全管理相關科系課程宗旨現況

中央警察大學　公共安全學系[71]

成立宗旨：

本系所為目前國內唯一著重於國家安全暨情報學術，以及兩岸治安防制教學與研究之系所。本系所之教育目標，首先是基於鞏固「國家安全」之目標，以公共安全政策分析及情報蒐集研整為重點，奠定國家安全工作幹部所應具備之基本學識與職能。其次，基於維護「社會治安」之目的，以社會保防暨安全工作為重點，培養警政治安工作幹部所應具備之基本學識與職能。

有鑒於培育國家安全與社會治安工作所需之中、高級工

---

71 中央警察大學，〈公共安全學系〉，
　　http://ps.cpu.edu.tw/files/11-1082-3359.php。
　　http://ps.cpu.edu.tw/files/11-1082-1120.php。
　　http://ps.cpu.edu.tw/files/11-1082-1118.php。
　　http://ps.cpu.edu.tw/files/11-1082-1931.php。

作幹部與專業人才，以及本系所畢業學生未來工作需求考
量，本系所之基本教育構想一為保防與社會治安相結合；二
為偵防與犯罪防制相結合；三為情報與國家安全相結合。

　　在教育實施上，以公共安全學科暨相關知識為「經」，
涵蓋國際關係、政治學、危機處理、非傳統安全威脅、恐怖
主義與反恐怖行動、國家安全戰略、大陸問題研究、中共對
台策略、兩岸關係、情報與反情報、情報學、情報分析、情
報理論與實務、國土安全問題、國家安全法令、保防工作、
偵防作為等領域；另以警察學科暨相關課程為「緯」，包含
法律學、警察法規、警察行政、犯罪偵查學、特種勤務、群
眾事件處理、兩岸共同打擊犯罪、國際治安合作等科目，期
能奠立本系所畢業學生日後從事國家安全工作與維護社會治
安所需之基礎學識與工作職能。

　　此外，本系研究所將本於大學部教育之良好基礎，賡續
追求發展與精進，以進一步提昇專業教育品質與學術研究水
準，以學術研究成果提供實務工作之建言，並以情報實務經
驗檢證相關理論，冀能發揮理論與實務充分結合之良性循環
的作用與效果。

　　教育目標：

　　本系大學部之課程規劃主要分為以下二個領域：

　　1.國家安全相關領域課程：涵蓋國際關係、政治學、危
機處理、非傳統安全威脅、恐怖主義與反恐怖行動、國家安
全戰略、大陸問題研究、中共對台策略、兩岸關係、情報與
反情報、情報學、情報分析、情報理論與實務、國土安全問
題、國家安全法令、保防工作、偵防作為等課程。

2.警察學科相關領域課程：包含法律學、警察法規、警察行政、犯罪偵查學、特種勤務、群眾事件處理、兩岸共同打擊犯罪、國際治安合作等科目。

本系碩士班之課程規劃主要分為以下二個領域：

1.國家安全相關領域課程：涵蓋國家安全政策、國家安全戰略、國家安全情報工作、國土安全、非傳統安全威脅等議題。

2.大陸問題與兩岸關係：包含中國大陸政治、軍事、情報、司法等重要問題與當前兩岸關係、發展等問題。

課程目的：

1.基於鞏固「國家安全」之目標，以安全政策分析及情報蒐集研整為重點，增進國家安全工作幹部所應具備之基本學識與職能。

2.基於維護「社會治安」之目的，以社會保防暨安全工作為重點，培養警政治安工作幹部所應具備之基本學識與職能。

特色

在教育實施上，以公共安全學科暨相關知識為「經」，涵蓋政治學、危機處理、非傳統安全威脅、國家安全戰略、大陸問題研究、中共對台策略、兩岸關係、國土安全問題、國家安全法令等領域；另以警察學科暨相關課程為「緯」，包含法律學、警察法規、警察行政、犯罪偵查學、特種勤務、群眾事件處理、兩岸共同打擊犯罪、國際治安合作等科目。

核心課程規劃

本系之課程內容理論與實務並重，以國家安全情報理論、國家情報法制及警察專業課程為主，輔以其他通識課程，

強化正確法制素養，配合國家安全工作實務需求，符合社會發展趨勢。

本系目前有學士班四年制及碩士班一般生等不同屬性之學生，因修業年限各不相同，核心職能課程即依其屬性分別規劃：

一、核心課程類別

（一）學士班四年制

核心職能課程分為

1、通識類：其涵蓋課程為研究方法、政治學、社會學、國際關係、心理學、理則學、外文等。

2、國家安全工作類：其涵蓋課程為情報學、謀略學、情報技術、情報分析、情報編審、情報監督、國家安全情報法制、國土安全問題研究、國內安全工作分析、國家安全政策、各國安全制度、非傳統安全、反情報問題研究、國家安全偵防工作、特種勤務、保防法令等。

3、警察類：其涵蓋課程為警察學與警察行政、犯罪偵查學、警察勤務、警察法規、警察職權行使法、刑事鑑識、科技犯罪偵查等。

4、法律類：其涵蓋課程為行政法、警察法規、憲法與基本人權、刑法、刑事訴訟法、刑事證據法、國家安全情報法制、保防法令、警察職權行使法、中共法制、行政程序法等。

（二）碩士班一般生

核心職能課程分為

1、通識類：其涵蓋課程為政治學研究方法、國際關係理論、公共關係、應用文、基礎統計、外文等。

2、國家安全工作類：其涵蓋課程為國家安全情報理論研究、國家安全情報法制研究、國內安全工作分析、各國安全情報制度研究、國土安全問題專題研究、國家安全政策分析研究、非傳統安全理論研究、情報蒐集與分析專題研究、非傳統安全專題研究、情報監督專題研究、安全研究理論與實務等。

3、警察類：其涵蓋課程為警察學與警察行政、犯罪偵查學、警察勤務、警察法規理論與實務、刑事鑑識、治安政策專題研究等。

4、法律類：其涵蓋課程為行政法、國家安全法令專題研究、國家安全情報法制研究、警察法規、刑法、刑事法研究、國家安全情報法制、行政程序法等。

二、核心課程地圖

國家安全工作之核心業務與關鍵工作分別為：（1）情報蒐集、分析、研判與編審；（2）情報工作法令之執行、檢討、修正與訂定；（3）國內安全工作之執行；（4）國土安全與非傳統安全。是故，為培養學生（含大學部學生與研究所一般生）畢業具備相關核心能力，乃規劃建置核心職能課程，並繪製課程地圖。

（一）學士班四年制：如附表 4 公共安全學系學士班四年制課程地圖。

（二）碩士班一般生：如附表 5 公共安全研究所碩士班一般生課程地圖。

三、各年級教育重點

依不同學制屬性規劃核心職能課程，有計畫、系統性於

各年級教學，以達成預期的教育目標，各年級教育重點如下：

（一）學士班四年制

1、一年級：培養一般通識能力，使具備良好之人文及社會科學之基本知識與素養。

2、二年級：培養警察專業知能及具備堅定之警察專業精神。

3、三年級：培養國家安全工作專業知能及具備國家安全工作人員應有之專業職能與精神，瞭解國家安全情報、國家安全偵防、國家安全保防工作方法與要領。

4、四年級：能夠判斷國家安全情報價值，把握國家安全情報要件，分析關鍵因素，研鑑撰擬國家安全情報資料。

（二）碩士班一般生

1、一年級：培養警察專業知能及具備堅定之警察專業精神。

2、二年級：培養國家安全工作專業知能及具備國家安全工作人員應有之專業職能與精神，瞭解國家安全情報、國家安全偵防、國家安全保防工作方法與要領。

3、三年級：能夠判斷國家安全情報價值，把握國家安全情報要件，分析關鍵因素，研鑑撰擬國家安全情報資料，並且能夠針對環境情勢、法律規範、組織需求及工作導向，提出檢討策進意見。

中央警察大學　犯罪防治學系[72]

成立宗旨：

在兼顧犯罪防治教育目標以及犯罪學門專業發展理念下，從培育矯正治安幹部養成之大學部，抑或之後進修教育發展之研究所（碩士班、博士班），均以「專業」、「創新」、「關懷」為本系（所）共通之核心價值，並分別從「精實學術」、「擴展內涵」、「實踐服務」著手，分別各具有 2 項之具體作法，且其層次隨教育階段之升高而益趨嚴謹，如下所述：

（一）專業（value）：精實學術

1.發展犯罪防治專業研究；

2.精實犯罪防治專業知能。

（二）創新（vision）：擴展內涵

1.開拓科際整合之犯罪防治領域；

2.研擬折衷多元之犯罪防治策略。

（三）關懷（volunteer）：實踐服務

1.培育積極關懷之服務精神；

2.提升熱忱精熟之執法技術。

實踐上述本系（所）核心價值之方式、目標，具體而言，又可分成如下 3 項：

（一）培育兼具人文素養與執法能力之犯罪防治專業人

---

72 中央警察大學，〈犯罪防治學系〉，
　http://cp.cpu.edu.tw/files/15-1083-16610,c1986-1.php。
　http://cp.cpu.edu.tw/files/11-1083-1146.php。
　http://cp.cpu.edu.tw/files/11-1083-1982.php。
　http://cp.cpu.edu.tw/files/11-1083-1149.php。

才;

　　（二）精實博士班與碩士班之深造教育，結合犯罪防治之實務；

　　（三）擴展科際整合犯罪防治學術研究，開拓多元教育訓練服務。

　　教育目標：

　　1. 刑事政策釐定人才之需要

　　2. 特定犯罪研究人才之需要

　　課程目的：

　　1.精實博士班與碩士班之深造教育，結合犯罪防治之實務

　　2.擴展科際整合犯罪防治學術研究，開拓多元犯罪防治教育訓練服務

　　3.培育兼具人文素養與執法能力之犯罪防治專業人才

　　課程規劃：

　　大學部區分矯治組與預防組；

　　研究所區分碩士班與博士班。

　　亦為國內犯罪防治專才之進修教育，1970 年之警政研究所成立之時，其下設行政、刑事、犯罪防治等 3 組；後於 1994 年增設博士班，為國內學術機構設立犯罪防治博士班之首例。1996 年起系所合一，成立犯罪防治研究所碩士班及博士班；目前博士班下分犯罪防治組及刑事司法組，積極培育更高階之犯罪預防決策及研究人才。

　　1.矯治組

　　本組特色特重在培養專業矯正人員幹部，使鑽研犯罪學

及矯治理論與技術，藉以提升國內矯治專業之服務品質與效能，奠定良好的矯正專業能力及厚實就業基礎能力。

犯罪防治學系矯治組就業導向基本能力指標

工作職稱	能力項目	能力內容
	四年制	
矯正人員幹部	大學基本能力	教導學生國文、計算機概論、語文能力及研究方法等知識，具有人文素養基礎。
	矯正行政、處遇與司法保護	熟悉並具備監獄學與矯正法規、矯正實務、少年矯正制度、處遇技法、觀護與假釋制度、羈押法、刑事政策、矯正機關組織與管理、刑罰政策研擬與更生、被害保護等等各項專業知識，以奠定良好的矯正與司法保護專業能力及厚實就業基礎能力。
	法學專業能力	熟悉並具備法學緒論、刑法總則、中華民國憲法與立國精神、刑法分則、行政法、刑事訴訟法、民法總則、刑事法令等專業知識，以奠定良好的法學專業能力及厚實就業基礎能力。
	犯罪處遇與輔導	熟悉犯罪相關因素、與各類型犯罪之態樣與成因，透過刑罰與矯正各項作為，以實踐公平正義；另對於犯罪人之各項成因了解與心理諮商與治療作為、與教化、作業等措施，以利其重做新民。

2.預防組

　　本組特重在培育高級專業犯罪預防人才，使熟稔犯罪學、刑事政策、犯罪預防理論與技術，藉以提升警察機關犯罪預防之計畫擬定與執行效能及效果。

犯罪防治學系預防組就業導向基本能力指標

工作職稱	能力項目	能力內容
		四年制
警察幹部	大學基本能力	教導學生文書處理、警察應用文、語文能力及研究方法等知識，以及具有社會人文等素養。
	警察專業能力	熟悉並具備警察學與警察行政、犯罪偵查學、偵訊實務、警察業務、警察勤務、交通警察學、各國警察制度等專業知識，以奠定良好的警察專業能力及厚實就業基礎能力。
	法學專業能力	熟悉並具備法學緒論、刑法總則、中華民國憲法與立國精神、刑法分則、行政法、刑事訴訟法、民法總、刑事政策與刑法法學等專業知識，以奠定良好的法學專業能力及厚實就業基礎能力。
	犯罪分析與預防	熟悉犯罪相關因素、成因及處置對策，如犯罪學、各類型犯罪、與預防及因應對策，並妥適運用在各項犯罪之評估風險與民眾教育因應措施，以專業評詁與規劃能力，妥善運用民力，全面性犯罪預防。
	心理輔導與諮商	具備心理諮商各項能力，以因應少年犯罪與輔導需求，以及提高與被害人訊問之同理心與避免二次傷害；同時具備幹部領導中辨識同仁身心困擾能力與提昇因應具體作為。

中央警察大學　安全管理研究中心[73]

中華民國 96 年 9 月 5 日校行字第 0960004987 號函發布

一、中央警察大學為提昇安全管理學術研究水準，培養安全管理專業人才，特設立安全管理研究中心。

二、成立宗旨：

（一）整合研究資源，進行有關安全管理議題研究，提

---

73 中央警察大學，〈安全管理研究中心〉，
　　http://smc.cpu.edu.tw/files/11-1095-2727.php。

昇安全管理研究水準與效能。

（二）建構安全管理理論基礎，提供政府擬訂安全管理政策建言。

（三）推動安全管理服務及產品之專業認證機制，進行系統化、規格化與標準化之研究。

（四）宣導推廣安全防護理念，協助公私部門建構安全管理機制。

（五）辦理教育訓練，協助公私部門培訓安全管理專業人才。

（六）辦理其他有關安全管理研究相關事項。

藉由研究發展、教育訓練、推廣服務等三個方面來從事安全管理

台北大學　犯罪學研究所[74]

成立宗旨：

1. 探討犯罪原因，研發治安政策
2. 規劃、整合與收集犯罪統計資料
3. 提升國內犯罪防治人才專業水準
4. 提升國內犯罪學學術研究水準
5. 加強與民間或實務機構的交流與合作
6. 配合教改政策與推動全民教育

---

74 台北大學，〈犯罪學研究所〉，
http://www.ntpu.edu.tw/gradcrim/TeachCore.php。
http://www.ntpu.edu.tw/gradcrim/Establish.php。
http://www.ntpu.edu.tw/gradcrim/Plan.php。

7.配合國立台北大學發展方向與特色

課程目的：

培養學生三大核心能力：

1.獨立分析犯罪現象與擬定對策之能力。

2.瞭解刑事司法體系組織與實務運作。

3.溝通協調、實踐犯罪處遇與安全管理計畫之能力。

教育目標：

1.培育刑事司法機構犯罪預防及公私部門安全管理與規劃之專業人才。

2.強調理論與實務結合，重視學生就業與創新能力發展。

3.培養學生犯罪學與刑事司法之國際觀，發展適於我國的治安對策。

4.提供堅實的專業知識，作為將來進修研究之基礎。

特色

主要教學目標在於研究犯罪問題與刑事司法政策。本所課程設計特色，除有犯罪學理論、刑事司法政策分析、犯罪矯治、私人保全、社會科學統計與研究方法等基本專業訓練外，尚有刑事司法機構實習課程，學生能藉此將犯罪學研究與實務結合。教學策略上特別注重培養學生外（英）語能力與論文發表能力。

課程規劃：

國立臺北大學犯罪學研究所主要教學目標在於研究犯罪問題與刑事司法政策。本所特別重視科際整合訓練，結合犯罪學、刑事政策、刑事司法、法學、社會學、教育學、社會工作、諮商輔導、心理學、社區研究等專業領域，共同研究、

分析各種犯罪問題與對策。本所課程設計特色,除有犯罪學理論、刑事司法政策分析、犯罪矯治、私人保全、社會科學統計與研究方法等基本專業訓練外,尚有刑事司法機構實習課程,學生能藉此將犯罪學研究與實務結合。此外,本所師資專長涵誘 F 刑事司法學、犯罪社會學、刑事法、犯罪心理學、犯罪矯治學等領域,教學策略上特別注重培養學生外(英)語能力與論文發表能力,且所上定期舉行國際犯罪學研討會議,邀請國際犯罪學專家擔任講座,使學生能隨時掌握國際犯罪學研究與刑事司法政策發展趨勢,具有國際視野,未來有志出國進修者,能直接與國際接軌。

教學與研究重心

犯罪學	犯罪類型研究	刑事司法政策研究
• 犯罪學理論 • 比較犯罪學 • 法律社會學 • 犯罪學思想史 • 被害者學 • 犯罪預防理論與實務	• 少年犯罪 • 暴力犯罪 • 竊盜犯罪 • 白領犯罪 • 組織犯罪 • 性犯罪 • 網路犯罪	• 刑事司法體系研究 • 警政研究 • 私人保全研究 • 犯罪矯治研究 • 政策分析

中正大學　犯罪防治學系[75]

成立宗旨:

本系自成立以來,在前任所長蔡德輝教授(前任中央警察大學校長)、前主任楊士隆教授及現任鄭瑞隆教授暨全體

---

75 中正大學,〈犯罪防治學系〉,
http://deptcrm.ccu.edu.tw/student/course_regulations.htm。
http://deptcrm.ccu.edu.tw/about.htm。
http://deptcrm.ccu.edu.tw/about/future.htm。

教師的努力下，積極推動各項所務工作，秉持科際整合的研究與教學取向，融合犯罪學、心理學、社會學、刑事法學、諮商輔導及社會工作等學科領域，側重於青少年犯罪防治的教學與研究；並著眼於學生畢業後的出路與學習，與實務界多所聯繫，希望能夠結合理論與實務，為國家社會培養一流的犯罪防治專業人才，促進社會祥和與安定。

教育目標：

學士班：

1、培養現代化且具備宏觀視野的犯罪防治實務工作人才。

2、培育具有邏輯思維、獨立判斷能力的犯罪防治實務工作人才。

3、培育具有紮實學術基礎潛能的犯罪防治人才。

4、培養具有人群服務與團隊合作能力的犯罪防治實務工作人才。

碩士班：

1、培養現代化且具備科際整合思維的犯罪防治實務及研究人才。

2、培育具有嚴謹邏輯思維、獨立分析與整合能力的犯罪防治研究人才。

3、培育具有紮實且專深學術發展潛能的犯罪防治研究人才。

4、培養具有人群服務與團隊合作能力的犯罪防治實務工作人才。

博士班：

1、培養高深學術邏輯思維且具備科際整合研究能力的犯罪防治獨立研究人才。

2、培育具有專精學術專長且有優秀學術著作發表能力的研究及教學人才。

3、培育具有優秀獨立研究規劃、研究執行、研究成果著作的高階學術研究人才。

4、培育具有國際學術競爭力的犯罪防治科際整合教學與獨立研究與團隊精神人才。

課程目的：

一、培育犯罪防治基礎研究人員

為培育犯罪學與犯罪防治領域基礎研究人員，本學系將延攬優秀的師資，提供科際整合性的犯罪學與犯罪防治相關課程，激發學生對於當前社會各類犯罪問題之現象、成因及其防治對策的研究興趣，投入犯罪防治研究的行列。

二、培育刑事司法體系實務工作人員

刑事司法體系含警政、司法及犯罪矯正單位等各相關機構。為落實學生從事刑事司法的實務工作能力，本學系將提供學生至各犯罪矯正機構、法院及檢察署觀護人室、警察相關單位等實習機會，使學生能嫻熟刑事司法體系各類實務工作，以為將來擔任監獄官、教誨師、觀護人、少年保護官、少年調查官、檢察事務官及少年警察隊等刑事司法相關單位專業工作人員，做必要的準備。

三、培育學校青少年輔導專業工作人員及公民科教師

青少年輔導乃犯罪預防之重要一環，故本學系亦將開設青少年輔導與諮商相關課程，使有興趣於學校輔導工作的學

生能具備諮商與輔導專業知能，未來能擔任學校專業輔導教師或專業輔導人員，以及公民科教師從事一般青少年與偏差行為學生之輔導與諮商工作，以預防青少年犯罪問題的發生。

四、培育家庭與社區服務專業工作人員

家庭功能健全與社會支援體系亦是犯罪防治的根本，尤其是家庭暴力及性侵害防治中心普遍設立後，需才甚殷。本學系將開設性侵害、家庭暴力防治方面的社會工作理論與實務課程，使有興趣於社會工作的學生能具備相關專業知能，未來能在相關的性侵害及家庭暴力防治中心等社會服務機構擔任社會工作師，廣泛結合社會資源，從事性侵害與家庭暴力加被害人處遇、偏差行為與犯罪青少年的家庭協談、團體工作與社區服務工作。

五、培育少年矯正教育專業工作人員

近年來，政府愈加重視犯罪少年之矯正教育，已成立二所少年矯正學校，然缺乏適當之師資及犯罪防治專業人員。本學系將秉持更生復健與科際整合之理念，提供有關少年矯正教育或矯正處遇之專業課程，使有興趣於少年矯正教育的學生能同時兼備犯罪防治與矯正教育相關專業知能，裨其未來能在少年矯正學校或其他矯正機構，擔任矯正學校教師或輔導人員，從事犯罪行為學生之矯正教育或矯正諮商工作，以協助犯罪青少年有效改變其嚴重偏差行為，預防再犯。

系所特色

1、本系大學部課程包含通識課程、專業必修、專業選修及自由選修等課程，內容涵蓋犯罪學、犯罪心理學、少年犯罪、心理諮商、社會工作、刑事法學、犯罪預防、矯正教育、

警政科學與精神醫學等多元層面。

2、大學部課程之規劃，除正規課程外，並結合課外教學（如參觀警察局、監獄或少年矯正學校等）與實習，以求課程更為創新及活潑，切合犯罪防治實務工作之需求。

3、在一般大學設立犯罪防治學系與研究所，本校係屬首創。本系（所）另一重要特色為設在教育學院，主張防治犯罪工作應從教育做起，為國內犯罪防治教育紮根。

4、本系（所）目前設有碩士班、碩士專班及博士班，培育高級犯罪防治研究人才。研究生之來源涵蓋中小學校長、教師、調查員、警官、法官、檢察官、監獄官、觀護人、政風人員等，提供學術與實務工作者交流之機會。

5、本系（所）與國內外有關之犯罪防治研究學術機構密切交流，共同主辦演講、學術研討會並參與學術研究合作計畫，研究與教學均具國際化水準。

6、本系（所）於九十一年成立犯罪研究中心，致力推動本土化犯罪學學術及有效犯罪防治方案之發展，規劃及推展犯罪防治在科際整合之學術研究。

課程規劃：

1、本系大學部課程包含通識課程、專業必修、專業選修及自由選修等課程，內容涵蓋犯罪學、犯罪心理學、少年犯罪、心理諮商、社會工作、刑事法學、犯罪預防、矯正教育、警政科學與精神醫學等多元層面。

2、大學部課程之規劃，除正規課程外，並結合課外教學（如參觀警察局、監獄或少年矯正學校等）與實習，以求課程更為創新及活潑，切合犯罪防治實務工作之需求。

3、在一般大學設立犯罪防治學系與研究所,本校係屬首創。本系(所)另一重要特色為設在教育學院,主張防治犯罪工作應從教育做起,為國內犯罪防治教育紮根。

4、本系(所)目前設有碩士班、碩士專班及博士班,培育高級犯罪防治研究人才。研究生之來源涵蓋中小學校長、教師、調查員、警官、法官、檢察官、監獄官、觀護人、政風人員等,提供學術與實務工作者交流之機會。

5、本系(所)與國內外有關之犯罪防治研究學術機構密切交流,共同主辦演講、學術研討會並參與學術研究合作計畫,研究與教學均具國際化水準。

6、本系(所)於九十一年成立犯罪研究中心,致力推動本土化犯罪學學術及有效犯罪防治方案之發展,規劃及推展犯罪防治在科際整合之學術研究。

國立中正大學犯罪防治學系
學生修業規定(100學年度入學新生適用)

一、本系學生畢業時需修滿至少　133 學分包括								
(1)通識教育　　　　28　學分								
(2)專業必修　　　　45　學分								
(3)專業選修　　　　40　學分								
(4)自由選修　　　　20　學分								

二、各類科目包括:	一		二		三		四	
(一)通識教育共28學分	上	下	上	下	上	下	上	下
第一領域:基本語文能力(必修)								
次領域一:中國語文知識及應用(4學分)	2	2						
次領域二:英語能力訓練(4學分)	2	2						

第二領域：數理能力（至少1科）	★參閱「國立中正大學學士班學生修習					
第三領域：人文素養（至少2科）	通識教育修業規定」					
第四領域：社會科學（至少2科）	★不得選修第四領域：					
第五領域：自然科學（至少2科）	次領域一「心理學」全部課程					
體育 （0學分）（一至二年級）	次領域二「社會學」全部課程					
通過「英文能力」及「資訊能力」檢定	★參閱「國立中正大學學士班學生修習體育科領域規定」					
服務學習課程（兩學期，0學分，40小時）						
（二）專業必修科目共 45 學分						
社會學（一）（二）	2	2				
心理學（一）（二）	2	2				
社會工作（一）（二）	2	2				
諮商理論與技術（一）（二）			2	2		
刑法總則（一）（二）			3	3		
行為統計與電腦（一）（二）			2	2		
犯罪學（一）（二）			2	2		
專業實習（一）（二）					1	1
犯罪心理學					2	
少年犯罪				2		
社會與行為科學研究方法（一）（二）					2	2
監獄學					2	
刑事政策						3
（二）專業必修科目共 45 學分						

專業實習（二）為必修科目；依本校暑期開課規定，學生於大三升大四暑假修課，並於該暑假進行實習。

（三）專業選修科目共 40 學分
本學系專業選修分二大領域，學生須就單一專業領域選修至少 30 學分，其餘 10 學分由學生於其他領域或外系專業課程中自行選修。惟若自外系專業課程選修者，其名稱必需與本學系專業選修課程名稱相同，方可納入本系專業選修學分。本系學生若有修習本校或校外任何用以取得英文畢業門檻之課程，不得認定為自由選修或專業選修之畢業學分。
凡本系開課之選修課程，皆可認列為專業選修學分。

	犯罪與刑事司法	諮商與社會工作
一上	法學緒論（2學分） 物質濫用概論（2學分）	物質濫用概論（2學分）
一下	刑事司法概論（2學分） 民法概要（2學分） 行政學（2學分） 中華民國憲法（2學分）	輔導原理與實務（2學分） 諮商概論（2學分） 刑事司法概論（2學分）
二上	犯罪預防（2學分） 被害者學（2學分） 行政法（一）（2學分） 發展心理學（2學分）	犯罪預防（2學分） 社會個案工作（3學分） 人類行為與社會環境（2學分） 發展心理學（2學分） 人格心理學（2學分） 行政法（一）（2學分） 社會心理學（2學分）
二下	大眾傳播與犯罪（2學分） 婚姻與家庭（2學分） 經濟與白領犯罪（2學分） 刑事訴訟法概論（2學分） 行政法（二）（2學分） 警察學（2學分） 組織犯罪（2學分） 暴力犯罪（2學分）	青少年問題與輔導（2學分） 行政法（二）（2學分） 人際關係與溝通（2學分） 心理衛生（2學分） 暴力犯罪（2學分） 社會團體工作（3學分） 婚姻與家庭（2學分）
三上	刑罰學（2學分） 警政管理（2學分） 犯罪矯正實務（2學分） 犯罪偵查（2學分） 犯罪矯正管理（2學分） 變態心理學（2學分） 少年兒童福利法（2學分） 監獄行刑法（2學分） 刑法分則（一）（2學分） 方案規劃與評估（3學分） 當代刑事法學名著選讀（2學分） 刑事訴訟法（一）（3學分）	心理測驗（一）（2學分） 變態心理學（2學分） 家庭諮商與治療（2學分） 犯罪矯正管理（2學分） 犯罪矯正實務（2學分） 監獄行刑法（2學分） 認知行為改變技術（2學分） 方案規劃與評估（3學分） 社區組織與發展（2學分） 諮商倫理（2學分）

三下	社區處遇（2學分） 性創傷處遇（3學分） 警察法規（2學分） 少年事件處理法（2學分） 刑法分則（二）（2學分） 刑事訴訟法（二）（3學分） 組織管理（2學分） 當代犯罪學名著選讀（2學分）	團體輔導實務（2學分） 矯正教育（2學分） 心理測驗（二）（2學分） 矯正社會工作（2學分） 社區處遇（2學分） 家庭暴力（2學分） 社會政策與社會立法（2學分） 少年事件處理法（2學分） 一般醫療與精神醫療社會工作（2學分） 藥物濫用問題與輔導（2學分） 性創傷處遇（3學分）
四上	觀護制度（2學分） 資訊安全與網路犯罪（2學分） 安全管理（2學分） 犯罪社會學（2學分） 毒品問題與防治對策（2學分）	生涯發展（2學分） 矯正諮商（2學分） 情緒障礙問題與諮商（2學分） 觀護制度（2學分） 偏差行為問題與諮商（2學分） 危機處理（2學分） 個案研究（2學分） 社會工作管理（2學分） 犯罪社會學（2學分） 親職教育（2學分）
四下	跨國犯罪（2學分） 犯罪矯正法規（2學分） 性犯罪（2學分） 犯罪生物學（2學分） 金融監理與犯罪預防（2學分）	精神醫療（2學分） 犯罪矯正法規（2學分） 學校社會工作（2學分） 家庭社會工作（2學分）

（四）自由選修共 20 學分
1.超修之通識教育課程，不得計入自由選修及畢業學分。
2.系專業選修超過 40 學分時，超修之學分得計入自由選修學分。
3.本學系學生超修或放棄已修習之教育學程學分，得計入自由選修學分。
4.本學系學生選修軍訓（護理）課程之學分數，得計入自由選修學分，惟以 4 學分為限。

銘傳大學 社會與安全管理學系[76]

---

76 銘傳大學，〈社會與安全管理學系〉，
　http://www.mcu.edu.tw/department/smd/course.asp。
　http://www.mcu.edu.tw/department/smd/intro.asp。
　http://www.mcu.edu.tw/department/smd/course.asp。

成立宗旨：

本學系大學部以培養專業安全管理人才為宗旨，課程內容整合了犯罪防治、警勤應用、安全管理等三大學群知識，使學生未來不論選擇繼續深造或就業，都能具備足夠的市場競爭力。

教育目標：

本系教育目標主要為培育安全管理產業專業人才為主，能兼具安全管理專業知識與技能，課程內容整合「犯罪防治、警勤應用、安全管理」等三大學群知識，完成專業學程之畢業生符合當前安全管理產業的實際需求，可順利達成投入產業職場「無縫銜接」的教育目標，未來不論選擇繼續深造或就業，都能　具備足夠的市場競爭力。

為配合培育更符合產業需求的安全管理人才，政府將開放各大學開辦相關「專業學院」（professional school），警察人員的晉用將逐漸透過國家考試由大學取才，及安全管理人員將建立證照制度等因素影響，本系因應目前及未來國內外安全管理產業界的龐大人才需求，積極培養安全管理經理人成為首要目標。在發展特色上，本系在「校務發展計畫」整體遠景下，籌畫精緻的近程與中長程目標，為具前瞻性之系所，發展足具特色的「安全管理研發中心」，成為國內培育安全管理專業人才搖籃，承繼本校過去優良傳統，在現有優質的生態與教育基礎上，提供社會發展必要專業進修機會，符合本校培養一流安全管理專業人才的發展目標。

課程目的：

本系主要培養安全管理產業幹部專業人才為主，階層職務以中階下半段（分區經理等）至低階上半段（隊長、組長

等）之安全管理幹部爲主，現今安全管理產業之中階專業經
理人雖具有豐富的安全管理經驗，但欠缺專業學理支持，面
臨管理瓶頸無法突破，經營成效成長有限，在低階基層執行
人員中，雖具有豐富的操作經驗，但欠缺專業安全管理經驗，
在任務執行上稍嫌不足，不易由儲備晉升爲正式領導幹部。
本系與安全產業合作，爲產業提供安全管理相關專業技能，
產業提供實務實習機會，學生在畢業之前即習得安全管理的
專業技能與實務經驗，彌補產業管理人才的需求，提昇未來
學生就業的競爭力。

　　現今社會結構分工日益複雜，人際關係疏離，道德價値
約束力減弱，及制度化的社會控制力量有其限制，而傳統的、
私人的及來自民間的安全管理力量，將是未來社會秩序維護
的重要資源，且可彌補政府公部門力量的不足。本系爲因應
現在及未來安全管理產業的需求，培育安全管理專業人才，
使國內相關產業的安全管理逐步邁向科學化及專業化，提昇
台灣整體安全管理產業的質與量，並成爲政府在安全相關領
域決策與施政的重要智庫。

　　五大特色：

　　1.學生全人化：

　　培養學生成爲術德兼修、文武兼備之管理人才，孕育學
生實現圓滿人生能力。

　　2.課程創新化：

　　本系專業課程涵蓋「犯罪防治、警勤應用、安全管理」
等三大學群知識，活化教學、啓發潛能。

　　3.師資精進化：

本系所有師資均以博士為主，延攬專業師資教學，並激發教師追求卓越動能。

4.資源整合化：

本系結合各系及相關單位資源加以運用，以有限資源創造無限可能。

5.教育國際化：

追求永續性安全，放眼全球與世界接軌同步。

課程規劃：

本學系大學部以培養專業安全管理人才為宗旨，課程內容整合了犯罪防治、警勤應用、安全管理等三大學群知識，使學生未來不論選擇繼續深造或就業，都能具備足夠的市場競爭力。

本系的課程設計有四大特色如下：

一、重視人文與通識教育：

本著追求「人文與科技對話」的理念，養成敬業與合作的態度、勤勞與服務的精神，進而達到「安全管理產業關懷服務社會」的教育目標。

二、基礎性與實用性：

強調專業核心的基礎課程，教學課程與教育目標的密切配合，重視實務應用課程以及選修課程的多樣性，滿足未來進入職場需求。

三、專業化教學品質：

將課程區分犯罪防治、警勤應用、安全管理等三大學群，使學生具備專業學識與才能，畢業後更具就業競爭力。

四、理論與實務並重：

必修及選修課程設計注重理論與實務，將學理與實務作

最有效結合，期使本系學生畢業時能具備堅實的理論與實務基礎。除了本校共同科目及通識基礎課程外，本系課程分為專業基礎課程及專業選修課程，內容如下：

　　1、犯罪防治學群：

　　如犯罪學、被害者學、犯罪預防、刑事政策及犯罪心理學等相關課程。

　　2、警勤應用學群：

　　如警察學與警察行政、警察組織與勤務、犯罪偵查學等實務相關課程。

　　3、安全管理學群：

　　如管理科學、安全管理法規、安全管理系統、國家安全管理，風險管理、災害防救管理

　　畢業學生將可與產業職場所需的人力順利銜接，達成與產業職場「無縫銜接」的教育目標。

銘傳大學社會與安全管理學系學科模組一覽表

	犯罪防治學群		警勤應用學群		安全管理學群	
必 修 課 程	社會學	2	行政法概要	2	管理科學概論	2
	犯罪學	3	刑法概要	2	安全管理概論	2
	被害者學	2	警察學與警察行政	2	國家安全管理	2
	犯罪心理學	3	刑事訴訟法概要	3	保全法規	2
	刑事政策	2	警察法規	2	災害防救管理	2
	犯罪預防	2	犯罪偵查學	2	風險管理(危害評估)	2
	社會科學研究方法	3			危機談判與處理	2
	統計學概要	2			保全物業管理	2
					機構實習	3
					地理資訊系統應用	2
					安全管理專題研究	4
	小計學分數 19		小計學分數 13		小計學分數 25	

	環境犯罪學	2	犯罪偵查技術實務	2	保全勤務規劃	2
選	犯罪被害保護專題研究	2	刑事鑑識概要	2	企業管理	2
	青少年犯罪與輔導	2	電腦犯罪偵查	2	安全管理立法與政策	2
修	矯正理論與實務	2	國家安全法規	2	財務管理	2
	社會工作	2	保安處分法規	2	消防安全設備與實務	2
	觀護制度	2	少年事件處理法	2	保全系統調查與設計	2
課	心理測驗與個案研究	2	公共關係	2	智慧型大樓概要	2
	監獄學	2	刑事攝影	2	領導與溝通	2
	保全職場倫理	2	中華民國憲法	2	情報學	2
程	諮商與輔導		警政與社區發展		國際恐怖主義	
	監獄行刑法概要		體技課程		保全科技發展與運用	
	家庭暴力問題與防處		綜合逮捕術			
	社會問題與政策		警察組織與勤務			
			保安警察學			
	小計學分數 26		小計學分數 28		小計學分數 22	

　　該系並於民國 103 年 5 月正式通過成立「社會與安全管理碩士班」及「兩岸關係與安全管理碩士在職專班」都是以安全管理、犯罪防制與警勤運用為基礎，將安全管理的領域擴大至海峽兩岸與各個層面，期能讓研究生對安全管理領域有更深層與寬廣的視野與專業。

私立吳鳳大學　安全科技與管理系[77]
宗旨

　　安全科技管理系為全國第一所整合安全科技暨安全管理之科系，提供學生完整豐富的安全領域專業知識，為國內安全產業培育優秀之科技與管理菁英。

---

77 吳鳳大學，〈安全科技與管理系〉，
http://www.wfu.edu.tw/~wwwsm/about_us_s01.htm。
http://www.wfu.edu.tw/~wwwfs/all.htm。

目標

　　培育學生具備創新安全科技之能力，並且學習中高階安全管理幹部所需之專業素養，以培養國內安全產業市場之優質技術與管理人才，為提升我國安全產業競爭力與國民居家安全作出貢獻。

　　發展特色

　　定位：

　　（1）專業發展領域：安全科技、安全經營專案管理。

　　（2）學生專長定位：安全照顧監控、安全創意科技、安全經營與安全管理（包含警政司法公職考試發展）。

　　特色

　　1.創新安全科技第一：發展遠端監控與照護系統、衛星定位災害防救技術、整合電力線與網際網路之社區聯防科技。

　　2.唯一具科技內涵的安全管理發展：本系為全國第一所整合安全科技暨安全管理之科系，將安全科技融入於安全經營與安全管理領中，學生皆能適性發展。

　　課程規劃

　　（1）兩大課程主軸：安全科技、安全經營管理

　　（2）分項教學模組：安全監控模組、創意科技模組、安全經營模組、安全管理模組。

　　（3）專業學程：防災科技學程、消防與警政專業能力學程。

　　主要課程（專業必修）

　　警察學

　　安全防災科技

民法概要

警察勤務

刑法概要

警察法規

警察實務

綜合逮捕術

法學緒論

專業人力資源規劃與管理

和春技術學院　安全科技管理系[78]

宗旨：

1.兼具安全科技與控制設備知識，培育學生成為安全企業的專業管理人才

2.開設職場實習輔導機制，提升學生畢業接軌的競爭力

3.重視國內就業市場潮流，每年辦理國內知名企業見學活動

教育目標：

科際整合 ── 保全與特定領域結合

1.保全與健康照護

2.保全與工程科技

3.保全與警政

4.保全與人文社會

---

78 和春技術學院，〈安全科技管理系〉，
http://www.sm.fotech.edu.tw/j.htm。
http://www.sm.fotech.edu.tw/a.htm。

課程目的：

1.升學：國內外公、私立大學相關研究所

2.就業：進入知名國內安全產業，擔任經營管理幹部

技職教育目標首重培養學生實務能力，使教育過程「所學」與就業職場「所用」相互配合。為縮短「學」與「用」之差距，產學合作是最有效的途徑。本系教育特色以安全管理為核心安全科技為輔，強調就業導向之產學合作教學易於與職場接軌，利於學生就業。

特色

與國內安全產業關係良好，提供學生百分百實習機會，以達到畢業即就業的目標以產學建教合作為導向，採三明治合作教學模式

課程規劃：

1.以安全管理為主，職場實習為輔

2.課程設計以考取證照及通過國家公職考試為重點

3.課程規劃包含電子保全科技、安全經營管理及警政教育等多元化學程

主要課程：

警察法規

安全管理概論

犯罪學

民法概要

刑法概要

行政法

保全勤務規劃

經濟學

會計學

企業資源規劃

毒性化學物質管理概論

工業安全與衛生概論

電子電路理論與實務

智慧型大樓管理概論

情境式專案管理

情緒管理

無線網際網路技術

影像與辨識系統

綜合逮捕術

三、美國、中國、台灣各大學安全 管理相關科系之分析

瞭解了美、中、台三個地區大學安全管理相關科系之現況，進一步從各大學系名、宗旨、目標、授課大綱和課程來探討分析，藉以理解這三個地區的大學對於安全管理是如何定位與規劃。

（一）美國各大學安全管理相關科系課程宗旨 之分析

1.從系名來看：

將各大學安全管理科系之系所名稱彙整如下：

公共安全及安全管理系（Public Safety and Security Management）

公共安全管理系（Public Safety Management）

安全管理學系（Security Management）

公共安全行政管理學系（Public Safety Administration ）

安全和應急管理學系（Safety, Security & Emergency Management）

國土安全管理研究所（Homeland Security Management）

基本上可分成以上六類，主要仍是以公共安全、安全管理、應急管理、國土安全管理為主軸。並無以「保全業務」「物業管理」相關名稱作為系名之學校，因此，可以理解保全行業或物業管理雖是市場之大宗，但在美國仍將其歸類在安全管理或公共安全的課程範疇內。

2.從宗旨、目標來看：

將各學校的宗旨、目標彙整後，基本上，有以下幾個重點：

（1）保障人民、財產及國家安全是一個安全管理專業者的終極目標。

（2）培養具有實體安全、門禁管制、信息安全、安全程序等方面的能力之外，並將安全管理的專業技能提供企業界和政府部門有穩定和安全的環境。

（3）隨著不斷改變的世界及日益增加的安全需求，社會需要具有各方面安全管理和運營管理專長的安全管理專家。

（4）藉由安全專業人員的協助，將使公營及私營機構能加強現有的保安措施和制定新的安全政策及作業程序，以確保安全和可靠的工作環境，防止或減少組織的損失。

（5）有助於提供個人承擔越來越多公共安全和私人保安業的領導角色。

（6）課程特別為執法、消防及緊急安全管理服務人員所設計。

（7）在相關安全和應急管理的課程中，將學習緊急管理，國土安全，風險管理，威脅評估，安全規劃等，以培養在不同環境下都具備領導與處理能力的人才。

（8）加速專注培養那些準備進入私營和公營機構安全管理部門職位的專業人才。

（9）培育具備全方位的安全管理人才，以應付各種突發和意外狀況。

（10）安全管理研究所作為學術界，執法，和私人保安行業之間的聯繫。

（11）國土安全管理研究所旨在培養面對公共安全管理及其相關領域的專業人士需求所設計。該領域的性質和目標是開放給從事國家安全，安全產業，執法人員，消防和醫務人員。這些人員包括目前正從事危機管理和國內安全管理工作者，及希望將國土安全管理相關領域工作當成他們未來志業者。

從以上這些宗旨目標可以看出，美國大學安全管理相關科系，希望培養的人才，是能因應各個領域，包括政府機關與民間企業；而培養的專業人才並非從事基層安全勞務工作，而是能領導、處理、應付各種突發和意外狀況的專業幹部；而所涉及的層面包括國家安全，安全產業，執法人員，消防和醫務人員等方面，雖然系所名稱未論及民間保全，但

在教學目標中亦可看出私人保安行業亦是其關注之一環，另有關實體安全和信息安全亦為其教育目標之重點。

3.從授課大綱和課程來看：

彙整各大學授課的主要內容如下：

（1）廣泛的安全領域，包括國土安全，反恐，企業的安全管理等。

（2）公共安全的領域課程包括：執法、私人保安、刑事司法、消防科學或緊急醫療服務。具體內容包括安全管理的做法、人身安全、安全體系結構，業務連續性和災難恢復計劃，門禁系統，安全控制，加密技術，電信和網絡安全，運行安全，法律和道德，和個人電腦的安全。

（3）課程規劃主要在管理職能、組織、領導和控制，如政府間關係和政治管理。

（4）培養學生分析安全和安全管理的各個方面能力。

（5）課程著重於全面的應急計劃，探討典型的突發事件，包括減少危害、風險和信息管理，監控策略和設備，恐怖主義和應急作業人員的培訓。

（6）課程涵蓋組織中有關管理溝通、人際溝通、策略和組織溝通。

（7）實體設計包括風險評估、安全調查、障礙、鎖、照明、警報系統、入口控制、閉路電視和數字錄音系統。

（8）病毒防治技術的研究、網絡安全和網絡犯罪的常見形式。

（9）預防損失和預防犯罪包括社區的治安，工作場所暴力事件，內部盜竊控制，執行保護意識，零售安全，高層建

築的安全和火災的生命安全，人身安全和自衛，犯罪風險管理系統，金融機構的安全，電信詐騙，反間諜戰略。

（10）安全法律方面：提供安全專業人員必須熟悉，在公共或私人組織經營的法律問題和合法權益，提供保安人員，使企業財產、員工、客戶獲得保護。

（11）公共安全倫理，瞭解涉及那些公共安全環境責任歸屬問題和有關的倫理議題。

（12）應急管理和國土安全

（13）行政法主在公共安全管理方面的行政法律問題的研究。包括憲法的限制，制定規則的權力，授權和地位，證據規則，非正式的程序，道德法規和合同法。

（14）司法、法律和安全的理論與實踐，刑事和民事法律制度。

（15）執法和司法系統的問題及指揮管理和運作。

從上述授課的內容分析，主要包括安全管理的實務知識；相關的法律規範與法律程序；訊息網路安全；分析研判能力；緊急應變計畫作為與風險管理技能；國土安全與反恐計畫作為；溝通協調與領導能力；犯罪防制與社區安全；職場倫理與執法問題等課程。

進入職場之職務與工作

　1、該領域的畢業生，在職場的職務，主要有：

　（1）安全經理人（Safety Managers）

　（2）安全協調人員（Safety Coordinators）

　（3）安全主管（Safety Directors）

（4）安全工程師（Safety Engineers）

（5）工程安全人員（Construction Safety）

（6）損害管控經理（Loss Control Managers）

2、預期在各種安全管理方面的工作有：

（1）安全管理方面（Safety Management）

（2）培訓與發展方面（Training and Development）

（3）消防安全方面（Fire Safety）

（4）防救災方面（Disaster Preparedness）

（5）儀器儀表和測量方面（Instrumentation and
　　 Measurements）

（6）交通安全運輸方面（Transportation）

3、從事安全管理的畢業學生可以期望的發展領域有：

（1）政府機構（Government Agencies）

（2）製造公司（Manufacturing Companies）

（3）能源產業（Energy Industries）

（4）政府安全計劃（Government Safety Planning）

（5）醫療保健與保險（Health Care and Insurance）

　　上述這些歸類與分析資料，均係依據美國各大學安全管理相關科系課程、宗旨、目標、系所名稱、畢業後發展，所彙整而成。

（二）中國各大學安全管理相關科系課程宗旨之分析

　　暨南大學是中國大陸首先開創應急管理學院（科系）的

學校，成立於 2009 年 4 月 23 日，由於當時中國大陸並無安全管理之相關之教材，因此課程多引進西方教材來進行翻譯，其教學方針、觀念與美國相近。

1.從系名來看：

清華大學：公共管理學院；安全工程碩士班

華東政法大學：治安學

復旦大學：社會管理與社會政策系

浙江大學：社會保障與風險管理系

暨南大學暨南大學：應急管理學院（系）

河南理工大學：應急管理學院公共安全管理系

江蘇警官學院：治安管理系

北京師範大學：減災與應急管理研究院

華南農業大學：公共事業管理學系

華中科技大學：公共安全預警與應急管理系

從中國大陸上述這些有關安全管理之科系來看，主要以公共安全管理、應急管理、社會管理、風險管理為主軸。雖然沒有以安全管理為名之科系，但可以很明顯看出上述系名與台灣安全管理系之內容相當一致。但單純以保安或保全業務為主命名之科系則未發現。

2.從宗旨、目標來看：

（1）為國家和社會培養現代公共管理人才、加強公共政策與管理的研究，以提高公共管理水平，促進社會全面進步。

（2)為了進一步提高各級政府和部門應急管理機構人員的綜合素質和專業能力。

（3)本專業為公安機關培養具有堅實的法學理論和治安

學理論基礎，掌握公安工作的專業技能、適應公安機關實際工作需要的複合型、應用型專門人才。

（4）爲適應經濟與社會協調發展、實現現代社會管理目標。

（5)希望應急管理學院的發展密切結合我國應急管理的實踐，形成一流的體系。推動應急管理產、學、研發爲一體。

（6）以「教學立院、科研強院」思想作爲指導，繼續加強應急管理相關領域的研究和實踐，並培養出優秀人才。

（7)改革傳統的教學方法，將案例教學法、演示教學法、模擬與情景教學的方法引入課堂教學，提高課堂教學質量。

（8）以五大方向作爲學術與實作並行之發展目標：

選擇典型高風險地區，建立減災與災害風險管理綜合示範區。

建設自然災害應急預案模擬仿真系統。

建設自然災害、災情監測與減災能力評估系統。

完善減災和應急管理的政策與法規體系。

建立國家減災與應急管理教育與培訓基地。

（9)本專業旨在培養學生關於現代公共管理之理論與方法、技術，能綜合運用管理學、行政學、社會學、經濟學等多學科理論，研究公共組織的管理活動及規律，熟悉相關的政策法規，具備現代管理素質的應用型高級專業管理人才。

（10）強化基礎理論教育和能力素質教育，努力培養和塑造具有分析、處理和駕馭國際與國內公共政策和公共事務能力的高級專門管理人才。

（11）爲政府、企業部門、非政府公共機構，以及各行

業提供預警管理系統設計、安全信息管理、公共安全裝備開發、預警運營等管理方面的專業化服務。

從上述的宗旨與目標可以看出，大陸各大學成立的新興科系都有一個強烈的「富國強民」的思想在內，如何讓因為這個科系的成立使社會更進步，甚至能在國際上揚眉吐氣，造就現代化管理的模式，似乎已成為不可迴避的使命與責任。

當然培養專業人才、引進新的觀念與技術，改善傳統的安全觀念與作法，減少災損，建立體系，提供政府、企業部門、非政府公共機構，以及各行業預警管理系統，已是各大學安全管理相關科系成立的基本目標。

3.從授課大綱和課程來看：

彙整各大學授課的主要內容如下：

公共安全與治安管理：

主要課程：刑法學、民法學、刑事訴訟法學、刑事偵查學、行政法學、行政訴訟法學、治安管理學基礎、治安案件查處、治安管理處罰、交通管理、消防管理、出入境外事管理、保衛學、刑事照相、痕跡檢驗、檔檢驗、緝查戰術、擒敵技術、射擊、汽車駕駛等。

其次有：管理學原理、公共管理學、公共事業管理導論、政治學、公共政策、人力資源開發及管理、物業管理學、公共關係學、行政管理學、公共管理方法、管理信息系統、社會學概論、社區管理等相關知識。

治安管理系主要包含：治安學、行政法學、社會學、心理學、犯罪學、保衛學、交通管理學等學科領域的專業教學

和科學研究。

治安管理系的課程大綱：

精品課程：

★社區警務

★治安案件查處

★公安社會學

★治安秩序管理學

院級課程：

★公安行政救濟

★經濟文化保衛

★民法學

★治安案件查處

★犯罪心理學

★治安秩序管理學

★行政法學

★公安社會學

★保衛學

其餘課程：

★警察心理學

★道路交通管理學

★危險物品管理

★交通事故處理

★涉外警務

應急管理導論的課程分為兩大部分：

應急管理的關鍵環節：

主要災害類型

應急管理的相關者

應急管理組織體系的構建

公眾的危機認知和信息發布

風險分析

防災減災

災害應對準備

災害響應中的民眾典型心理和行為

應急響應

災後恢復重建

應急管理相關內容的評價

應急管理的關鍵技術：

通訊網絡系統

GIS 與 GPS 技術

監測監控技術

災害預測模型

災害預警系統

應急管理決策支持系統

技術應用中的問題

應急管理研究的方向分成三大學群：

公共安全風險評估

突發事件指揮系統

應急救援體系：

其主要內容包括：應急資源的儲備、應急資源的空間佈局、應急資源的調度，以及應急資源的更新與補償問題。

初步的課程是三大學群之結合，其有：

（1）公共安全管理學原理

（2）應急管理理論與方法

（3）應急管理綜合

（4）風險分析與安全評價

應急管理學院主要包含兩大科系：公共安全管理系、公共事業管理系。

應急管理專業培養計劃包括管理學、新聞、法學、生物、醫學等學科。

該專業課程主要培養能夠在各級政府應急管理專業部門，以及企事業單位從事公共管理，並擅長危機評估和應急管理工作的專門人才。

專業課程顯示：管理、新聞、法學、信息技術、醫學、心理學、社會學、統計學、財政學、災害學等多個領域，為典型的交叉學科。

熟練運用電腦之信息化技術，以解決問題並有新的見解，可勝任本專業或相鄰專業的教學、科研以及相關的管理、研究工作。

公共安全預警與應急管理之研究方向和專業項目：

（1）城市應急決策支持系統

（2）公共安全預警與應急管理理論

（3）應急管理技術政策

（4）應急物流與資源調配

學士階段的災害管理、風險管理、應急管理課程是隸屬於社會發展與公共政策學院，學院強打公共管理系的 MBA 教育。

　　碩、博士階段則有專門的減災與應急管理研究院進行專業、深入的科研項目計畫，有：

（1）自然災害風險等級評估技術研究

（2）綜合風險防範的關鍵技術

（3）綜合風險鑑別與防範技術研究

（4）農村生態環境預警技術和應急預案決策支持系統研究

　　從上述的課程資料可以顯示，大陸有關公共安全管理、治安管理、應急管理等課程，從基礎的刑法學、民法學、刑事訴訟法學、刑事偵查學、行政法學等課程，到實用的社區警務、治安案件查處、公安社會學、治安秩序管理學、刑事照相、痕跡檢驗、檔檢驗、緝查戰術、擒敵技術、射擊、汽車駕駛等，到技術與專業性性較高的評估、分析、預測風險和預防、調配、規劃等都是相關領域必須學習的課程，可以說涵蓋的面向相當寬廣，同時也較注重實務課程的傳授，應該是理論與實務並重的一門學科。

（三）台灣各大學安全管理相關科系課程宗旨之分析

1.從學校系名來看：

　　從設立之學校看，台灣 162 所大專院校[79]中僅有國立三所、私立三所大學有開設安全管理相關科系，可以看出台灣在安全管理的學術領域方面，仍有很大的發展空間。從系名

---

79 台灣教育，〈教育部統計，至 2012 年台灣共有大專院校 162 所〉，
http://zh.wikipedia.org/wiki/%E5%8F%B0%E7%81%A3%E6%95%99%E8%82%B2。

來看，亦相對單純，主要仍是公共安全、犯罪防治、安全管理與安全科技四個方向為主軸。

學 校 名 稱	系 或 研 究 所 名
中央警察大學	公共安全學系
中央警察大學	犯罪防治學系
中央警察大學	安全管理研究中心
國立台北大學	犯罪學研究所
國立中正大學	犯罪防治學系
銘傳大學	社會與安全管理學系
吳鳳大學	安全科技與管理系
和春技術學院	安全科技管理系

2.從宗旨目標來看：

公共安全學系

系所之教育目標，首先是基於鞏固「國家安全」，以公共安全政策分析及情報蒐集研整為重點，奠定國家安全工作幹部所應具備之基本學識與職能。

其次，基於維護「社會治安」之目的，以社會保防暨安全工作為重點，培養警政治安工作幹部所應具備之基本學識與職能。

在教育實施上，以公共安全學科暨相關知識為「經」，涵蓋國際關係、政治學、危機處理、非傳統安全威脅、恐怖主義與反恐怖行動、國家安全戰略、大陸問題研究、中共對台策略、兩岸關係、情報與反情報、情報學、情報分析、情報理論與實務、國土安全問題、國家安全法令、保防工作、偵防作為等領域；另以警察學科暨相關課程為「緯」，包含法律學、警察法規、警察行政、犯罪偵查學、特種勤務、群眾事件處理、兩岸共同打擊犯罪、國際治安合作等科目，期

能奠立本系所畢業學生日後從事國家安全工作與維護社會治安所需之基礎學識與工作職能。

犯罪防治學系

警察大學的宗旨，主在兼顧犯罪防治教育目標以及犯罪學門專業發展理念下，從培育矯正治安幹部養成之大學部，抑或之後進修教育發展之研究所（碩士班、博士班），均以「專業」、「創新」、「關懷」為本系（所）共通之核心價值

實踐核心價值之方式、目標，具體而言，又可分如下三項：

*培育兼具人文素養與執法能力之犯罪防治專業人才；
*精實博士班與碩士班之深造教育，結合犯罪防治之實務；
*擴展科際整合犯罪防治學術研究，開拓多元教育訓練服務。

教育目標：

（1）培養刑事政策釐定人才之需要

（2）培養特定犯罪研究人才之需要

中正大學犯罪防治學系之宗旨，側重於青少年犯罪防治的教學與研究；並著眼於學生畢業後的出路與學習，與實務界多所聯繫，希望能夠結合理論與實務，為國家社會培養一流的犯罪防治專業人才，促進社會祥和與安定。

教育目標

（1）培養現代化且具備宏觀視野的犯罪防治實務工作人才。

（2）培育具有邏輯思維、獨立判斷能力的犯罪防治實務工作人才。

（3）培育具有紮實學術基礎潛能的犯罪防治人才。

（4）培養具有人群服務與團隊合作能力的犯罪防治實務工作人才。

台北大學犯罪學研究所成立宗旨

（1）探討犯罪原因，研發治安政策

（2）規劃、整合與收集犯罪統計資料

（3）提升國內犯罪防治人才專業水準

（4）提升國內犯罪學學術研究水準

教育目標：

培育刑事司法機構犯罪預防及公私部門安全管理與規劃之專業人才。

強調理論與實務結合，重視學生就業與創新能力發展。

培養學生犯罪學與刑事司法之國際觀，發展適於我國的治安對策。

提供堅實的專業知識，作為將來進修研究之基礎。

從以上資料可以看出，同為犯罪防治學系，但各校成立之宗旨與目標仍有相當之差異，警察大學較偏重於學生未來從事公職或與國家社會安全管理較密切之政府機關，而一般大學則偏重於公私部門安全管理與規劃之專業人才。

安全管理學系

警察大學安全管理研究中心之宗旨主在建構安全管理理論基礎，提供政府擬訂安全管理政策建言。推動安全管理服務及產品之專業認證機制，進行系統化、規格化與標準化之研究。宣導推廣安全防護理念，協助公私部門建構安全管理機制。辦理教育訓練，協助公私部門培訓安全管理專業人才。

銘傳大學之宗旨目標以培養專業安全管理人才為宗旨，

課程內容整合了犯罪防治、警勤應用、安全管理等三大學群知識，使學生未來不論選擇繼續深造或就業，都能具備足夠的市場競爭力。

這兩者可明顯看出，前者著重理論、提供建言與培訓安全專業人才；後者著重未來學生畢業後之發展與就業競爭力。

安全科技學系

吳鳳大學安全科技與管理系之宗旨，主在提供學生完整豐富的安全領域專業知識，為國內安全產業培育優秀之科技與管理菁英。

目標

培育學生具備創新安全科技之能力，並且學習中高階安全管理幹部所需之專業素養，以培養國內安全產業市場之優質技術與管理人才，為提升我國安全產業競爭力與國民居家安全作出貢獻。

和春技術學院安全科技管理系之宗旨：

（1）兼具安全科技與控制設備知識，培育學生成為安全企業的專業管理人才

（2）開設職場實習輔導機制，提升學生畢業接軌的競爭力

（3）重視國內就業市場潮流，每年辦理國內知名企業見學活動

教育目標：

科際整合 —— 保全與特定領域結合

（1）保全與健康照護

（2）保全與工程科技

（3）保全與警政

（4）保全與人文社會

從這兩個學校的宗旨和目標，可以理解同為安全科技學系，但前者著重培養中高階安全管理幹部所需之專業素養，及國內安全產業市場之管理人才；後者著重基層實務照護與保全工作。

3.從授課大綱和課程來看：

公共安全管理方面

警察大學公共安全管理核心課程規劃

本系之課程內容理論與實務並重，以國家安全情報理論、國家情報法制及警察專業課程為主，輔以其他通識課程，強化正確法制素養，配合國家安全工作實務需求，符合社會發展趨勢。

大學部核心職能課程分為

（1）通識類：其涵蓋課程為研究方法、政治學、社會學、國際關係、心理學、理則學、外文等。

（2）國家安全工作類：其涵蓋課程為情報學、謀略學、情報技術、情報分析、情報編審、情報監督、國家安全情報法制、國土安全問題研究、國內安全工作分析、國家安全政策、各國安全制度、非傳統安全、反情報問題研究、國家安全偵防工作、特種勤務、保防法令等。

（3）警察類：其涵蓋課程為警察學與警察行政、犯罪偵查學、警察勤務、警察法規、警察職權行使法、刑事鑑識、科技犯罪偵查等。

（4）法律類：其涵蓋課程為行政法、警察法規、憲法與

基本人權、刑法、刑事訴訟法、刑事證據法、國家安全情報法制、保防法令、警察職權行使法、中共法制、行政程序法等。

犯罪防治方面

警察大學大學部區分矯治組與預防組；

矯治組：

本組特色特重在培養專業矯正人員幹部，使鑽研犯罪學及矯治理論與技術，藉以提升國內矯治專業之服務品質與效能，奠定良好的矯正專業能力及厚實就業基礎能力。需具備矯正行政、處遇與司法保護能力、法學專業能力、犯罪處遇與輔導能力。

預防組：

本組特重在培育高級專業犯罪預防人才，使熟稔犯罪學、刑事政策、犯罪預防理論與技術，藉以提升警察機關犯罪預防之計畫擬定與執行效能及效果。需具備警察專業能力、法學專業能力、犯罪分析與預防能力、與心理輔導與諮商能力。

中正大學犯罪防治學系

課程規劃：

本系大學部課程包含通識課程、專業必修、專業選修及自由選修等課程，內容涵蓋犯罪學、犯罪心理學、少年犯罪、心理諮商、社會工作、刑事法學、犯罪預防、矯正教育、警政科學與精神醫學等多元層面。

課程目的：

（1）培育犯罪防治基礎研究人員

（2）培育刑事司法體系實務工作人員

（3）培育學校青少年輔導專業工作人員及公民科教師

（4）培育家庭與社區服務專業工作人員

（5）培育少年矯正教育專業工作人員

國立臺北大學課程規劃：

犯罪學研究所主要教學目標在於研究犯罪問題與刑事司法政策。本所特別重視科際整合訓練，結合犯罪學、刑事政策、刑事司法、法學、社會學、教育學、社會工作、諮商輔導、心理學、社區研究等專業領域，共同研究、分析各種犯罪問題與對策。本所課程設計特色，除有犯罪學理論、刑事司法政策分析、犯罪矯治、私人保全、社會科學統計與研究方法等基本專業訓練外，尚有刑事司法機構實習課程，學生能藉此將犯罪學研究與實務結合。

安全管理方面

銘傳大學課程分為專業基礎課程及專業選修課程：主要以下列三個學群為重點。

犯罪防治學群：

如犯罪學、被害者學、犯罪預防、刑事政策及犯罪心理學等相關課程。

警勤應用學群：

如警察學與警察行政、警察組織與勤務、犯罪偵查學等實務相關課程。

安全管理學群：

如管理科學、安全管理法規、安全管理系統、國家安全管理，風險管理、災害防救管理。

安全科技方面

吳鳳大學安全科技與管理系

課程規劃

（1）兩大課程主軸：安全科技、安全經營管理

（2）分項教學模組：安全監控模組、創意科技模組、 安全經營模組、安全管理模組。

（3）專業學程：防災科技學程、消防與警政專業能力學程。

主要課程

警察學、安全防災科技、民法概要、警察勤務、刑法概要、警察法規、警察實務綜合逮捕術、法學緒論、專業人力資源規劃與管理。

和春技術學院安全科技管理系

課程規劃：

（1）以安全管理爲主，職場實習爲輔

（2）課程設計以考取證照及通過國家公職考試爲重點

（3）課程規劃包含電子保全科技、安全經營管理及警政教育等多元化學程

主要課程：

警察法規、安全管理概論、犯罪學、民法概要、刑法概要、行政法保全勤務規劃、經濟學、會計學、企業資源規劃、毒性化學物質管理概論、工業安全與衛生概論、電子電路理論與實務、智慧型大樓管理概論、情境式專案管理情緒管理、無線網際網路技術、影像與辨識系統、綜合逮捕術。

從上述這些課程規劃來看，有關安全管理相關科系主要涵蓋範圍包括，基本的民刑法知識、犯罪防治、警察勤務與法規、安全管理法規與知能、保全科技、社會學、心理學、

管理科學、災害防救管理等；及較高層次的國家安全管理、政治學、風險管理、情報分析、國土安全問題研究、國內安全工作分析、及傳統與非傳統安全問題等。相對於大陸的課程，台灣的安全管理授課範圍在實務方面與運用上則較少。

四、小　結

　　對美國、中國、台灣三個國家有關安全管理相關科系及其課程的初步瞭解之後，不難發現三個地區的差異性與共通性，以及它涵蓋的面向。美國可以說在安全管理這個領域，不管是從歷史的發展，或從時代的需要，進而轉型演變至今，是最早發跡並進入學術研究的殿堂。但由於國情背景不同，面對的不安全環境也有顯著的差異，因此各國需要去處理因應的立足點也不同，而政府機關重視的程度、社會上對安全需求的力度與各界關注的重點，都會影響各大學在這個領域發展的方向，因此我們從上述的探索資料中，也瞭解這三個地區經過不同的階段各自發展出他涵蓋的基本面向和主要面向。

　　整體而言，美國各大學在安全管理相關科系的系名選用上，基本上以安全管理（Security Management）、公共安全（Public Safety Management）國土安全（Homeland Security Management）與應急管理學系（Emergency Management）四個面向爲主，但以安全管理（Security Management）爲多數。而中國大陸方面，則以應急管理、公共安全管理、社會治安保障爲主要面向，但以應急管理爲多數。台灣方面，則以犯罪防治、安全管理、安全科技和公共安全管理四個面向爲主，

而以犯罪防治為多數。這應該和早期成立該相關科系的師資背景有密切的關係。

　　從上述這些系名的選用，雖不能百分百反映每個國家、社會關注的重點，但也不難看出他們的主要訴求。美國強調安全管理，因其涵蓋範圍較廣，較能全面關照到每一個面向，也符合美國近十幾年來國家面臨的內部與外部危機與不安全因素。因此，以安全管理為重心之學術與實務研究，較能滿足美國的國情與社會需要。中國大陸的狀況與美國又不同，在中國來自外部的危機與不安全因素，基本上是由解放軍全權處理，而解放軍亦有這個能力面對外來的挑戰。因此，中國大陸較關注的焦點是國家內部突發的暴動、危機、天災、人禍與各種潛在的不安全因素，因此政府、社會對於如何面對此一突發狀況的處理與因應，就變得較為迫切，相對之下，以應急管理為主軸的學術、實務研究就形成重點。而台灣方面，不管是外部威脅或內部暴動，基本上是一個較為穩定的社會，唯一讓人民與政府感到較困擾的就是社會治安，但因政府警力的不足與警政業務隨著時代的進步，不斷擴大增加，使警力出現所謂「人民需要警察時，警察總是不在你身邊」[80]也因為這個原因，台灣的學術重點則較偏重於以警察勤務、犯罪防制、危機處理為藍圖來規劃。

　　也因為如此，台灣社會的保全業就不斷蓬勃發展，自1978年迄今，已將近35年，根據內政部警政署的統計資料，

---

80 鄭文竹，〈保全工作面面觀〉，《中華警政研究學會》，
　http://www.pra.cpu.edu.tw/paper/2/8.pdf。

目前全台灣登記有案的共有 644 家的保全公司[81]，我們看到台灣的安全管理相關科系，在民間大學最早仍以犯罪防治為主，而後再由保全系發展開來，但隨著時代的改變與年輕人的想法及學生未來的發展出路，保全業並無強大的誘因吸引大學畢業的學生進入這個職場。因此，如開南大學早期成立的保全系，短短幾年就不得不走入歷史。而銘傳大學有鑑於此，遂仿造美國的發展趨勢，以安全管理為系名，網羅各領域的菁英師資，擴大學生學習的面向，無論畢業後從事公職、報考研究所、或進入職場都能找到自己發展的方向與定位。

　　總而言之，不管以何名稱為系名，都必需務實的考慮學校與社會是不可分割的，學校教育的目的，就是要培養社會需要的人才，滿足社會各行各業的需求。因此，學校教育以社會為導向亦是必然的現象。但重要的是，相關科系的課程內容是否能符合社會的脈動，透過美國、中國的發展模式與授課重點，我們是否能更精準的掌握學生的需求與社會的需要，適時的調整課程方向，讓學生畢業後都能學以致用，找到自己的出路，這是本章撰寫的重點。

81　江筱惠、孫惠庭採訪，〈產業調查是產業發展的基石〉，《保全論壇 —— 保全會訊》，第四期，2012.4。

第五章　安全管理體系定位與釐清

第一節　安全管理與定位

一、安全管理定位的重要性

在行銷策略學中，打開任何一本策略教科書，首先告訴你，策略是讓企業選擇方向，一定要讓消費者清楚記得你的選擇，唯有先釐清方向，隨後鋪陳開來才會井然有序，這就是「定位」。定位不是叫你對產品做什麼，定位是叫你對消費者的內心說什麼，並讓他們永遠記得你。[1]

這也就是今天安全管理面臨的問題，危機管理是安全管理、風險管理、應急管理也是安全管理，安全管理到底是什麼？他們是什麼關係？讀者、學生、產業界很容易混淆，這就是定位不清。也就是市面上常見的統一麵、牛肉麵、王子麵都是泡麵，如何讓消費者很清楚這個麵與那個麵是不同，

---

[1] 朱成，〈行銷策略-行銷是什麼？〉，《行政院青輔會-創業圓夢網》，2013.10.30，
http://sme.moeasmea.gov.tw/sme/modules.php?name=km&file=article&sid=1859&sort=。

我為什麼選擇這個而不選擇那個？由於安全管理在今天的社會越來越受到重視，因此，各種安全管理的方法或法門也不斷推陳出新，而每一個方法和法門都有其針對性的標的或項目與處理的方式，但一般大眾，甚至學術界也並不是很清楚，因此本章的重點就在釐清與說明這些概念與相關的名詞。

（一）什麼是「定位」

1972 年，在美國廣告權威雜誌《Advertising Age》上刊登了 Al Ries 和 Jack Trout 的文章《定位時代》，正是這篇文章宣告了「定位」的誕生。

Al Ries 和 Jack Trout 認為，「定位」就是如何在目標客戶的頭腦中佔據一席之地的方法。於是，他們使用了進行式 "Positioning" 「定位」，表示這是一個過程。無論國家、公司、組織、個人、產品和服務，都可以使用這個方法在消費者的心目中「佔據一席之地」。

Al Ries 和 Jack Trout 所說的「定位」其實就是對於目標客戶進行深入研究，從客戶的角度進行審視，從而對資訊進行有效篩選，集中並持續一致地傳播，以在目標客戶腦海中建立獨特記憶的方法。用通俗的語言來表示他們的理念，就是關於我們該「說什麼」的方法。也就是用一套客戶聽得懂、容易接受的語言去傳達我們需要引介的產品，並且不會和其它產品產生混淆。

定位論的提出開創了一個新的時代，隨著這一概念的廣為傳播並為人們所接受，行銷專家們也嘗試著將「定位」的理論與現有的行銷理論體系進行整合。

　　所以，「定位」從一種溝通的方法變成了市場行銷的關鍵所在。行銷專家們完全接受了「定位」這個詞彙，認可了「定位」這個概念對於行銷理論的意義，並豐富了它的內涵。用具體的語言表述，在行銷專家看來，「定位」不僅僅是我們該「說什麼」，它變成了我們該「賣什麼」。

　　當行銷專家們樂此不疲地進一步推廣，戰略「定位」開始成為人們談論的焦點。Michael Porter 的《競爭論》指出了企業戰略的實質就是「定位」。在書中，他指出：企業可以用特定產品的種類為基礎進行「定位」，比如格蘭仕的戰略曾經專注於生產和研發微波爐；企業也可以以特定的顧客群的全部需求或大多數需求為基礎進行"定位"，比如「宜客雅」家具，就定位於降低貨品價格，而不需要服務，給喜愛變化的年輕人，提供家居方面的完整產品系列。

　　當確定某一戰略"定位"之後，一整套精心選擇的活動就可以在這個基礎上展開，從而強化消費者價值的獨特性。以美國「西南航空」為例，它的戰略"定位"是提供特定航線、低成本、便捷的航空交通服務，在這個方向下，它可以不斷地縮短登機時間，但不提供貴賓艙等不必要的服務，僅購買波音 737 飛機，從而提高維修的效率等等，以強化競爭優勢。這些精簡的活動圍繞著戰略"定位"展開，並不斷強化戰略"定位"，從而使其他航空公司完全無法與之競爭，從 Michael Porter 的角度看"定位"，它的意義又有所昇華。企業的"定位"就是企業應該"做什麼"，而確定這一點就是企業經營戰略的實質，也是競爭優勢的根源。

　　綜上所述，我們看到了"定位"在三個層次上的應用。

它們分別是企業戰略層次-做什麼？行銷戰略層次-賣什麼？傳播戰略層次-說什麼？，這三個層次的“定位”含義實際上並不相同，當我們能夠從不同的層次審視“定位”，就能夠明確瞭解“定位”的意義。

定位要從一個產品開始。那產品可能是一種商品、一項服務、一個概念、一個機構甚至是一個人，也許就是你自己。但是，定位不是你對產品要做的事。定位是你對預期客戶要做的事。換句話說，你要在預期客戶的頭腦裡給產品什麼定位。定位並不是不包含變化在內。它也要變。不過，那只是名稱上的變化。變化基本上是表面的，旨在確保產品在預期客戶頭腦裡佔據一個真正有價值的地位。

因此，在我們這個傳播過度的社會裡，定位：也就是你在預期客戶的頭腦裡如何獨樹一幟、一目了然。[2]

從上述的定位說明，來審視今天我們的「安全管理」，就可以清楚發現安全管理與太多類似產品混淆不清，不只是我們要傳達的對象不清楚，有時我們自己也被弄糊塗，這就是為什麼安全管理需要定位。而這定位也需要從三個層次上著手，也就是學校要-做什麼？產業界要-賣什麼？學者專家要-說什麼？

（二）為什麼安全管理須要定位

瞭解上述定位的概念，再回過頭來看，為什麼安全管理須要定位？就如同一個產品的本質與內涵，只有瞭解了自己

---

2 佚名，〈什麼是定位〉，《什麼是 SMS》，2007、9、21，
　〈http://www.shenmeshi.com/Education/Education_20070921203940.html〉

是什麼，才有可能給予一個定位，不會與相類似的產品混淆，給予正確的推廣。

　　2001 年美國 911 恐怖攻擊發生後，這十年來，無論在世界各地或在台灣，「安全管理」的概念如雨後春筍般遍及各行各業，似乎只要打著「安全管理」的名號，做好「安全管理」的工作，就是品質的保證，就是品牌的信譽，就可以獲得眾人的信賴與肯定，至於什麼是「安全管理」？似乎很少人會去關注。

　　這可以從兩個方面來解讀，第一：證實安全管理在今天社會各行業中已是眾所認知的基本保障與必要條件。第二：至於安全管理是什麼？或如何做好安全管理？一般大眾認為那是專業的問題，是專職從業人員或學者專家要去注意關心的問題，所以也就無需瞭解。這就是今天「安全管理」這個行業會如此暢銷，但眾人又不瞭解的原因，而從事研究的學者專家則又義務與責任對其做一釐清與探討。因此，安全管理應如何定位，首先要釐清相關的問題，否則很可能造成概念的混淆。

（三）安全管理的定位

　　安全管理是有兩個概念組成，一個是安全，一個是管理，簡單的說，安全管理，就是為了達到安全的目的，藉由管理的手段去執行與完成的一項工作。就如同企業管理，為了企業營利的目的，去從事的各項管理機能工作。因此，我們可以說安全管理基本上屬於管理學的體系。但在管理學中是否有將安全管理納入他的體系？如果有，那我們就找到了源

頭！如果沒有，我們是否可以將其歸類在管理學的體系內？
或獨樹一格，另闢一個安全管理體系，不屬我們現在認知的
管理學體系？這是一個值得探討的問題，因此，先從管理學
來追溯。什麼是管理學？

1.管理學的體系定位與分類

管理學的發展最早可以說，從工業革命的工廠管理開
始，然後從工廠管理範圍推廣到工業管理、工商管理，最後
就是各行各業的企業管理了[3]。這個邏輯和安全管理的早期著
重工業安全管理到美國 911 事件發生後遍及各行各業，有異
曲同工之處。

管理學基本上是一門研究人類社會管理活動中各種現象
及規律的學科，是在近代社會化生產條件下和自然科學與社
會科學日益發展的基礎上形成的。它是在自然科學和社會科
學兩大領域的交叉點上建立起來的一門綜合性交叉學科，涉
及數學（概率論、統計學、運籌學等），社會科學（政治學、
經濟學、社會學、心理學、人類學、生理學、倫理學、哲學、
法學），技術科學（電腦科學，工業技術等），新興科學（系
統論、資訊科學、控制論、耗散結構論、協同論，突變論），
以及領導學、決策科學、未來學、預測學、創造學、戰略學、
科學學等。與泰羅同時代的法國工業企業家法約爾（Henri
Fayol，1841-1925），被後人尊稱為「管理理論之父（Father
of Management Theory）」創立了一般管理學理論。法約爾在

---

3 邱正田，《工廠管理》，（台北：五南圖書出版，2007）。
　〈 http://ja.scribd.com/doc/30882080/%E5%B7%A5%E5%BB%A0%E7%AE
　%A1%E7%90%86-Factory-Managment 〉。

1916 年，在其代表作《工業管理和一般管理》（Industrial and general administration）中，提出了通過經驗檢驗的普遍適用的一般管理理論。定義管理是實行計畫、組織、指揮、協調和控制，由此確定了管理活動的 5 種職能和 14 條管理原則。他認為，這種一般管理理論與方法不僅適用於工商企業，而且適用於政府、軍事部門與社會團體。法約爾因此構建了基本上關於管理活動的原則、標準、方法和程式的知識體系，也可以說法約爾奠立了一般管理學的理論基石。法約爾把管理與經營區別開來，意味著管理學是不包含企業經營活動內容的狹義管理學，而同時又提出了普遍適用的一般管理學。

到 20 世紀中期，美國管理學家孔茨等合著的《管理學》繼承了法約爾關於一般管理過程與管理職能的思想，從管理的計畫、組織、人事、領導和控制五種職能，構建了管理學的分析框架，這成為今天一般管理學的基礎理論。[4]

法約爾為什麼從工業企業管理實踐的經驗總結與理論概括及企業經營職能（包括技術、商業、財務、安全和會計五大職能）中，將管理活動分離獨立出來，他認為：不論企業之種類、規模之大小都必須完成下列六種活動，也就是下列六項功能：[5]

　　技術功能：生產製造

　　營業功能：採購、銷售及交換等

---

4 陳悅、劉則淵，《管理學的基本概念與學科地位》，
　〈http://wiki.mbalib.com/wiki/%E7%AE%A1%E7%90%86%E5%AD%A6〉。
5 邱正田，《工廠管理》，（台北：五南圖書出版，2007）。
　〈 http://ja.scribd.com/doc/30882080/%E5%B7%A5%E5%BB%A0%E7%AE
　%A1%E7%90%86-Factory-Managment〉。

　　財務功能：資金取得及運用等。

　　安全功能：商品及人員的保護、設備及員工的安全等。

　　會計功能：盤存、會計報表、成本核計及統計等

　　管理功能：計畫、組織、指揮、協調及控制。

　　而他認為管理不應該被隱藏在其它五個功能中，需要有一個獨立的體系而這個管理體系，作為一般管理理論與方法，不僅適用於工商企業，而且適用於政府、軍事部門與社會團體。從上述的資料可以看出，其實很多學門都是隨著時代的改變，經過學者專家不斷演進與發展，最後逐漸形成一個大家較能理解與完整的定位體系，管理學顯然也是脫離不了這個模式。其次我們也發現早期以工業為重心的管理學，早就將安全納入管理的五大職能中，而法約爾雖然將管理功能分離獨立出來，只強調計畫、組織、指揮、協調及控制，但安全功能仍是他認為各行各業關注的重點。所以安全管理的概念原本就在管理體系中存在，而且與其它功能並駕齊驅。但為什麼後來安全管理在企業管理中逐漸淡化？以下做一個說明。

2.安全在管理體系的弱化

　　經過漫長的管理學發展過程中，安全雖很重要，但卻不是企業管理的首選，因此，逐漸弱化而消失在管理學的領域中。這個現象正好應證了企業安全管理完全手冊中所說的：

　　安全對一個社會組織正常活動發展的重要性無庸贅言。不過一旦人獲得一定程度的滿足，又往往會忽略了安全狀態的重要性。該文作者於 2000 年末在義大利威尼斯參加一場國際安全研討會時，有機會和來自北美、西歐、亞洲各地安全

專業人員交換意見。在談論到現在安全專業領域面臨到的挑戰時，有位與會者半開玩笑的下了一個結論：「安全一直都是個重點，不過總是不再優先次序清單上。」〈Security is always a concern, but has no priority.〉

為什麼長久以來，安全常常被視為僅僅是支出花費，一種可有可無，純買安心的活動？為什麼有人認為這是杞人憂天？阻礙了組織追求更大利益的機會？更有甚者，認為這些安全活動違反了人類自由追逐利益的基本原則！

這是因為安全管理除了需要企業家、老闆花更大的成本、代價來確保工廠、產品的無形安全外，是完全沒有實質利益與利潤可回收，是一種完全付出的工作。就如同 101 大樓總監所說，你平常千萬不要和老闆說，你要增加保全人員或增加監視器，那意味著又要增加成本。只有在意外事件發生後，你提出來才會獲得相對的回應。另外，安全事件一般都具有敏感性，企業界負責人主觀、客觀的希望保持低調，避免造成不必要的不安全及負面影響；而一般人也無從得知全貌。所以大眾對安全工作本身和其績效，就常常無法瞭解，甚至引發誤解。

但最近的一些資訊安全事件和美國 911 恐怖攻擊事件再次喚醒了人們對於安全議題的重視，政府及社會大眾對於安全人員的需求及專業素質要求，也日益增加。[6]這段話再次反映了為什麼安全管理在沈寂一段時間後，又重新被重視的原因。

---

6 徐子文編審，李振昌譯，《企業安全管理手冊（上）》（臺北市，紐奧良文化，2002 年）前言-迎頭趕上歐美安全管理的專業發展。頁 3。

3.管理學的分類

事實上，管理學是一門多分枝的學科體系，按照不同的研究物件，管理學細分爲很多分枝學科。按照大陸教育部學科分類目錄，管理學下設：[7]

管理科學與工程（可授管理學、工學學位）。

工商管理（會計學，企業管理，財務管理、市場行銷、人力資源管理，旅遊管理，技術經濟及管理）。

農林經濟管理（農業經濟管理，林業經濟管理）。

公共管理（行政管理，社會醫學與衛生事業管理，教育經濟與管理，社會保障，土地資源管理，圖書館、情報與檔案管理，圖書館學，情報學，檔案學）。

而台灣教育部在其「學群分類表」中，共列 18 個學群，其中第 10 個就是「管理與經濟學群」而其學門（組）包括：[8]

經濟、財務經濟、國貿行銷、財稅金融會計、管理、貿易行銷、行銷物流、觀光餐旅、全球運籌管理、運輸管理、企業管理、工商管理、金融管理、設計管理、服務業管理、國際企業、科技管理、公共管理、醫務管理、電子商務、智財權等。

依據教育部的說法，上述所列學門（組）都僅供參考，申請者亦得就所擬就讀領域，於該學群內逕行增列適當學門，所以，這些學門可以隨著時代、社會的需要做適當的增加或調整。

---

7 同前註，陳悅、劉則淵。
8 教育部，〈學群分類表〉，
　　〈 http://www.skjhs.ntct.edu.tw/~school05/06/06_2.htm 〉，2013.1030。

從上述的說明可以看出，安全管理在兩岸的管理學領域都未將其列入，可以說，再次證明安全管理在管理學體系中，基本上是不被納入的。藉由對管理學的演進與轉變做一個瞭解後，可以提供給我們一個反思與參考，或許對未來探討安全管理的體系定位有所助益。

二、安全管理體系的定位

從上述對管理學的發展與演進及其分類目錄，來探討安全管理的體系與分類。如果回溯管理的源頭，被後人尊稱為管理理論之父的法約爾確實已將安全功能列入，不論是企業之種類、規模之大小都必須完成的六種活動之一。當時他列的商品及人員的保護及設備及員工的安全等，與我們現在追求的三安：人安、物安、事安，基本上並無差異，商品、設備都是物品，人員的保護及員工的安全都是人安，而今天我們要求的安全管理更擴大到整個規劃、計畫、整件事情的全方位安全管理，或許這也是社會轉型與時代的需求所必須擴大以滿足各方需求的必然發展。於第二章安全管理的概念中說過，當我們探討安全管理時，首先必須瞭解，安全是個人、組織、環境與社會相對應產生的概念，而不是自然發生的，是基於過去面臨的經驗與教訓結合時空環境所不斷累積研發而成的。從安全管理的方式與內涵不斷轉變，亦可反應出當時人們對安全管理的需求狀況。正因為如此，社會上、學術界、各大學因應環境、社會、工商企業實際的需要，發展出了以安全管理為核心，但不同面向的學科，這是自然發展的

趨勢，未來甚至會有更多不同的學科、學門因應而生。

（一）安全管理體系涵蓋面向

　　問題在以安全管理為核心的學門應該包括那些？不可否認，安全管理的涵蓋面非常廣泛，上至人類安全、全球安全；中至國家安全、兩岸安全；到基層的社會安全、私領域的安全，都是安全管理涵蓋的面向。他和和管理一樣，無處不需要管理，無處不需要安全。也正因為如此，因應社會與時代的需求，各種形式關注不同面向的安全管理學科也相繼產生。

　　僅將今天社會上或大學裡已經形成和安全管理有關的學科或科系作一個介紹。從第四章已分別介紹美、中、台各大學有關安全管理的科系中臚列來看，美國大學有安全管理、公共安全管理、國土安全管理、公共安全行政管理；大陸大學有安全管理、應急管理、公共安全管理、治安學、治安管理系、社會管理、風險管理、公共事業管理、公共安全預警與應急管理；台灣方面有社會與安全管理學系、安全管理研究中心、犯罪防治系、危機管理、安全科技管理系等。從上述這些學科可以看出，基本上都是從安全管理的基礎延伸出來，只是他將重點聚焦關注某一個面向。如國土安全他關注的是國家領土的安全與防衛，公共安全管理他強調的是社會上公共事務或公眾事務的安全，社會與安全管理學系他強調社會上有關安全的問題，因此包括了公共安全領域、私領域（企業、社區等）及犯罪防制的安全管理，應急管理他強調的是預防與應變。犯罪防治系他則將重點放在犯罪預防、犯罪心理、犯罪問題的處理等問題上，安全科技管理系則強調

安全裝備使用、研發、設計等面向。從上述這些科系或學門我們可以理解每一個面相雖然不同，但他的核心問題都在如何做好安全管理，而且也跳脫不出安全管理的領域。

所以，我們可以說：安全管理是一個母體或稱學群，下面有各個不同研究領域的子題、面向或學門，其中就包括：公共安全管理、國土安全管理、社會安全管理、應急管理、治安管理、犯罪防治、危機管理、安全科技管理系等。由於安全管理保含範圍太廣，因此在有限的時間與精力上不可能將其完全理解或掌握，因此，才會被切割成各種需求的研究面與關注的重點，但不可否認都脫離不了安全管理的基本概念，也就是任何一個子題目都是為了達到安全的目的，而藉由各種管理的手段去執行與完成每一個研究者想要關注的重點。但他都無法涵蓋所有的安全管理。簡單說，安全管理就像美國在 1974 年發佈的貝爾孟報告提出了三個人體研究的基本道德原則，即：尊重個人（respect for persons）、善意為懷（beneficence）及公平正義（justice）的一篇報告中，令人印象深刻的一句話：「上帝無法照顧每個人的成長，所以創造了母親」（God can't take care of everyone in the world So He created mother.）[9]我們是不是也可以說，每一個人都需要安全，都需要上帝的照顧，但安全的領域與範圍太廣，所以

---

9 美國在 1974 年發佈的貝爾孟報告提出了三個人體研究的基本道德原則
alumni.csmu.edu.tw/webfile/epaper/100000357.htm。
楊仁宏院長、戴正德教授，發表於「研究倫理的理念與實踐」研討會（臺中市：中山醫學大學，2011 年 6 月 4 號）。
〈http://ir.lib.csmu.edu.tw:8080/bitstream/310902500/5267/2/20110627-47-2.pdf〉

人們創造了各種不同的安全管理學名或模式來維護、確保他們所關注聚焦領域內人、物、事的安全。

所以我們可以說，安全管理就像上帝，任何人、任何行業、任何地方；從古至今，甚至未來，不管在時間的縱軸上或空間的橫軸上，都脫離不了安全管理；而各種面向、法門和方法的研究論述，就像母親去照顧各自關注的孩子。雖然安全管理有管理兩字，但他顯然已經大到可以自立門戶，不再需要放在管理學門之下。有關安全管理體系的範疇與建構在下一章將作進一步的探討。

（二）安全管理體系該如何歸類

從上述的整個敘述來看，安全管理雖與管理學有密不可分的關係，是否大學教育體系應將安全管理系或相關的安全科系就歸在管理學群或管理學院下？這是可以探討的問題。筆者認為，雖然兩者有密切的關係，但未必一定要歸在管理學院或學群之下，必須視他關注的重點或議題，可歸在其屬性較近之學院或學群之下，如大陸許多設立的「應急管理學院」，他的重點放在煤礦安全管理方面，他可能就歸在工學院；同樣的，台灣的銘傳大學「社會與安全管理學系」他關注的焦點放在社會安全管理面向，因此將警勤運用、犯罪防制與安全管理列為重點，該面向與社會互動連結較多，因此就歸在社會科學院。中央警察大學為提昇安全管理學術研究水準，培養安全管理專業人才，特設立安全管理研究中心，就屬獨立機構。

由於前所述安全管理涵蓋面向既廣且大，因此他也不應

該被拘限在某一個學群或學院，而因視其關注的重點屬性來歸類，較能體現安全管理的整體面向。總的來說，安全管理雖源自於管理學，或說是管理學演進與發展過程中的一項特殊產物，但它現在的重要性與獨特性並不亞於管理學，由於安全管理涵蓋的面向太多、也太大，它自己在演進與發展的過程中已形成一個體系，所以現在或未來勢必會逐漸發展出各種有關安全管理相關的科系或研究領域，要如何定位與歸類，就視他關注的焦點、屬性與研究的方向作出取捨與歸類。當然各大學若能成立安全管理學院，將相關的安全管理科系，如應急管理、國土安全管理、犯罪防制、社區安全管理、公共安全管理、安全科技等，均納入這個學院，雖然他們有各自需要研究的領域與重點，但基本的安全管理概念與知識都是一樣的。如此，對從事安全管理有興趣的學者專家或後進，一方面更能理解安全管理的全貌，另方面亦能在各自的安全管理領域鑽研發展，將更符合安全管理整體的規劃體系。

第二節　釐清容易混淆的有關名詞

一、安全管理相關名詞的釐清

由於安全管理的概念越來越受到重視，許多名稱都與安全有關，也造成社會大眾相當的混淆，甚至會認為是相同的內涵不同的名詞，因此，如何讓某些看似相近或相似的名詞

讓大家更清楚，筆者認為亦有必要做一釐清。以下就針對安全管理、社會安全管理與社會安全這三組詞彙；以及應急管理、風險管理與危機管理三組詞彙，分別做一說明，同時對三者之關係亦做一解釋。

（一）安全管理、社會安全管理與社會安全？

1.安全管理與社會安全管理

　　安全管理在前面幾章已做了一個完整的陳述，也知道這個體系含蓋的範疇與應有的歸類，簡單的說，安全管理是一個大體系，就像一個大家庭，其中包括、國際安全管理、國家安全管理、甚至兩岸的安全管理，而在這個子項目下，還有公共安全管理、私域安全管理；向下還有：工業安全管理、企業安全管理、資訊安全管理、環境生態安全管理等等。

　　而社會安全管理正是安全管理體系下諸多子項目中的一個概念，但他強調的重點是公共安全管理與私域安全管理這兩個領域中，有關社會治安層面與可能影響社會安定的各類問題，如在公共安全管理範疇中的群眾運動事件、社會治安事件、恐怖攻擊事件、政府機構安全、重大基礎設施安全維護、港口、機場、交通運輸等安全維護與預防；而在私域安全管理範疇中的企業安全、職場安全、社區安全、居家安全、校園安全、運送安全、人身安全、駐衛安全、及各類活動安全等，這些安全預防與維護的工作都與犯罪防制、警勤運用及安全管理作業與處理有密切的關連性。因此可以說，社會安全管理，是在安全管理體系下的一個抽象概念，他指涉的內涵，泛指與國家安全、社會安定、人民安心的各類治安事

件的維護與預防。因此，他不宜用具體的項目將其框架，他可能會隨著時代的變遷、社會的脈動產生新的議題，也可能會隨著環境的改變增加新的關注焦點，例如：兩岸在交流開放後，台灣與大陸的關係改變，台灣社會的安全管理問題，也隨之有了新的變化。同樣的狀況，開放大陸人民來台自由行之後，可能原先社會關注的偷渡、走私焦點，又轉移到合法入境、非法居留的問題。這也就是筆者強調社會安全管理，是在安全管理體系下的一個抽象概念的原因。

中國大陸對安全管理的認知

依據大陸知名學者夏保成、戰俊紅、張曉輝對安全管理（Security Management）概念的界定如下：[10]

安全管理（security management）所涉及的問題與範圍非常廣泛，就國家安全而言，大至國土安全、戰爭，小至個人的健康與生命安全都是安全管理研究的課題。就公私領域而言，可分為公領安全與私領安全，前者包括政府機關所涉及的各種安全問題；後者則包括私人企業、行號等安全。但有許多安全問題經常跨足公私領域，如環境安全、資訊安全及非法走私等。

就公共安全而言，安全管理就是管理者對自然災害、意外事故、公共衛生與社會治安事件所進行的計畫、組織、領導、協調和控制的一系列活動，以保護人民在此一過程中的人身安全與健康、財產不遭到或減少損失的一種安排。

就企業家安全而言，安全管理是企業生產管理的重要組

---

10 同前註，夏保成、張平吾，頁 8。

成成份，安全管理的對象是生產中一切人、事、物、環境的狀態管理與控制，是一種走動式的動態管理。安全管理主要是組織實施企業安全管理規劃、指導、檢查和決策，同時，又是保證生產處於最佳安全狀態的根本環節。

以公地的施工安全爲例，安全管理可分爲安全組織管理、場地與設施管理、行爲控制和安全技術管理等四個方面，分別對生產中的人、事、物、環境的行爲與狀態，進行具體的股臉與控制。爲有效的將生產因素的狀態控制好。

從上述大陸學者的安全管理概念可以理解，大陸方面雖然對安全管理的認知已經有了相當程度的擴大與轉變，但仍脫離不了工業生產安全的思維。

2.社會安全管理與社會安全

社會安全管理與社會安全爲什麼須要釐清，因爲兩者字意太接近，許多學者專家，認爲當談論社會安全管理時，很容易讓人聯想到已在我們社會和歐美國家行之有年的社會安全，所指涉的社會福利議題有關，他所關注的：是泛指一個社會之全體成員，在公權力積極作爲下，面對生、老、病、死、傷、殘、失業與長期照護需求等生活風險因素，以及面對生命孕育、養育、保育、教育、就業、合理居住空間以及財產形成等發展需求時，得免於陷入經濟恐懼、免於陷入物質匱乏之一種樣態。[11]

事實上，這兩者的概念相去甚遠，但文字表達卻十分相近，這是容易造成誤解的原因之一。另外在網路發達的時代，

---

11 盧政春，《台灣社會安全體系之問題與對策》，〈新世紀第二期國家建設計畫-專題研究系列 III〉，〈www.cepd.gov.tw/dn.aspx?uid=728.pdf〉

人們常藉助 Googole 網路查閱資料，認爲當鍵入「社會安全管理」六個字時，他會出現社會福利相關的文章，爲了避免混淆視聽，反而避而不用，但事實上並非如此？當鍵入中文「社會安全」四個字時，他會出現「社會安全號碼、社會安全制度、社會安全福利、社會安全卡、社會安全網、社會安全法案、社會安全局、社會安全體系」等相關字[12]，完全沒有所謂有關社會安全管理的相關概念議題；同樣的，當鍵入「社會安全管理」六個字時，他出現的首頁是「2012 台北國際安全博覽會」、「物業安全管理」、「社會安全治理、中央警察大學、安全管理研究中心」「銘傳大學社會安全管理學系」[13]等議題。

　　如用英文鍵入「Social Security」則出現「Social Security Number」「Social Security benefit」「Social Security tax」[14]；

12 請參閱相關網址。
　〈 https://www.google.com.tw/webhp?hl=zh-TW&lr=#hl=zh-TW&sugexp=f rgbld&gs_nf=1&gs_is=1&cp=4&gs_id=4t&xhr=t&q=%E7%A4%BE%E6% 9C%83%E5%AE%89%E5%85%A8%E8%99%9F%E7%A2%BC&pf=p&lr= &sclient=psy-ab&oq=%E7%A4%BE%E6%9C%83%E5%AE%89%E5%85 %A8&aq=0&aqi=g4&aql=&gs_l=&pbx=1&bav=on.2,or.r_gc.r_pw.r_qf.,cf. osb&fp=b4e5cd9ad03f5972&biw=1024&bih=596 〉
13 https://www.google.com.tw/webhp?hl=zh-TW&lr=#hl=zh-TW&sugexp=frgbl d&gs_nf=1&gs_is=1&pq=%E7%A4%BE%E6%9C%83%E5%AE%89%E5 %85%A8%E8%99%9F%E7%A2%BC&cp=6&gs_id=6d&xhr=t&q=%E7%A 4%BE%E6%9C%83%E5%AE%89%E5%85%A8%E7%AE%A1%E7%90%8 6&pf=p&lr=&sclient=psy-ab&oq=%E7%A4%BE%E6%9C%83%E5%AE% 89%E5%85%A8%E7%AE%A1%E7%90%86&aq=f&aqi=&aql=&gs_l=&pb x=1&bav=on.2,or.r_gc.r_pw.r_qf.,cf.osb&fp=b4e5cd9ad03f5972&biw=1024 &bih=596 〉
14 https://www.google.com.tw/webhp?hl=zh-TW&lr=#hl=zh-TW&sugexp=frgbl d&gs_nf=1&pq=%E7%A4%BE%E6%9C%83%E5%AE%89%E5%85%A8% E7%AE%A1%E7%90%86&cp=15&gs_id=7l&xhr=t&q=Social+Security&p f=p&lr=&sclient=psy-ab&oq=Social+Security&aq=0&aqi=g4&aql=&gs_l= &pbx=1&bav=on.2,or.r_gc.r_pw.r_qf.,cf.osb&fp=b4e5cd9ad03f5972&biw= 1024&bih=596 〉

若鍵入「Social Security Management」則出現「Social Security Numbering System Leaves Public Vulnerable」、「Social Security Administration-Management Oversight Needed to Ensure Accurate Treatment of State and Local Government Employees」、「National Council of Social Security Management Associations（NCSSMA）website」NCSSMA adheres to the following principles:

We will uphold the highest standards of professionalism maintaining constancy of purpose and integrity in all of our endeavors.

We will encourage political and administrative policies that best serve the public interest.

We will promote decentralized community based service as the hallmark of social insurance service delivery.

We will use the diversity of our members' talents, skills, knowledge and experience to maximize our effectiveness.

We will cooperate constructively with all responsible SSA officials.[15]

　　由上述的查證，可以知道，在中文「社會安全」與「社會安全管理」基本上已有了明確的區隔，不易混淆，但為避

---

15 https://www.google.com.tw/webhp?hl=zh-TW&lr=#hl=zh-TW&sugexp=frgbl d&gs_nf=1&pq=%E8%8B%B1%E6%96%87%E7%89%88google&cp=26& gs_id=t&xhr=t&q=Social+Security+Management&pf=p&lr=&sclient=psy-a b&oq=Social+Security+Management&aq=0L&aqi=g-L1g-vL2g-mL1&aql= &gs_l=&pbx=1&bav=on.2,or.r_gc.r_pw.r_qf.,cf.osb&fp=b4e5cd9ad03f5972 &biw=1024&bih=596〉

免意外，仍應注意。

但在英文「Social Security」與「Social Security Management」似乎仍有相當程度是重疊性質的含意。因此，為了避免混淆，在中文查閱相關資料時，應較無疑義，但在用英文查閱資料時則需謹慎。

何以會有這種現象，因為美國的社會沒有類似台灣的身份證，因此，社會安全號碼制度就變得非常重要，他不只是解決美國社會福利的問題，更是美國社會安全管理機制中重要的一環，換言之，美國的社會安全概念蘊含有安全管理的功能，因此，在英文使用上就需格外注意。為了對此議題有更進一步的理解，知道和我們之間的差異，以下這篇文章或可提供一個參考。

美國的社會安全制度：

以下的一則報導，或許更可以了解美國社會中的社會安全管理制度。

美國 20 世紀 30 年代成立社會安全管理局以後，聯邦政府規定所有合法公民和居民都必須持有一個社會安全號碼。社會安全號碼由 9 位數字組成，前三位數字和申請所在地的郵政編碼有關，最後四位數按數序排列，中間兩位數是組合數字，分奇數和偶數組合。到美國留學、工作或訪問的中國人，首先要申請一個社會安全號碼，然後才能申請任何其他證件。

駕駛執照 — 準身份證

由於美國的汽車數量是世界之最，有人開玩笑地把美國稱為「汽車輪子上的國家」。對於成年人來說，駕駛執照通

常扮演著身份證的角色。無論是買汽車、辦保險，還是到銀行開戶頭、炒股票，都要出示駕駛執照。由於駕駛執照是唯一隨身攜帶的有照片的身份檔，因此，如果沒有駕駛執照，就會感到極大的不便。不過，美國是聯邦國家，每州的駕駛執照都不相同，從一個州搬到另一個州居住，必須更換駕駛執照。在美國，唯一伴隨終身的就是社會安全號碼。

留記錄　防欺詐

在美國，只要把某個人的社會安全號碼輸入全國聯網的電腦系統，有關他的所有背景材料就一覽無餘，不但包括年齡、性別、出生日期這些自然狀況，而且包括教育背景、工作經歷、與稅務、保險、銀行打交道的信用情況、有無犯罪紀錄等都一覽無遺。如果某個人曾經有過不良納稅紀錄或犯罪紀錄，這個紀錄就將永遠伴隨著他，無論他到哪個州，無論是找工作還是開公司，都會四處碰壁。

社會安全號碼在防止商業欺詐、維持市場秩序方面發揮著巨大的作用。在美國商業，很少有人膽敢製造、銷售假冒偽劣產品或者進行欺詐活動，因為一旦敗露，不僅會受到法律制裁，而且行業協會會把這種行為在網上公佈，從此不會獲得別人的信任，也就無法在行業中立足。若要重新樹立自己的形象和信譽，需要很長時間，因此代價是非常大的。

美國之所以有好的商業道德和社會風氣，在很大程度上是得益於社會安全號碼系統。[16]

---

16 蕭敬，〈美國的社會安全號碼制度〉，《美國之音中文網》，2006 年 3 月 6 日，〈 http://www.voafanti.com/gate/big5/www.voachinese.com/content/a-21-m 2006-07-01-voa28-58213067/1070177.html 〉。

　　藉由上述的探討，可以理解，美國的社會安全概念與台灣的社會安全概念，最大的區別在於前者隱含很高程度的安全管理機制在內，而後者，因每一個公民都有身分證作為有效證明，因此，社會安全概念就明顯偏重在社會福利方面，正因中西方對社會安全內涵的關注重點不同，而為了避免造成混淆，有些學者專家的顧慮是有其必要的，筆者亦需藉由本文在此做一釐清。

（二）什麼是應急管理、風險管理與危機管理

　　應急管理、風險管理與危機管理三者有何區別與關連？亦是許多人經常混淆的概念。自美國 911 事件發生後，世界各地對安全管理的要求與態度有了極大的轉變，對於安全管理的研究與探討也更趨積極，尤其是台灣與大陸兩岸之間，類似的學術研討更是熱烈展開，也正因為如此，各地使用的名詞也因地區不同產生了一個概念兩個名詞的現象，基本上台灣的學術研究仍以美國為藍本，因此，無論在翻譯與內涵上，不會偏離原意，而且為了忠於原意亦會將其原文引註於後，如安全管理（Security Management）危機管理（Crisis Management）等，很容易理解。但兩岸之間，雖然文字相同，但因長期隔閡，許多觀念與用語並不完全一致，甚至有些用語相同，但指涉的內涵確有差異，因此筆者亦藉此機會做一釐清。

　　（一）應急管理（Emergency Management）風險管理（Risk Management）與危機管理（Crisis Management）

　　「應急管理」這個名詞是這幾年在中國大陸相當被重視

與普及的議題，但因台灣方面並無如此用法，因此許多學者教授，就將台灣過去常用之「危機管理」來與其對應，久而久之，大家就認爲大陸的「應急管理」就是台灣的「危機管理」，只是用詞不同而已，事實是否如此，以下就對這兩個名詞做一個釐清。

1.應急管理（Emergency Management）

（1）中國大陸的「應急管理」概念[17]

應急管理在中國作爲政府的工作內容，歷史相當悠久，由於中國文明誕生於黃河流域，大禹治水從某種意義上，從抗災、賑災就成了影響各代興衰的大事，雖然有相關的作法，但一直沒有「應急管理」的說法。

應急管理在中國被提起是 2003 年「SARS」以後。陳安博士將此前的稱爲傳統應急管理，以後的稱爲現代應急管理，並且提出了 5 個特徵：

A、非常規複雜突發事件實際增多

B、多事件接續作用或相互作用

C、技術和管理發展到了一定程度

D、多部門協作成爲可能

E、認知調整

目前還沒有關於他的公認的概念，但作爲一種工作或職業，其基本內涵官員和學術界有比較一致的認識。尤其是應急管理體系，通常表述爲《一案三制一保障》〈即應急預案；

17 夏保成，〈對應急管理學科的初步認識〉，發表於「第三屆警學與安全管理學術」研討會（桃園：銘傳大學國際會議廳 FFB101，2011 年 11 月 11 日），頁 1-11。

應急法治、應急體制、應急機制；應急保障體系〉。

　　所謂應急預案：就是解決應急回應流程和回應措施問題；應急法治：解決依法應急問題；應急體制：建立體制、統一領導、綜合協調、分類管理、分級負責、屬地管理為主；應急機制；應急保障：解決條件問題。

　　應急管理作為一們學科，供學術界研究、探討，也有悠久的歷史。在中國幾千年得農業社會中，在與各種災害的鬥爭中，逐漸形成了災害理學、災害工學以及災害律學。所謂災害理學，是古人對災害成因的理解與解釋；災害工學，是指中國古人修建的抗災工程；而災害律學則是政府管理災害的政策、方針和法規。但是，現在應急管理學科，卻是發源於 2003 年的 SARS 之後。其重要標誌是大學和科研部門大批學者轉向應急管理研究，各種學術會議的頻繁舉行，應急管理專業委員會成立，以及本科、碩士、博士學歷教育的開展。

　　在中國，作為一個新興學科，還沒有形成被學術界廣泛接受的應急管理概念。目前，中國大陸學者的概念主要圍繞突發事件展開，有以下解釋：

　　中國行政管理學會認為：是指政府為了應對突發事件而進行的一系列有計畫有組織的管理過程，主要任務是如何有效的預防和處置各種突發事件，最大限度地減少突發事件的負面影響。

　　唐承沛：是指在應對突發事件的過程中，為了降低突發事件的危害，達到優化決策的目的，基於對突發事件的原因；國城及後果進行分析，有效即成社會各方面的相關資源，對突發事件進行有效預警、控制和處理的過程。

陳安：現代應急管理（Modern Emergency Management, MEM）是為了降低突發的災難性事件的危害，基於對造成突發事件的原因、突發事件發生和發展過程以及所產生的負面影響的科學分析，有效彙集社會各方面的資源，採用現代技術手段和現代管理方法，對突發事件進行有效的應對、控制和處理的一套理論、方法和技術體系。[18]

夏保成教授認為，應急管理的基本問題應該是圍繞人們如何應對各類災害展開的作為。應急管理學科是研究應急管理的基本理論和方法的學術和實踐體系。在大學教育中，應急管理學科體系體現為應急管理的課程體系。大學的應急管理教育是圍繞應急管理職業需求而培養專門人才的行業，因而，所有的課程既要充分體現應急管理學科的整體性和系統性，又要面向應急管理職業的素質和技能要求。

（2）歐美國家的「應急管理」概念

應急管理在美國、澳大利亞等西方國家稱之為「Emergency Management」，作為政府的一種職責，在西方萌芽於近代資本主義民族國家興起之後。發展在兩次世界大戰和冷戰時代〈民房試驗是主要的推動力〉，成熟於 1990。美國第一次在政府檔中出現這一詞彙，是 1958 年聯邦民房管理局的年度報告。此後，逐漸被廣泛使用。但是，是作為對政府的一項工作或職責描述。

從 20 世紀 80 年代開始，應急管理成為政府的職責和社會職業的同時，逐漸成為一門學科，越來越多的專家和學者

---

18 陳安，〈我國應急管理的現狀及基礎概念〉，《科學網》，2009 年 7 月 8 日，〈http://www.sciencetimes.com.cn/m/user_content.aspx?id=244320〉。

開始研究公共安全管理的基本理論和方法，從政府、組織、個人的各個層面，到法律、制度等機制建設，開始了日益廣泛的研究。1993 年，第一個應急管理國際組織〈International Emergency Society ,TIEMS〉在美國佛羅里達城裡。此外，應急管理學科興起的一個突出表徵就是很多大學開始設置應急管理或相關專業。1983 年，北德克薩斯大學〈University of North Texas〉設立了美國第一個應急管理專業，受理學學士學位，到 1995 年只有 4 所大學設立相關專業。從 1995 年開始，應急管理專業在美國大學獲得了蓬勃發展。截至 2007 年，47 個州的 266 所大學開設應急管理、國土安全等相關博士、碩士、本科、專科專業或專業證書班。

國外關於應急管理的概念中，美國和澳大利亞官方檔主要以應急管理的四個階段為核心內容而展開：

美國 NEPA 1600 國家標準：對威脅生命、財產、經營和環境的突發事件，實施預防、減除、準備、應對和從中恢復的持續過程。

美國聯邦緊急事態管理局〈FEMA〉：通過分析、規劃、決策和對可用資源的分派已對災難影響的減除、準備、應對和從中恢復。

澳大利亞緊急事態管理署〈EMA〉：應急管理式處理針對社區和環境的危險的一系列措施。他包括建立的預案、機構和安排。將政府、志願者和私人部門的努力結合到一起，以綜合的、協調的方法滿足對付全部類型的緊急事態需求，包括預防、應對和恢復。

從上述初步的探討，可以發現，雖然表述有所不同，但

內涵都基本一致。

美國聯邦緊急事態管理局移出的全面緊急事態管理〈Comprehensine Emergency Management, CEM〉概觀了在聯邦制的美國的應急管理學科的基本問題。該原則表述如下：

A、對各種類型的災難及其後果實施管理。由此發展成緊急事態管理的"全危險方法"〈all-hazards approach〉

B、對所有緊急事態管理的參與者實施統一協調與領導。由此道出了"緊急事態管理合作關係"〈Eergency Management Partnership〉或綜和緊急事態管理系統〈Integrated Emergency Managemen System〉的原則。

C、對緊急事態的全里程〈四個階段〉或生命週期〈Emergency Lifecycle〉實施管理。

D、對全國各級政府、各種組織的所有合適的資源實施統一調配使用。

這四重意思中可以抽象出如下應急管理學科的基本問題：各種災害管理的通用方法、各類部門和組織的協調方法、常態與非常態結合的全里程管理方法以及不同權屬資源的統一調配方法。

自從 1978 年美國州長會議提出全面緊急事態管理理論以來，這四個應急管理學科的基本問題至今依然如故。2001年發生「911」恐怖襲擊。特別是 2005 年發生卡催納颶風之後，美國政府在應急管理中著重另一個問題：能力準備。

美國國土安全部的緊急事態管理學院（EMI）的應急管理學科體系 EMI 是美國政府的專門用以培養、培訓應急管理專業人員的學校，其應急管理學科設計非常系統、完整。它

的課程設計在類型上分為五個層次：意識（Awareness 課程）培養、知識（Introduction to 課程）教育、理論（Fundamen ta ls＇Principles 課程）教育、技能（Technology' Operations 課程）培訓、操作性（Guide' How to 課程）培訓、實踐與實習（Workshop' Training 課程）等。分受眾、分用途設計了 400 多門課程，覆蓋應急管理的各個方面，面向全社會各種受眾。其課程體系的基本特色，是圍繞應急管理的專業領域構造展開;此外,也考慮不同社會身份人群的要求,其課程類別如下。

①圍繞應急管理的過程開設，應急管理四個階段：減除（mi tigation）、準備（preparedness）、應對（response）、恢復（recovery）。

②圍繞應急管理的系統開設，如突發事件指揮系統，資訊~統，後勤保障系統，資源、管理象統。

③圍繞國家應急管理的戰略安排開設，如全國突發事件管理象統，國家準備，全國應對預案。

④圍繞其體災種應對開設，如地震、颶風、洪水，化學品洩漏，恐怖主義威脅。

⑤圍繞應急管理需要的技能開設，如預案編制，演習設計，搜尋救援。

⑥圍繞應急管理的環節開設，如資訊溝通，預警，志願者招募與管理，廢墟處王里。

⑦圍繞不同職業需求目標和層次開設，如專業人員技能發展課程,志願者課程,普通公眾知識普及和自我保護課程。

⑧圍繞不同的崗位開設:在應急管理中承擔不同任務的商位履行責任指導。

⑨特色課程群：圍繞 FEMA 的工作計畫或應急管理熱點開設，比如高級職業技能發展專案（Advanced Professional Series 'APS）、學校專案（EMI School Program）等 16 個。

911 以後，聯邦政府制定了全國應對各類突發事件的準備框架，發佈了一系列落實檔。EMI 根據〈國家準備目標〉的劃分標準，確定了以下 9 個任務區的課程群：

①突發事件管理

②連續性專案

③行動預案編制

④公眾災難溝通

⑤災難後勤保障

⑥緊急事態通訊

⑦綜合準備

⑧災難受害者服務

⑨危險減除

從上述大陸的應急管理和西方國家的應急管理概念可以瞭解，基本上是一致的，都是以公共安全為前提的一個考量與作為。

台灣唐雲明認為美國「應急管理」架構，主要是源自於危機發展過程的所採取的應對策略思想。[19]

---

19 唐雲明，《海峽兩岸應急管理制度之比較》，（2011）。
〈 https://docs.google.com/viewer?a=v&q=cache:ZcDPrZHgCHQJ:researcher.nsc.gov.tw/public/chief_t 〉 ang/Data/092216484571.doc+&hl=zh-TW&gl=tw&pid=bl&srcid=ADGEEShLcPjQA15G3hvrkjsZyOrjXeiIv_EPblJRTNUj7A_yquUpwXGX4E_06JwCXhZbky-l5xQr5gjFNbrVC0pwSUZrA0Bnxak-EI_Q4qJcWJusnvXpvldhyfEJzgRcR-EpfljpnTwJ&sig=AHIEtbS8bWtE0ZxAsCve3vdZrU_axweDgw&pli=1 〉

2.風險管理（Risk Management）

在西方，巫師與巫術可以追朔到時期的歷史，當人們表達對於未知的恐懼，對所遭受的突如其來、逃脫不了災難給出令人信服的解釋時，巫師信手捻來的標籤，就滲透著最原始的風險意識：也就是對未知的恐懼，這既有對損失的恐懼、也有對傷害的恐懼。而這種主體及其對未知的恐懼，是風險管理問題的核心。[20]

而風險管理慢慢發展為一門新興的管理學科，受到世界各國政府、企業和學術界的高度重視，則是在 20 世紀前後。風險這一概念起源於經濟領域，1895 年，美國學者海恩斯（Hayens）在《作為經濟因素的風險》（Risk as an Economic Factor）一書中最早提出風險的概念並加以分類；在他看來，風險是潛在的損害或損失的機會或可能性。[21]隨著工業革命的誕生，企業風險管理的思想開始萌芽。1916 年，法國科學管理大師亨利·法約爾（Henri Fayol）在他的著作《一般與工業管理》（General and Industrial Management）中首次將風險管埋思想引進企業管理之中，但當時未形成完整的風險管理體系。在研究領域，1956 年《哈佛經濟評論》發表了美國學者賽拉爾·道格爾（R.B.Gallagher）的論文《風險管理—成本控制的新時期》（Risk Management:New Phase Cost

---

20 William C. Clark, "Witches, Floods, and Wonder Drugs: Historical Perspectives on Risk Management", Richard C. and walter A. Albers, Jr. ed., Social Risk Assessment: How safe is safe enough? Plenum Press:1980, 287-313.

21 景懷斌，《公共危機心理-SARS 個案》，（北京：社會科學文獻出版，2006 年），頁 3。

Control）。該論文首次提出並使用了"風險管理"一詞。從此，風險管理作為一門系統的管理科學開始在美國興起，此後逐步在企業、政府與社會管理中得到廣泛運用。

20 世紀 70 年代以後，風險管理歷史出現了一個革命性的轉變，即從傳統的疾病保險為核心的風險管理中脫離出來，逐漸形成現在全方位的風險管理格局。其中，以政府的實踐探索為典型代表，他們在核能管制、環境、能源、公眾健康等公共政策制定中開始探索使用風險管理的手段；尤其是在 2001 年 911 事件後，國際風險管理進入了一個新的階段，各國政府逐步成為風險事務的主要管理者。

（1）公共部門風險的定義及特點

在理論界，關於風險的學說主要有三種。一是風險客觀說，認為風險是客觀損失的期望值，可以預測並運用統計方法加以描述和計算。二是風險主觀說，認為人們對未來不確定性的看法同個人的知識、經驗、精神和心理等主觀因素有關，風險是主觀的認知和判斷。三是風險因素結合說，強調區分風險的主觀和客觀屬性，而是關注風險產生的原因，後果與人類行為之間複雜的互動關係。

但在實踐中，各國的界定也不盡相同，基本上強調「可能性」和「影響性」。例如：澳洲、紐西蘭則認為風險是事情發生的可能性及可能產生的影響。國際風險分析協會界定：對人類生命、健康、財產或者環境安全產生不利後果的可能。美國政府相關報告則定義：在一系列特殊的環境狀況下產生特定後果的可能性，這些特定後果通常是不利的。英國內閣辦公室指出：風險是不確定性和後果的結合。聯合國

的報告將風險界定為：由自然或人為因素相互作用而導致有害後果的可能性或預期損失。[22]

簡言之，"風險"包括兩個基本要素:可能性與不利後果。其中，"不利後果"包括主觀和客觀兩個方面，極可能會產生的客觀損失（人員傷亡、經濟損失、環境影響等）和可能造成的主觀影響（人群心理影響、社會影響、政治影響等）。根據風險的基本定義，從政府公共事務管理的角度來看，公共部門的風險可被定義為:即將發生且對既定目標，尤其是對公眾服務目標產生影響的事件。

與傳統風險相比，現代社會風險具有高度不確定性、隱蔽性、高度關聯性、跨越時空性、迅速擴散性和高度危險性等特點。具體來看，公共部門的風險具有下列特點:

A、風險是一種可能性

風險不是事實，是價值觀、特定環境和未來事件的組合[23]，風險形成是一個逐漸演變的過程。具體而言，在應急管理工作中"風險"是相對於"突發事件"而言的，他是突發事件發生之前孕育的一種狀態，即突發事件發生的一種可能性。風險的這一特性表明，在日常管理工作中，通過系統地分析和評估各種風險因素，並採取手段來預防、控制、消除和減少風險，能夠帶幫助控制風險轉化為突發事件，從而實現應急管理工作"關口前移"的目標。

B、風險的不確定性與損失的公共性、外部性

---

22 周玲、朱琴、宿潔著，《公共部門與風險治理》，（北京大學出版社，2012 年），頁 5-6。

23 A. Bostrom, Future Risk Communiction, future, 2003, P553-573.

風險來自不確定性，這包括發生與否不確定、發生時間不確定、發生的空間不確定、帶來損失不確定。值得注意的是，不確定性帶來的後果具有雙重性，一方面是損失，一方面是獲利。並不是任何的不確定性都是風險，只有當未來可能發生損失時，才可以成為風險，如果未來的所有結果

C、風險的客觀性

儘管風險的發生具有不確定性，但風險是客觀存在的，不論人們是否意識到，也無論人們能否準確估計其大小，風險本身是"唯一"的。同時，它也是可以通過一定手段進行計量，風險的兩個組成要素，即"可能性"與"不利後果"，都可以通過相應工具進行測量。

D、風險的共生性、衍生性與系統性

風險的公生性、衍生性與系統性主要產生於現代社會的"互聯性"與"耦合性"，風險的這些特性會影響到社會所依賴的各種系統的關鍵功能，例如健康、交通、能源、電信等，並且他們的影響是跨越地理界線和組織邊界的。風險的共生性、衍生性與系統性同時在國內和國際的範圍內處於自然事件，經濟、社會和技術發展，以及政策推動的行動交集上。[24]系統風險給風險管理帶來更大的挑戰，以及更大範圍的治理缺陷。

在公共管理組織體系內部，這些特性主要來自於體制內各部門之間的依存性，隨著依存性的不斷增強，一個領域的決策會對另一個、甚至多個領域產生連鎖影響，這是政策制

---

24 IRGC（International Risk Governance Council）,2005, White Paper on Risk Governance-Towards an Integrative Approach, p.13.

定者在現代這會中所面臨的一個最主要的挑戰就。在一個相互依存的安全環境中，做為一個互相聯繫的體系中的議員，每一個個體或組織都必須單獨做出決策，採取措施來調控潛在損失。儘管這些措施可能會減輕某種直接損失對一個國家、一個組織或個體帶來的風險，但仍有可能因其他個體或組織沒有採取類似措施而連帶地遭受損失。對風險相互依存性的理解可以幫助我們在進行具體決策時更多地綜合考慮各個環節和方面的因素，盡量保證做到科學決策。

3.危機管理[25]

（1）何謂危機管理與危機處理

危機管理與危機處理有何不同？「危機處理」著重危機事件發生後之因應，以傳統的災變搶救觀念來說，認為危機處理係災害事件的發生到結果的處理過程，重點在發生後的「反應」面。而「危機管理」是人們對危機現象做進一步深入綜合研究的結果，也就是通過對危機的處理，使已經呈現的惡性形勢或狀態得到控制或恢復常態；危機管理的任務是盡可能控制事態，在危機事態下把損失控制在一定範圍內，在事態、失控後重新獲得控制權。它是一種有計畫的、連續的及動態的管理過程，亦即針對潛在的或當前的危機，於事前、事中、事後，有效採取因應措施，將危機帶來的傷害減至最低或使之消彌於無形。

危機管理的觀念，可分：預防、應變和復原重建三部份，因此，危機管理涵蓋危機之預防，除加強平時之演習與防災

---

25 朱蓓蕾，《當前美日危機管理機制之研究》，（2007 年），頁 58-63。

策略外，發生危機時之立即回應、減輕災害損失乃至事後之儘速復原，是一門日益重要的研究領域。總言之，「危機管理」即是組織爲避免或減輕危機情境帶來的嚴重威脅，所從事的長期規劃及不斷學習與適應的動態過程，亦即針對危機情境所作的因應策略。

　　而危機管理發展過程包括四個階段的工作：危機前的預防、危機前準備、危機爆發後的準備及危機結束後的恢復。這四個階段有人用 PPRR 或 MPRR 簡稱；PPRR 是指預防（prevention）、準備（Preparation）、反應（Response）和恢復 （Recovery）。MPRR 則是緩和（Mitigation）、預防（Prevention）、反應、（Response）和恢復（Recovery）的簡稱。

　　危機管理成爲一項普世重視的價值，是第二次世界大戰後才開始，於 1947 年杜魯門擔任美國總統時代，爲了因應國際問冷戰局勢，希望在急迫下影響國家存亡的重大事件上，能立即反應並採取適當行動，以期有所變革，設立了國家安全會議。雖然國家安全會議在不同總統領導風格下，常會有完全不同的面貌，但在尼克森總統的大力推動下，它已經在美國國家安全的政策、協調、危機處理上，扮演舉足輕重的角色；尤其是在危機處理機制中的地位，例如尼克森總統時期的「華盛頓特別行動小組」（Washington Special Action Group），卡特總統時期的「特別協調委員會」（Special Coordination Commitee），雷根總統的「特別情況處理小組」（Special Situation Group）都成爲美國渡過冷戰危機、越戰、伊朗人質事件，能源危機，甚至日後反恐戰爭中，決策性的

關鍵中樞，成為真正的「常設性危機處理機制」；數十年來的處理過程中，累積了不少經驗與實證，也為各國政府在面對危機管理時，歸納出許多值得參考的原則：[26]

美國政府危機管理機制歸納出值得參考的原則：

A、需有常設的危機處理組織：危機最明顯的特質乃是突發性與急迫性，往往在當事人的一方，甚至雙方毫無心理準備下爆發。在此情境下，為保證決策擬定及執行品質，應設常設機構，平時負責長程規畫，危機出現時，成為處理中樞。

B、需設有危機的預測機制：若能事先預測危機，則一旦危機發生時，就較容易處理。因此，危機前的應變計畫是危機處理的一環。莫拖拉將危機處理定義為：危機預防、危機處理、解決危機。另危機預防更需要能預測危機發展，及早應變消瀰於無形。

C、洞悉敵方的動機、實力和決心：危機處理小組成立之目的，在研究探測危機發生的因子，唯有透徹了解敵方動機、實力和決心，才能擬定有效的危機處理方案。

D、限制己方的目標及要求：危機處理的一項重要原則是限制自己的目標及要求，即必須設身處地的了解敵方所關心的問題，並為對方保留退路。在危機處理中，只有威脅是不夠的，而逼對手走頭無路，可能迫使對手不是採取投降，而是升高危機。因此，必需有嚇阻威脅與妥協利誘併用的手段，才能促使危機降低。

E、採取軟硬兼施的策略：就危機的特質而言，其最後

---

26 同上註，頁62。

階段具有爆炸性或潛伏性。如果危機未獲圓滿解決，可能惡化成戰爭，或者進入潛伏期，伺機再起。因此，爲避免戰爭爆發，解決危機的理想策略應該是適度的嚇阻，以迫使敵方放棄敵對行動。

F、建立談判溝通的管道：在危機處理中，己方與敵方的溝通管道必須維持暢通。但有溝通管道，不必然就能順利處理危機，因爲在接受訊息時，決策者可能依自己的期望來認知或研判此一資訊。但是，若無溝通之管道，誤解可能促使危機升高。

G、減緩危機擴散的速度：危機處理即要隔絕危機與冷凍危機，防止危機的擴大與惡化，使不致引發一波未平一波又起的另一場危機，以達消研危機的目的。

H、決策者明確果敢的決心：決策者的性格往往是危機處理成敗的關鍵。因此，決策者必須真有高瞻遠囑的智慧，時更須具備有明確而果敢的決斷力，否則不僅不能處理危機，更會將危機擴大。

危機管理應首重危機預防制度的建立，但當危機發生惡化時，其中最重要的工作就是減少傷害、修復、找出肇因及，恢復常態等。所以達成有效的危機處理，必須確保以下的步驟完善：第一，危機的調查與過程：危機調查旨在發現危機，包括人、事、時、物等，其中以人爲主。並將人與各種事、物、時、地做各種不同的組合，已發現潛存危機，予以立即處理或防範'進而完成各項應變計畫，以備不時之需；第二，發現危機：危機的發生一定有其徵兆，因爲任何事務均有其潛在、多重的危機，甚至彼此之間的互動亦會產生相對的危

機。因此，如何在多重、複雜的關係上，找出真正危機因子加以處理預防，實為危機處理的關鍵；第三，隔絕危機：危機可視為社會一股會傳染的「疾病」必須隔離傳染病病人，才能防止傳染病的肆虐流行。阻止危機的擴散速度，只有隔絕危機的病源（危機因子），才有可能將危機根除。因此，隔絕危機潛在因子，為危機管理的必要手段；第四，處理危機：處理危機為危機管理最重要的一環。然要先知先覺及早處理危機，誠非一般人所能及，必須在諸多條件與時空因素配合下，才能有效進行；惟在危機爆發後，必須做有效迅速的處理，才能將危機化為轉機。

（2）歐美國家對危機管理的規範

但在西方國家的教科書中，通常把危機管理（Crisis Management）稱之為危機溝通管理（Crisis Communication Management），原因在於，加強信息的披露與公眾的溝通，爭取公眾的諒解與支持是危機管理的基本對策。

危機管理是企業為應對各種危機情境所進行的規劃決策、動態調整、化解處理及員工培訓等活動過程，其目的在於消除或降低危機所帶來的威脅和損失。通常可將危機管理分為兩大部分：危機爆發前的預計，預防管理和危機爆發後的應急善後管理。

危機管理是專門的管理科學，它是為了對應突發的危機事件，抗拒突發的災難事變，儘量使損害降至最低點而事先建立的防範、處理體系和對應的措施。對一個企業而言，可以稱之為企業危機的事項是指當企業面臨與社會大眾或顧客有密切關係且後果嚴重的重大事故，而為了應付危機的出現

在企業內預先建立防範和處理這些重大事故的體制和措施，則稱為企業的危機管理。[27]

A、危機週期的模型[28]

公共危機管理階段劃分理論分析在眾多的危機管理階段分析方法中，有四種最為學界認同的模型，它們分別是：

芬克（Fink）的四階段生命周期模型（1986）。芬克用醫學術語形象地對危機的生命周期進行了描述：第一階段是徵兆期（Prodromal），線索顯示有潛在的危機可能發生；第二階段是發作期（Breakout or Acute），具有傷害性的事件發生並引發危機；第三階段是延續期（Chronic），危機的影響持續，同時也是努力清除危機的過程；第四階段是痊癒期（Resolution），危機事件已經解決。

美國聯邦安全管理委員會把公共危機管理分為：減緩（緩和）、預防（準備）、反應（回應）和恢復四個階段。

危機管理專家米特羅夫（Mitroff）五階段模型（1994）。

信號偵測 —— 識別危機發生的警示信號並採取預防措施；

探測和預防 —— 組織成員搜尋已知的危機風險因素並儘力減少潛在損害；

控制損害 —— 危機發生階段，組織成員努力使其不影響組織運作的其他部分或外部環境；

---

27 〈危機管理〉，《MBA 智庫百科》
〈 http://wiki.mbalib.com/zh-tw/%E5%8D%B1%E6%9C%BA%E7%AE%A1%E7%90%86 〉。
28 黃順康，〈論公共危機預控〉，《中國社會穩定研究網》
http://www.txwtxw.cn/Article_Print.asp?ArticleID=497

恢復階段 —— 儘可能快地讓組織運轉正常；

學習階段 —— 組織成員回顧和審視所採取的危機管理措施，並整理使之成為今後的運作基礎。

最基本的三階段模型。即把公共危機管理分成危機前（Precrisis）、危機（Crises）和危機後（Postcrisis）這三個大的階段，每一階段又可分為不同的子階段。

B、企業危機管理的特徵

企業危機管理具有以下特徵

突發性：危機往往都是不期而至，令人措手不及，危機發作的時候一般是在企業毫無準備的情況下瞬間發生，給企業帶來的是混亂和驚恐。

破壞性：危機發作後可能會帶來比較嚴重的物質損失和負面影響，有些危機，用毀之一旦來形容，一點不為過。

不確定性：事件爆發前的徵兆一般不是很明顯，企業難以做出預測。危機出現與否與出現的時機是無法完全確定的。

急迫性：危機的突發性特徵，決定了企業對危機做出的反應和處理的時間十分緊迫，任何延遲都會帶來更大的損失。危機的迅速發生引起了各大傳媒以及社會大眾對於這些意外事件的關注，使得企業必須立即進行事件調查與對外說明。

信息資源緊缺性：危機往往突然降臨，決策者必須做出快速決策，在時間有限的條件下，混亂和驚恐的心理使得獲取相關信息的渠道出現瓶頸現象，決策者很難在眾多的信息中發現準確的信息。

輿論關注性：危機事件的爆發能夠刺激人們的好奇心理，常常成為人們談論的熱門話題和媒體跟蹤報道的內容。

企業越是束手無策，危機事件越會增添神秘色彩引起各方的關注。

C.危機管理的基本要素[29]

危機管理必須具備的條件稱爲危機管理要素。其主要包括：

配備專業的危機管理人才：只有配備專業的管理人員，對危機進行全面的深入的研究，制定嚴密的預控措施和應對方案，才能實施有效的危機管理。

採取先進的危機預測手段和措施：開發或引進先進的危機預測手段，提高危機預測的科技含量，對於現代危機管理是十分必要的。

及時有效消除處理危機：提高對危機的應對能力及反應速度，最大程度地降低危機所帶來的損失是十分重要的。

D.危機管理的類型

不同類型的危機，處理的方法存在著很大的差異。在處理危機前，企業首先確定危機的類型，以便於有針對性地採取對策。企業組織面臨的危機主要有八種：信譽危機、決策危機、經營管理危機、災難危機、財務危機、法律危機、人才危機、媒介危機。

信譽危機：它是企業在長期的生產經營過程中，公眾對其產品和服務的整體印象和評價。企業由於沒有履行合同及其對消費者的承諾，而產生的一系列糾紛，甚至給合作伙伴及消費者造成重大損失或傷害，企業信譽下降，失去公眾的

---

29 中國施工企業管理協會，《工程建設企業管理》（中國：中國計劃出版社，2008 年）。

信任和支持而造成的危機。

決策危機：它是企業經營決策失誤造成的危機。企業不能根據環境條件變化趨勢正確制定經營戰略，而使企業遇到困難無法經營，甚至走向絕路。如巨人集團涉足房地產項目 —— 建造巨人大廈，並一再增加層數，隱含著經營決策危機。決策失誤沒有能夠及時調整而給企業帶來了滅頂之災。

經營管理危機：它是企業管理不善而導致的危機。包括產品質量危機、環境污染危機、關係糾紛危機。

產品質量危機：企業在生產經營中忽略了產品質量問題，使不合格產品流入市場，損害了消費者利益，一些產品質量問題甚至造成了人身傷亡事故，由此引發消費者的恐慌，消費者必然要求追究企業的責任而產生的危機。

環境污染危機：企業的"三廢"處理不徹底，有害物質外露，爆炸等惡性事故造成環境危害，使周邊居民不滿和環保部門的介入引起的危機。

關係糾紛危機：由於錯誤的經營思想、不正當的經營方式忽視經營道德，員工服務態度惡劣，而造成關係糾紛產生的危機。如運輸業的惡性交通事故、餐飲業的食物中毒、商業出售的假冒偽劣商品、銀行業的不正當經營的醜聞、旅店業的顧客財務丟失、郵政業的傳輸不暢、旅游業的作弊行為。

災難危機：是指企業無法預測和人力不可抗拒的強制力量，如地震、颱風、洪水等自然災害、戰爭、重大工傷事故、經濟危機、交通事故等造成巨大損失的危機。危機給企業帶來巨額的財產損失，使企業經營難以開展。

財務危機：企業投資決策的失誤、資金周轉不靈、股票

市場的波動、貸款利率和匯率的調整等因素使企業暫時資金出現斷流，難以使企業正常運轉，嚴重的最終造成企業癱瘓。

法律危機：指企業高層領導法律意識淡薄，在企業的生產經營中涉嫌偷稅漏稅、以權謀私等，事件暴露後，企業陷入危機之中。

人才危機：人才頻繁流失所造成的危機。尤其是企業核心員工離職，其崗位沒有合適的人選，給企業帶來的危機也是比較嚴重的危機現象。

媒介危機：真實性是新聞報道的基本原則，但是由於客觀事物和環境的複雜性和多變性，以及報道人員觀察問題的立場角度有所不同，媒體的報道出現失誤是常有的現象。一種是媒介對企業的報道不全面或失實。媒體不瞭解事實真相，報導不能客觀地反映事實，引起的企業危機。二是曲解事實。由於新科技的引入，媒體還是按照原有的觀念、態度分析和看待事件而引起企業的危機。三是報道失誤。人為地誣陷，使媒體矇蔽，引起企業的危機。[30]

以上是對應急管理、風險管理與危機管理做一說明。

(三) 應急管理、風險管理與危機管理三者之間的關係

應急管理、風險管理與危機管理三者的基本概念前述已做說明，但三者之間又有何關連與互動的關係，持續來做進一步說明。

---

30 吳厚慶，《現代企業管理研究》（台北：研究出版社，2008）。

（一）應急管理、風險管理與危機管理三者之關連性

北京大學教授周玲對應急管理、風險管理與危機管理之間的關係做了較具體的說明與論述，他認為：[31]

從狹義的解讀來解釋應急管理工作，其起點是預測預警階段，雖然目前應急管理工作範疇已經向"預防"環節全面延伸，但管理對象的測重點仍是突發事件。此處將從狹義的角度來分析應急管理與風險管理、危機管理的聯繫與區別但值得注意的是，具體實踐中的應急管理工作應當將後兩者全面納入管理範圍，也就是從廣義的角度來開展應急工作。

1.應急管理:事前、事發、事中、事後的全過程管理

應急管理的對象是"突發事件"，應急管理的主要目標是"預防和減小事件發生所造成的損失"。全過程的應急管理工作應當囊括事前、事發、事中、事後的所有應急管理環節，這就是包括預防與應急準備、監測與預警，應急處置與救援、善後恢復與重建等多個部分。

從狹義的角度來看，監測與預警是應急管理工作的起點；目前，中國一直強調的"預防為主、關口前移"的問題，也就是要做好"監測與預警"工作。而監測與預警工作（也就是應急管理工作的起點）的主要目的在於防止已經存在的"潛在的危害"轉化為"突發事件"。雖然目前應急管理的工作範疇已經向"預防"環節延伸，但管理對象的側重點仍是突發事件。從這個意義上來說，應急管理仍是相對被動的，因此，要推動應急管理從"被動應對型"到"主動保障型"

---

31 同前註，周玲、朱琴、宿潔著，頁 25-30。

的轉變,就應當從更基礎、更根本的層面開展,也就是在"風險管理"上下足功夫。

2.風險管理:應急管理工作的"關口再前移"

"風險"包括兩個基本要素:不利後果與可能性。其中,"不利後果"與可能性。包括主觀和客觀兩個方面,極可能產生客觀的損失(人員傷亡、經濟損失、環境影響等)和可能造成的主觀影響(人群心理影響、社會影響、政治影響等)風險管理的對象是"風險",其主要特性是對不確定性和可能性(風險)的進行管理,因此要實現應急臉活動的向前延伸,就需要實現從更基礎的層面對"能帶來損失的不確定性"(風險)進行超前預防與處置,從而實現應急管理工作真正意義上的"關口前移"、"防患未然"。

第一,從功效上來講,風險管理比應急管理更能從根本層面(基礎規劃、制度、城市軟硬件建設)避免損失的產生。風險管理的最佳功效是"超前預防",即盡量避免和人類活動與"災害性"環境之間的互動,也就是盡量降低"致災因子"產生的可能性,由此達到從最根本的層面上防止損失的產生;而一旦出現了"風險源",風險管理的主要任務則變爲評估和分析風災產生的可能性以及造成損失的概率,從而通過相應手段減少、降低、消滅這些可能性和概率的程度,達到預防損失的目的。但是"風險"一旦轉化爲"事件"損失便不可避免,此時就需要採取應急管理的手段將損失減少到最低。

第二,從管理層面上來看,風險管理的本質是戰略管理,而應急管理則更多地傾向於是一種行動策略,因此風險管理

能夠在更基礎層面（基礎規劃、制度、城市軟硬件建設）實現管理的優化。風險管理通過對環境和"風險源"的仔細分析與評估，制定出處理"潛在損失"的系統性規劃（其中包括了最基礎的規劃），從根本上杜絕和防止危害產生由此實現整體管理的優化。而應急管理是在"事件"發生後，按照既定預案或方案重新組合資源來進行應對，這通常導致在有限的時間和信息的壓力之下做出決策，因此，很難保證資源分配的科學性和最優性。

風險管理工作的終點包括兩個部分:其一,如果風險源被成功消除或控制,則重新進入常態管理和風險管理的起點(也就是風險管理準備階段）；其二,如果風險處置失敗，"潛在的危害"轉化為"突發事件"，則應立刻進入應急管理過程。因此,風險管理工作的終點就是應急管理工作的起點(監測與預警）由此可知,要實現應急管理工作"關口前移"的目標,不應當僅限於滿足做好"預警與監控"（也就是防止"風險"轉化為"事件"）這一階段的工作;而應將關口"再前移",實現從根本上防止和減少風險源、致災因子的產生,也就是滿足風險管理工作"超前預防"的目的。所以在管理工作中有必要建立相應的機制與規則,確保應急管理與風險管理的有效銜接。

3.危機管理："做最壞的打算"，強調決策的非常規性和"藝術性"

在應急管理向風險管理延伸的過程中，有一個特殊部分需要理清，即"危機管理"。危機對社會安全秩序及其他價值可能會造成特別緊張和嚴重的威嚇，具有高度的不確定

性，但同事又具有一定的"機遇性"，急需組織緊急決策處置。因此，危機兼顧了"風險"與"事件"的特性，危機管理貫穿在風險管理和應急的整個過程中，在風險階段，根據"約哈理窗口理論"，公共管理的風險信息可以被分為四個區域（見表 5-1），其中盲區和不可預知區是危機管理需要重點監測和防控的對象。

表 5-1　風險信息分區矩陣

公眾 ＼ 政府	知道	不知道
知道	Ⅰ.開放區	Ⅰ.盲區
不知道	Ⅱ.隱藏區	Ⅱ.不可預知區

在事件階段，按照事件的性質可以分為常規性的突發事件（即可以馬上找到誘因的事件），以及非常規性突發事件（原因不明，不確定性大）。對於常規性的突發事件，應急工作可以根據以往的經驗，利用常規畫管理和程序性決策將突發事件有效地解決。而對於非常規性突發事件而言，不確定性大、影響大，事件更為複雜，這就需要非常規決策，這正是危機管理的重點。

危機管理的獨特，除在於他特別重視"最壞的打算"，並強調決策的非常規性和"藝術性"，從而要把握機遇轉危為機。危機管理的目標定位可以按照為機事前與事發後兩個階段分別應該追求的最高與最低境界，可以具體氛圍下表中的四層 U 形境界（見表 5-2）。

危機階段 境界	事前	事發後
高	1.完全避免危機	4.善於利用危機
低	2.充分準備危機	3.有效應對危機

（二）風險管理是應急管理的「關口再前移」

　　如前所述，應急管理的對象是"突發事件"，主要目標是"預防和減少突發事件發生所造成的損失"，管理過程包括事前、事發、事中、事後全過程。儘管應急管理強調"預防為主、關口前移"要求做好"監測預警"工作，但其管理起點是預防和減小存量風險（已經存在的風險）轉化成突發事件，及捕捉突發事件發生的徵兆並採取應對措施。因此，應急管理是以"事件"為中心，仍是相對被動的。要進一步推動應急管理，就必須從"事件"之前的"風險"入手，從更基礎、更主動的風險管理層面開展工作。

　　風險管理的對象是"風險"。風險管理更加系統地分析何評估各種風險因素，並通過優化規劃、建築和管理手段，達到"消除或控制存量風險，預防或減少增量風險"的管理目標。風險管理將起點前移到"增量風險"，是應急管理的"關口再前移"，是一種更積極、更主動的管理方式。

　　台灣學者詹中原的觀點：

　　台灣學者詹中原認為：一般而言，危機定義為「在無預警的情況下，突然爆發，帶給人民生命、財產嚴重損失，迫使決策者須於短時間內做成決策，採取行動以降低損失的事件」。它與緊急事件（emergency）、危險（hazard）、風險（risk）、事件（incident）、事故（accident）、衝突（conflict）、

災難或災害（disaster）等在層次上有所差別，屬性上亦各具特色,因應防制之道有所共通與殊異，深值注意。

（1）「緊急事件」是指突然、意外發生，須立刻處理的事件，強調帶給人相當大的驚訝及事先無預警性「是危機的一環，多隱喻危機的爆發期而言。

（2）「危險」是對人類及其所看重者的威脅,著重事件爆發前對人民心理造成的不安和恐懼。

（3）「風險」指某項技術或活動在經過一段時間後產生特定影響的機率,著重災難發生或然率的探討。

（4）「事件」是附隨於某一整個系統之次級系統、成分或單位的分裂情事，尚屬局部影響及衝擊。而「事故」則指實質影響整個系統、整個組織或整個事業之外或偶發事件。

（5）「衝突」指象徵系統的結構已因遭受衝擊而告分裂支解，惟未臻挑戰其基本假定之時段及局面，且未達實質性危害。

（6）「災難」或「災害」意謂突然而至的大災禍,是問題的潛伏、紓緩、準備期，問題未妥適處理或紓解所造成的後果。

就學理應用上可區分為災難/災害管理（Disaster Management）、風險管理（Risk Management）、及危機管理（Crisis Management），這些理論探討的是個人或組織，面臨或可能面臨急迫而又關係成敗之重大事件，採取適當適當行動，加以化解、控制或消除，以減少損失或不利影響之過程。有鑑於災害所可能帶來的包含生命、經濟、政治，與社會等各方面重大影響與損失，必須要對災害進行有系統之

管理。[32]

總體而言，應急管理、危機管理與風險管理，不論在西方國家與海峽兩岸都有不同的內涵和概念，他面對的問題也不一樣，「應急管理」主要是作為處理公共安全範疇內所遭遇到的重大緊急事故，可能給人民或政府造成重大傷害；而危機管理他所面對的可以涵蓋各個層面，如企業危機、內部危機、領導危機，當然他也會造成傷害，則看屬於何種危機。而風險管理則著重在事前的評估與預測，不可否認三者在處理過程與應對上，或許方式有所不同，但為了確保安全的基本思維是一致的。

二、中文的「安全」與英文 safety 和 security 的區別

安全兩個字對中文的概念而言，毫無疑問的應該是只有一種共同的認知，但對映到英文，他應該是 Safety 或 Security，似乎就有些歧見，以下就針對這些疑義釐清。

（一）中文「安全」的意涵

「安全」代表一種穩定，在一定程度內可以預期的環境，讓個人或團體可以在追求目標時，不受干擾或傷害,也不必擔心任何動亂或意外[33]。

安全概念的理解與解釋非常廣泛，上至國家安全到社區

---

32 詹中原，〈危機管理與災害防救之研析〉，發表於「國政研究報告」研討會（財團法人國家研究基金會，2007 年 8 月 29 日）。2010 年 5 月 9 日摘錄自：〈http://www.npf.org.tw/post/2/3044〉。

33 同前註，徐子文編審，李振昌譯，頁 3。

警衛安全都與安全有關，因此安全一般泛指持續穩定、完善、不發生事故、不遭受威脅等沒有任何危險或風險狀況發生[34]。而大陸學者夏保成教授認爲安全是指在自然災害、意外事故、公共衛生或治安事件發生過程中，能將人員傷亡或財產損失控制在可以接受的狀態，如果人員或財產遭受損失的可能性超過可接受的程度，即是不安全[35]。這樣的論述會造成誤解的是：不管人員傷亡或財產損失控制在可以接受的狀態或不可接受的狀態，問題是災害已經發生，不管程度大小、傷亡多少，能否接受，既然已經發生何來安全可言？另根據一般學者認爲，安全具有主觀與客觀二元性，在主觀上不存在恐懼，客觀上不存在威脅。因此安全的主觀感覺，是指人們對於自己生命和相關事物的無憂和放心；安全的客觀存在，是指具有對抗一切現實或潛在威脅的確切保障[36]。上述的解釋基本上是以中國人對安全的概念，但安全在英文中卻有兩個概念，一個是 Safety 一個是 Security。

　　根據休士頓大學王曉明教授對安全的解釋，他認爲「安全是代表一種穩定的、在一定程度內可以預期的環境，讓個人或團體可以在追求目標時，不受干擾或傷害，也不必擔心任何動亂或意外」[37]，安全的定義，則可區分成兩個層次，也就是英文的 Safety 和 Security，兩者在中文都是指安全，

34 戰俊紅、張曉揮，《中國公共安全管理概論》（北京：當代中國出版社，2007），頁 15。
35 夏保成、張平吾，《公共安全管理概論》（台北：銘傳大學銘新出版社，2010.9），頁 7。
36 夏保成，《國家安全論》（北京：長春出版社，1999），頁 38。
37 同前註，徐子文編審，李振昌譯，頁 4。

但是 Safety 指的是「沒有意外」（No accident），而 Security 指的則是「沒有事件」（No incident）。員工在辦公室大理石地板走路摔跤，是意外；監獄發生鬧房、暴動，則是事件。意外通常是指無心或不注意時發生；事件系爲人爲操作、有計畫、有預謀的行爲。當意外或事件發生時，無憂無慮的感覺往往就不存在，也就是說人們的安全感開始消失了。[38]

　　但這樣的解釋，對一般無英文背景知識的人來說，可能不易體會。以下再進一步對「安全」在中西方的語意中代表的意涵做一說明。

　　一般中文對「安全」解釋似乎非常籠統，也非常廣泛。因此，我們也看到在「辭海」中對「安全」的解釋，只有一句話「指沒有危險」。這樣的概念對一般市井小民來說或許已經夠了，但對一個從事安全管理研究工作者而言，在面對今天社會如此複雜多變的危險環境中，這樣簡單的詮釋顯然是不夠的。

　　以下就針對上述所提安全兩個英文概念 Safety 和 Security，做一理解。

（二）英文 safety 和 security 的區別

根據 Websters's New world Dictionary[39]

「safety」係指 The quality or condition of being safe; freedom from danger, injury, or damage. Any of certain devices

---

38 王曉明，〈安全管理理論架構之探討〉，《中央警察大學警學叢刊》，第三十七卷第四期，2007 年 1 月，第 1~12 頁。
39 《韋氏新世界字典》（敦煌書局出版，1984）。

for preventing an accident.

（品質或狀態的安全；免於遭受危險、傷害或毀損。為了防止意外所做的任何一種設計）

「security」係指 The state of being or feeling secure; freedom from fear, anxiety, danger, doubt, etc. Something that gives or assures safety, tranquility, certainty.Protection or defense against attack, interference, espionage, etc.

（情況被確保或感覺被保障；免於遭受害怕、焦慮、危險、疑惑等。某件事能獲得或確保他的安全、安寧和確定；維護或防禦外來的攻擊、干擾、間諜活動等）

另根據國內英文權威賴世雄的解釋[40]：

「safety」是指安然無恙（safe. sound），安全平安之意；「security」是指保障。

例如：

1. For your comfort and safety, we recommend you keep your seat belt loosely fastened during the flight.

為了您自身的舒適與安全，我們建議在飛機航行時繫上您的安全帶但不用繫的太緊。

2. He was led to a place of safety （= somewhere he would not be in danger, especially of being found and harmed）.

他被帶到一個安全的地方（這個地方對他不會有危險，尤其是被找到或是被傷害的危險）

例如：

40　賴世雄，81.3，頁281

1. The station was closed for two hours because of a security alert.

由於安全考量因素，車站被關閉兩小時

2. The students were deported because they posed a threat to national security.

這些學生被驅逐出境，因為他們對國家的安全造成威脅，因此，可以初步瞭解：

safety-- a state in which or a place where you are safe and not in danger or at risk。safety 是用來形容一種"狀態"，當你在一個地方或一個處境中，你不感到危險時，這時我們就形容你的狀態為"safety"（安全）

Security--protection of a person, building, organization or country against threats such as crime or attacks by foreign countries

security 是指對人、建築物、組織或國家的保護，以免他們遭受到罪犯攻擊或是其他國家的攻擊。

例如：

There are fears for the safety of the climbers.

人們擔心登山者遭遇不測.

It's very important to teach children about road safety.

教育孩子交通安全的常識是很重要的.

security 則指預防傷害或損失而採取的步驟或措施.

The Queen's visit has been marked by tight security.

女王來訪時的特點是其嚴密的安全保衛措施.

根據休士頓大學安全管理學院王曉明博士解釋[41]：

中文的「安全」在英文有兩個概念「safety」&「security」，對應到我們的社會，那些是「safety」那些是「security」。一般 safety 指的狀態，security 則是指執行安全管理工作。

目前社會上從事 security 產業的有保全業，物業管理還不算。一般所謂的食品安全管理、建築物安全管理、煤礦安全管理、是一種安全狀態的確保，應是 safety 的範疇，但在我們社會將 safety 和 security 混爲一談都稱安全管理。

政府機關：如國安局、警政署、海巡署、移民署、調查局、法警，對人的安全管理；飯店安全室主任，他既管人的安全行爲（security），又管設施、物品的安全（safety）

所以當我們談安全管理時，係指 security 或 safety 或兩者皆是？或只要有涉及 security 範疇的，其 safety 也納入其管理，如公司、飯店安全室主任。

簡言之，安全管理應區分爲兩個領域，一是以 security 爲範疇，一是以 safety 爲範疇，但只要與 security 有關的 safety，均歸類爲 security 的範疇。

銘傳大學應用英文系前主任王兆璋解釋：

Safety 與 Security 皆可以「安全」譯之。基本差異爲 safety 多與人身安全有關，security 則爲有防護措施的安全。在英文裡，Security 講得是免於〔或降低〕他人〔或其他團體〕對我刻意的、有針對性的、有所企圖的、或有鬥爭性的傷害；而 Safety 則汎指免於一般性的〔非刻意的、沒有針對性的、

無特殊企圖的〕意外傷害。

　　舉例來說，現今的工作環境往往同時有 safety 及 security 的考量及措施，前者如設置煙/溫偵測器、自動噴水滅火系統、樓梯防滑板、多路逃生梯道等，意在避免/減少員工因火災、地震、天雨地滑等意外而造成傷亡；後者則是保全人員、監視系統、門禁卡、電腦密碼等的佈設，旨在避免（可能）懷有惡意者的入侵。其他的例子如 safety belt〔汽車安全帶〕、security guard〔保安人員〕等，皆循此理解釋。

　　此外，security 講的是「危害行為/事件發生與否，不操之在己」之類的安全議題。如 job insecurity 指得是公司裁員時，不知道我是否會被裁掉，這種不確定是否會丟了飯碗的不安全感/不確定感，原因是外在無法掌控的大環境不佳，公司隨時要裁員，我雖小心努力，希望公司別裁到我，但卻不能叫公司不裁員。

（三）綜合論述

　　中文的「安全」兩字概念與內涵可以包括我們所認知對危險、災害、保護、應變、心理、實體方面的一切有關事項，因此在使用上亦較籠統，任何事務或東西只要加上「安全」兩字，就可代表或涵蓋我們所希望達到的所有要求。

　　但英文的 safety 和 security 在使用上與概念上，就有許多的差異，從前述的分析可以做一歸納。

　　safety 係指：對品質、狀態、地方、物品或人使它維持在一種穩定與沒有危險或不會被傷害、干擾的無憂無慮環境。

　　而 security 可以說是為了達到上述安全（safety）的目的，

所採取的各種計畫作為、手段、措施，使該狀態、物品、或人員感覺受到保護或保障，不會產生焦慮、不安的現象。

因此，security 係指：對情況、某事件被確保或感覺被保障、維護或防禦外來的攻擊、干擾、間諜等所採取的各種預防保護措施。

所以當我們談安全管理時，security 著重的是計畫、作為與執行方面；而 safety 著重的是一種狀態、環境或最終的目的與結果。

因此，安全管理基本上應區分為兩個概念，一是以 security 的範疇，另一是以 safety 的範疇，兩者之間存在著目的與手段、結果與方法的關係，具體的說，Security 是手段取向，Safety 是目的取向，也就是透過 Security 的執行，達到 Safety 的境界與目的[42]。兩者基本差異如下：Safety 多與人身安全有關，Security 則為有防護措施的安全。在英文裡，Security 講得是免於〔或降低〕他人〔或其他團體〕對我刻意的、有針對性的、有所企圖的、或有鬥爭性的傷害；而 Safety 則汎指免於一般性的〔非刻意的、沒有針對性的、無特殊企圖的〕意外傷害。

以上對中文的「安全」概念與內涵和英文的 safety 和 security 作一分析，對從事安全管理研究有興趣的人士應有所助益。

---

42 李湧清，〈再論安全管理理論架構〉《警學叢刊，39 期，2008》，頁 86。

第三節　行政管理人員與安全管理人員的區別

一、什麼是行政管理人員

（一）什麼是行政：[43]

　　廣義上，把國家機關和非國家機關，如企事業單位、社會團體乃至私人組織中的計劃、決策、協調、人事、後勤庶務等管理活動，稱為行政；狹義上，認為行政是政府機關執行的任務和進行的活動。行政是國家權力機關的執行機關，依法管理國家事務、社會公共事務和機關內部事務的活動。

　　一般說來，行政管理學的基本研究範疇主要有以下各個方面：

　　行政原理、行政職能、行政權力（授權）、行政組織、人事行政（公務員制度）、行政領導、行政決策、行政計劃、行政程式、行政執行、行政技術、行政行為、行政效率、機關管理、財務行政、物材行政、行政責任、行政監督、行政道德、法制（治）行政、行政改革、行政能力、行政發展等範疇。

---

43 行政管理學，MBA 智庫
　　http://wiki.mbalib.com/zh-tw/%E8%A1%8C%E6%94%BF%E7%AE%A1%
　　E7%90%86%E5%AD%A6

（二）行政管理人員[44]

每一種行業都有行政管理人員，事務機器業亦然，其職業包括擔任管理職位的幹部及一般通稱的辦事員。此項職業的工作分類頗多，例如：總務、財務、人事、企劃、法務、稽核、公關……等，都是行政事務的管理人員。

從上述對行政管理人員做一簡單描述，就可以發現，一個單位裡面的日常例行工作，都屬於行政工作。而行政工作最大的特點就在於將每件事情在預定的時間內完成。舉例來說，舉辦一個國際會議，其中要協調聯繫的人員，包括外賓、長官、學者、專家等，準備的事項，包括會場佈置、餐點、交通、資料、費用、住宿等，這些繁雜、瑣碎的工作都是行政工作，但這些事項是否安全，卻不是行政人員關心的重點，他們只要能按時完成各項計畫中的項目，就已算是優秀的行政人員。而其中是否會被不法份子入侵？有無可能遭受恐怖攻擊？長官的蒞臨是否有安全顧慮？凡有關安全的事項基本上就不是行政人員的業務。

但一件事情的完成，若未能全般照顧，就有可能發生意外，因此，安全管理人員如何在每一項計畫中，扮演好安全管理計畫、執行與監督的角色，並與行政管理人員密切分工合作，就亦顯重要。

---

44 行政管理人員
http://w3.tpsh.tp.edu.tw/organization/shcool/intro1/workinrto/001/002/a102/45.htm。

二、什麼是安全管理人員

　　什麼是安全管理工作人員的角色與職責？與一般行政工作者有何區別？在今天安全概念普遍存在我們社會環境人云亦云下，也是一個值得探討的議題。以下就針對此做一說明。

（一）安全管理工作人員

　　首先看，什麼是安全管理工作，總和前幾章所述，簡單的說，就是以從事安全為主要目的工作，並以確保人安、物安、事安為主要工作項目，所從事的各種有關預防、計畫、執行、督導、管控、應變等相關管理工作或行業均屬於安全管理工作。從前述安全管理的工作項目看，可以說，凡從事與國際安全、國家安全、兩岸安全、社會安全（公共安全、私域安全）等管理實務有關工作內容者，均屬於安全管理工作，因此，凡從事上述工作者，不論事情大小、位階高低，都可以說是安全管理工作人員。

　　根據美國休士頓大學王曉明教授的論點，認為執行安全管理工作的人通稱為「安全經理人」（Security Manager）[45]，他們可能會督導一定人數的警衛或是單獨執行安全系統分析規劃的工作，但是安全經理人的業務與安全警衛的工作不可劃上等號，因為安全警衛偏重技術或勤務執行面，而安全經理人則側重策略管理、規劃層面。此外，安全經理人不一定

---

45 同前註，王曉明。

只是局限在私人產業服務，他們也有可能在公共領域服務，一般言之，可區分為公務部門（政府部門）與私領域部門，前者如：國家安全局、內政部警政署、消防署、法務部政風司、調查局等官員、法警、負責監獄管理之官員、機場安檢人員等政府官員或公務人員、在後者私領域方面，如 101 大樓安全總監、各大公司或企業之安全顧問、經理、國際飯店旅館之安全經理、學校學務處、訓導處之校安人員及安全管理從業人員、社區安全經理、飛安人員、銀行、醫院安全人員、保全、警衛人員等，均屬於私域安全管理人員。

　　上述無論是在公領域或私領域從事安全管理工作的人員，他們的工作性質、內容與待遇，則視其所接受的教育程度、通過的考試、所受的專業訓練、經驗及所持有的證照，而有很大的差異，這些與大學安全管理課程設計的方向也有密切的關係。因此，廣泛的說，不管在公領域或私領域，凡從事安全管理工作者，均可稱為安全管理人員，而其職稱則視其服務單位、工作內容、項目、資格有所不同，如公部門的安全局局長、處長、安全官等；私部門的如安全總監、安全顧問、安全主任、經理、保全員或警衛等[46]。這些雖有職務、位階的高低，或工作範圍的大小、多寡與輕重層次有別，但基本上他們所從事的工作目的與內涵卻都是一致的。

　　最大的問題，即在於人力銀行職務分類上，如何區別在私領域範疇內負責規劃、督導、管理的各階安全經理人與一般執行勤務的保全、警衛人員做一區別，而不是僅以軍警/

---

46 同前註，虞義輝，〈安全管理與社會〉，頁 29。

保全，一筆帶過。

（二）安全管理人員的基本職責

安全管理人員，不管是在公領域或在私領域或企業界，都有高階層的管理者、和中階層及負責基層安全工作的人員。安全管理人員的基本工作內容與職責就是藉由管理手段，預防任何意外事故的發生，透過管制作為、消除隱患、避免意外、減少損失的目的，達到「防範於未然、瀰禍於無形；傷害到最少，照顧到最好」的要求，使國家、社會、企業、公司處於最佳的安全狀態，為人們創造一個安全無慮的生活與工作環境。簡單的說，安全管理者的職責就是在任何環境下，都要做到人安、物安與事安的基本要求目標。因此，安全管理人員的基本職責，應包括對單位或組織建構：

O 有關安全管理機制的建構
O 有關安全管理體系的維護
O 有關維安資訊的蒐集與研析
O 有關安全問題之處理

（三）安全管理者應具備的基本能力

安全管理者與管理者基本上都是屬於管理者，而一般所謂的管理者是在組織中的某個單位，為組織設定方向、給予適當的領導，並決定如何運用組織資源來完成目標。但由於管理者的工作是複雜的、多面向的所以管理者在執行工作時，需具備不同的技能與扮演不同的角色。最常見的能力有概念化能力、人際關係能力、和技術能力。

　　所謂的概念化能力，是指管理者對組織整體與內外環境之間關係的洞察力，他呈現在管理者思考、規劃、和表達的能力上，也就是一種策略性思考的能力。

　　所謂人際關係的能力，是指管理者和他人相處、合作，並成為一個有效率工作團隊的能力，其呈現在組織中是激勵、協調、領導、溝通和解決紛爭的能力。

　　所謂技術能力，是指瞭解並精通完成特定任務所需的能力，他表現在工作方法、技巧、及使用某些器具與設備的能力，也包括財務、行銷、分析等知識能力。[47]

　　以上是一個管理者應具備的基本能力。

　　但身為一個安全管理者，應該具備那些基本能力？這是一個相當重要與需要思考的問題，安全管理者與管理者最大的區別，在於管理者為因應組織的生存發展，在不同的階段會有不同的目標。但安全管理者，在任何時間、環境下要做的工作就是確保組織的安全，其中包括人安、物安、事安。人安，也就是人的行為與思想上的安全，物安，也就是對各項物品、機具、設施、在管理、搬運、安置、儲存甚至善後處理上的安全管理，而事安則是對有關規劃、計畫、執行過程中的安全管理。要做到這樣的安全管理者，應該具備那些基本能力？筆者認為應具備以下四個能力，第一，對安全管理的認知與敏銳觀察能力，第二，安全管理專業能力，第三，資訊蒐集分析研判能力，第四，良好人際關係的能力。以下進一步說明：

---

47 蔡敦浩，《管理學二版》，（台北：滄海書局，2009 年 2 月），頁 14-15。

　　第一、對安全管理的認知與敏銳觀察能力

　　什麼是認知能力（cognitive abilities）認知能力是指人腦加工、儲存和提取信息的能力,即人們對事物的構成、性能與他物的關係、發展的動力、發展方向以及基本規律的把握能力。它是人們成功的完成活動最重要的心理條件。知覺、記憶、思維和想象的能力都被認爲是認知能力。[48]而安全**管理**的認知能力，正是對組織、環境、設施、人際互動等相關安全事務的基本理解與認識，對於安全有敏銳的觀察與感知能力，眼睛所看、耳朵所聽，都可能是訊息與潛在的危機的訊號來源。尤其態度，欲從事安全管理工作者，從基礎開始就要培養一種讓人與你相處，很自然就能獲得一種安全感與信任感的人格特質，這種人格特質的培養有賴學校教育與家庭教育的長期薰陶與自我惕勵，因此身爲一個安全管理者，本身就要學習具備比一般人對外在事務更敏銳的洞察力。

　　第二、安全管理專業能力

　　安全管理的專業不同於一般的管理，他除了須具備管理者的基本能力外，更要有防範未然、瀰禍無形的危機預防能力，萬一不安全事件發生，還要有面對突發狀況的應變處理能力，甚至事後的處理能力，因此，安全管理專業能力即包括如何做好以人安、物安、事安爲核心思考，所須具備的各項能力。以人安來說，如何掌握人的不安全行爲、心理，就是一個重要的課題。因此，在思考如何防範意外事故時，就

48　《什麼是認知能力》，
　　〈 http://wiki.mbalib.com/zh-tw/%E8%AE%A4%E7%9F%A5%E8%83%BD
　　%E5%8A%9B 〉。

要有些專業的考量,如:什麼樣的行為需要增加或減少,以便防止事故的發生？什麼樣的環境條件,包含人與人之間的關係,會讓不期望的行為（undesirable behavior）持續發生或是抑制適當行為（desirable behavior）？什麼樣的環境、氛圍或工作條件能改變減少不適當的行為及增加適當行為？這些都是專業安全管理者觀察之重點所在。[49]

第三、資訊蒐集分析研判能力

一個優秀的安全管理者,一定是一個優秀的資訊蒐集分析研判者,因為安全問題往往是隱而不顯,是逐漸累積或經常疏忽造成。這些現象如果沒有敏銳的觀察力去蒐集、掌握相關的資訊、進而分析研判找到問題的癥結,最後就會導致不可收拾的安全問題。因此,一個安全管理者,如果沒有資訊蒐集分析研判的能力,就像盲人其瞎馬,既危險又無知。因為他不知道危險在那裡？也無法事先掌握不安全的因素,要如何去防範？如何去做好安全管理的工作？所以,資訊蒐集分析研判的能力是身為一個安全管理者必須具備非常重要的能力。

第四、良好人際關係能力

身為一個安全管理者,除了具備上述的條件外,亦需要有良好人際關係的能力,因為從安全管理的角度看,良好的人際關係,是資訊蒐集的先決條件,因為良好人際關係,會讓你獲得許多不同來源的資訊,會讓你對周遭環境、人際互動、人們的想法,有先期瞭解與掌握的時間和溝通的機會,

---

49 盧義輝,《安全管理與社會》,（文史哲出版,2011 年元月）,頁 160。

達到危機預防、防範未然的效果。其次，由於安全管理工作並不具備生產、獲利的條件，甚至很多時候是需要付出更高的成本，才能達到安全管理的目標。因此，如果具備良好的人際關係，也會讓安全管理者在推動安全管理產業、教育與傳達安全理念時，獲得各階層更多的支持與認同。

（四）安全管理者的工作重點與權力

安全管理者是一個責任重大，權力未必相符的工作，凡是涉及安全方面的問題都是其職責範疇，但在實際作為上，安全管理者只能在有限的權力下，以協調、溝通和建議的方式來開展其安全管理的工作。

雖然安全對一個社會組織正常活動發展的重要性無庸贅言，不過一旦人們獲得了一定程度的滿足，又往往忽略了維持安全狀態的重要性，雖然「安全是一個重點，不過總是不在優先次序的清單上」[50]為什麼長久以來，安全常常被視為僅僅是支出花費，一種可有、可無，純買心安的活動！這是因為安全是要付出代價，但又無法回收與獲利的工作。美國911 恐怖攻擊事件之後，各國政府及社會大眾再度喚起了人們對安全管理的重視，也對於安全管理工作人員的依賴。[51]那身為一個安全管理者，什麼是他工作的重點？他又有那些權力？

1.安全管理者的工作重點[52]

---

50 同前註，徐子文編審，李振昌譯，頁 3。
51 同上註。
52 虞義輝，《安全管理與社會》，同前註，頁 31。

（1）傳播（宣導）安全知識與訊息：

負責向群眾或組織成員傳播（宣導）有關保護、預警、安全的訊息，成爲安全部門與組織員工雙向溝通的渠道。一方面，將安全部門的安全指令、安全規章制度、安全技術知識以及其他部門的工作經驗、環境等傳達給員工；另一方面，將員工對工作環境的有關要求、安全狀態、設備和環境的安全狀態等信息上報給組織部門及各級主管。使組織員工學習認識有關安全法規、政策、規章制度和安全知識等經驗。

（2）預防事故與意外：

對預防事故的活動進行有系統的安排、管理和必要的調整。安全管理人員要全面了解安全方面的各種法規及組織的安全規章制度，了解關於一些設備的安全操作，個體防護用品的使用標準。爲預防事故做好監督工作，包括對各項設施安全狀況的一般檢查，對新進人員的安全訓練與對可能產生特別危險和危害的設備使用操作提醒。爲組織提供有關安全方面的研究建議，並對一段時間內組織發生事故的類型、人數、人員類別和事故原因進行統計分析研究。

（3）彙報安全工作：

將部門的安全情況定期、直接向有關主管匯報，報告要包括具體的不安全原因，潛在危險、各種可能的影響安全的不預期狀況，提出應採取的改善措施與應因作爲。

（4）開展安全教育：

負責對組織成員與群眾進行定期與不定期的安全教育宣

導與提醒。[53]

（5）適時的建言：

安全管理人員對服務的企業、機構、公司應隨時掌握狀況，並適時提出有關安全方面的建議。

2.安全管理者的特殊權力[54]

爲了貫徹安全管理的效能，各組織、機構的負責人必須授與安全管理者一定的權力，以便其能在面對不安全事件或一些快速移動和迅速變化的狀況下，採取適當的因應措施，以確保組織、成員、或他人的生命、財產安全，因此，負責安全管理之幹部，在面對上述危急狀況時，亦應有其適當之權力來預防、處理或應變，其權力如下：

（1）緊急處理權：

當發現單位、公司、機構、組織環境、工作現場，預見有即將發生事故的危險時，安全管理人員有權立即採取各種有效的措施，其中包括：停止作業、撤離、隔絕，並直接向組織相關安全管理部門反應狀況，以確保人安、物安、事安並預防事故的發生。

（2）制止違規（法）權：

安全管理人員有權制止任何人的違規行爲和違章（法）作業，制止任何只重經濟效益而忽視安全問題的行爲，並有權將違規（法）情況和可能造成的安全問題，向組織安全管理部門和上級安全監管部門反應。

---

53 同註：虞義輝，《安全管理與社會》，頁 31-32。
54 同上註，頁 34-35。

（3）越級報告權：

一般行政工作人員，依體制是必須逐級報告，嚴禁越級報告。但對安全管理工作者，面對危險、面對瞬間可能帶來的災難，或面對緊急狀況非立即處理，否則將造成單位、部門重大傷害時，安全管理人員有權越級報告，並請求有關部門的支援、協助與處理。越級反應，就成為一種必要的避險手段與作為。

（4）學習安全新知權：

安全管理人員為確保組織、企業、公司的整體安全有學習新知的權利。面對快速變化的社會，面對日益更新的犯罪手法，及對國家頒布的各項安全管理政策、法規、標準以及有關安全方面的新技術、新知識，安全管理人員有權，也應該比一般員工了解更多、更及時。因此，參加有關安全方面的訓練與知識的學習，以提高自身的素質與能力，亦成為安全管理者重要的權益。

從上述的說明即可以理解，一個安全管理人員與行政管理人員，不但在業務職掌上有所區別，就在思維模式、應變能力、觀察、判斷能力亦要比一般行政人員更加敏銳。

（五）安全管理的核心工作

瞭解了安全管理相關工作職能，最重要的就是如何去落實這些安全管理的實務工作。依據筆者多年來從事安全管理的實務經驗，安全管理的核心要求就是：安全管理計畫、執行、管控、考核，四大領域（如附圖 5-1）。這四大領域表象上與一般行政管理之工作內涵有很大的相似度，但兩者最

大的區別在於，行政管理工作旨在將一般行政業務或工作在既定的目標下依據進度有效的完成。但安全管理工作者，則是關注在每一個工作環節中的安全事項。也就是，任何一個從事安全管理工作者，都必須有較一般人有更敏銳的觀察力與資訊蒐集能力，他必須看到他人可能不注意的地方，他必須觀察研判事件進行中可能潛藏的風險，他必須不斷蒐集有關安全方面的資訊並加以分析研判，有些是事先必須做出評估，有些是事件或活動進行中必須不斷觀察修正與評估，因此，安全管理工作的重點除了要具備一般行政人員的基本專長外，更要有瞭解環境、掌握狀況的能力，進而研擬各項安全計畫、模擬各種想定，藉由不斷演練，達到安全無虞的境界。因為，所有的行政工作做得再好，只要有一項安全工作發生問題，所有的努力與代價很可能都會蒙上陰影。

因此，從事安全管理工作者，在思維邏輯、問題考慮上亦必須比行政管理工作者更細心、更縝密、更周延。例如，2010年台北國際花卉博覽會，負責規劃此次大型活動的負責人，經過全面考量後，分成許多工作組，這些組基本上都是考慮、規劃如何有效的完成預定的國際花卉博覽會進度目標，他們並不會刻意去考慮或評估整個過程中可能遭遇到的風險。但從事安全管理工作的這一組，就必須不斷的思考，在整個活動行政推展的過程中，有那些需要注意、提醒、甚至規畫的安全措施。因此這組人，他們要考慮的因素就包括基本的安全目標：如何確保人安、物安、事安。在整個活動長達半年的過程中，如何確保所有遊客與工作人員的安全，因此，如何做好安全維護、交通管制、人員限量、人員安檢、

安全巡邏、如何做好緊急避難、如何避免發生意外事件，如果發生群眾事件該如何處理，醫療體系能否即時支援等各種狀況都是必須不斷思考的問題；在物安上，就要考慮，如遇大雨，河水暴漲，展場之各類物品如何撤離、如何疏散，這些物品放置是否妥善安全，搬運時是否會發生意外，有關電腦、機房等是否安全無虞，當然還有許多在實際執行會發現的問題，都需納入考量；在事安上，就要考慮整個計畫是否有疏漏之處，有無需要提醒行政部門注意之處，有無需要加強或調整之處，在事情的進展過程中，安全管理幹部要不斷觀察，要防止不安全行為或狀況演變成事故，所以在處理或預防事故時就必須思考下列三個基本問題：

　　什麼樣的行為需要增加或減少，以便防止事故的發生？什麼樣的環境條件，包含人與人之間的關係，會讓不期望的行為（undesirable behavior）持續發生或是抑制適當行為（desirable behavior）?什麼樣的環境、氛圍或工作條件能改變、減少不適當的行為及增加適當行為?因為風險行為改變是處理或預防事故的預期結果，也是對所發現問題的解決方法。因此，行為改變既是一種結果也是一種過程[55]，這些都是從事安全管理工作者需要思考的問題。

　　有了上述的思考之後，要如何將其轉換成具體的文字，變成可以依據、參考、操作執行的工具，就有賴一個完整的計畫，徒法不足以自行，如果只有想法、看法，而無具體的作法，一切都是空談。因此一個安全管理幹部要如何撰寫計

---

55 蔡永銘，《現代安全管理》（台北：揚智出版，2009.11），頁 368。

畫，模擬想像各種可能發生的危安狀況，並進而去落實執行，並有效的掌控，不使其偏離軌道，最後並能對其做一全般考核，才能算真正落實安全管理工作，也是一個優秀的安全管理者應具備的條件。

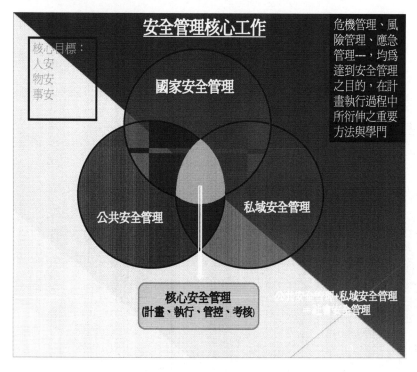

（圖 5-1）安全管理核心工作

第六章　安全管理體系建構的外延與內涵

第一節　安全管理體系的建構

一、什麼是體系？

　　關於體系，往大處看，總宇宙是一個體系，各個星系是一個體系；往小處看，社會是一個體系，人文是一個體系，宗教是一個體系，甚至每一學科及其內含的各分支均為一個體系，一人、一草、一字、一微塵，也是一個體系。大體系裡含有無窮無盡的小體系，小體系裡含有無盡無量的、可以無窮深入的更小的體系。眾多的小體系，構成了一個大體系以至於總體系。總則為一，化則無窮，反之亦然，這就是體系。[1]

　　20世紀末，隨著資訊和網路技術的飛速發展，越來越多的系統在網路環境中誕生與發展、演化與消亡，傳統系統科

---

[1] 企業管理體系，http://baike.baidu.com/view/2090719.htm。

學方法面對眾多系統在網路環境中的集成與交互、演化與發展越來越顯得無能無力。21 世紀初，一個在上一世紀備受爭議、旨在解決多系統集成與交互問題的概念 —— 體系（system of systems，SoS）被科學家廣泛接受和認可，形成個新的研究領域和方向。從詞義上講，體系（system）是一個科學術語，泛指一定範圍內或同類的事物按照一定的秩序和內部聯繫組合而成的整體。自然界的體系遵循自然的法則，而人類社會的體系則要複雜得多。影響這個體系的因素除人性的自然發展之外，還有人類社會對自身認識的發展。[2]

依據百度的解釋，體系，就是指廣義上的一個完整的、大的系統，裡面有可能包括一些小的系統，構成一個個具有某種功能的結構。就像人體有循環系統、呼吸系統等小系統構了一個完整的人體體系一樣的道理。[3]

而筆者認為，何謂體系？對此一概念的界定，最經典的莫過於康德在其名著「純粹理性批判」中曾說過的一句話，「所謂體系不過是在一個思想下對多樣性認識的統一。」[4]的確，目前安全管理的體系未能建構之原因，就在一個思想下對多樣性認識的尚未統一。這也就是筆者在從事教學、研究的過程中發現的關鍵問題。

---

2 互動百科，http://www.hudong.com/wiki/%E4%BD%93%E7%B3%BB。
3 百度對體系的解釋，http://zhidao.baidu.com/question/47711715。
4 康德，「純粹理性批判」
　http://www.douban.com/group/topic/15357073/。

二、安全管理體系建構的必要性

　　從有了人類集體勞動開始到 18 世紀，進入 19 世紀末，是管理產生的萌芽階段，直到 19 世紀末 20 世紀初泰羅的科學管理理論產生，管理學才形成一個為人注目的標誌。而隨著社會生產力的發展，人們把各種管理思想加以歸納和總結，就形成了管理理論。人們反過來又運用管理理論去指導管理實踐，以取得預期的效果，並且在管理實踐中修正和完善管理理論。在漫長而重復的管理活動中，管理思想逐步形成，這也就是今天們看到有系統的管理科學，因此在管理這部分基本上無論是理論或實務，社會和學校都有其共同的認知與一貫的思維邏輯。[5]

　　換句話說，管理學在今天的社會或各大學中，都已有一個基本的認知，就是以企業經營管理為核心，但重點是安全並不在他的核心概念裡。事實上，近 10 年來，安全管理的概念已遍及各行各業，任何行業只要加上「安全」兩字。似乎就是品質與信譽的保證。因此，在安全管理不斷蓬勃發展但各種概念又無適當制約的環境下，該如何規範？「安全管理」這四個字，應該歸屬與管理體系下的一環？或者自成一個安全管理體系？他究竟應該是一個什麼樣的體系？他的核心是什麼？包括的範圍為何？研究的領域要如何區分？似乎距離標準化、統一化、與各方的認知一致化，還有相當的距離。

---

5 管理理論，
　www.ctcvietnam.org/Tw,BA-Information,Management-tools,100.html。

尤其今天社會上充斥著任何「管理」只要加上「安全」兩字，好像就有了保障，就萬無一失，如國家安全管理、勞工安全管理、消防安全管理、企業安全管理等……，這些都是安全管理，但事實上，上述每一個「安全管理」指涉的內涵是完全不同，他探討研究的領域也是各有專精。

2001 年美國 911 恐怖攻擊發生後，這十幾年來，世界各地或在台灣，「安全管理」的概念如雨後春筍般遍及各行各業，至於什麼是「安全管理」？如何有效的做好「安全管理」？似乎很少人會去關注。簡單的說，大家都知道做任何事都要有安全管理的概念，但安全管理的範疇如此廣泛，應該如何劃分、由那個單位來管理，用什麼方法能有效執行，恐未必有被關注或瞭解。

回顧過去安全管理發展的歷史，明顯的發現，安全管理的主軸幾乎都在關注工業安全，如煤礦安全、衛生安全、化學安全等……方面。但 2001 年美國 911 恐怖攻擊事件發生後，安全管理的概念產生了重大的轉變，它從原來的工業安全管理重點，擴大到社會各個階層、行業和不同的領域，例如：社區安全管理、機場安全管理、飯店安全管理、國際博覽會安全管理、大型演藝活動會場安全管理等……，同時在政府部門、學術界，都受到高度的關注，並成為一門備受矚目的顯學，國內對安全管理的教學、研究，也在 911 之後結合國際整體形勢，做了大幅度的改變與轉型。也因為這些原因，許多大學相繼成立保全管理學系，但不出幾年，就無以為繼，招不到學生，為什麼？原因固然很多，但筆者認為最關鍵的因素，就在未能完全掌握安全管理的整個範疇與體

系，以為今天社會上的保全管理就是安全管理，因此在面對學生、家長、學校、社會需求時就會產生瞎子摸象的結果。2005 年開始，銘傳大學為培育安全管理人才及改善目前社會上安全管理產業以軍警人員退休後轉任之非常態現象，開始籌設大學部的「安全管理學系」，並成為今天台灣各大學「安全管理學」先驅與引領者的龍頭角色。

　　但同樣的問題又產生了，第二年該校校長就質疑安全管理系的核心是什麼？安全管理的範疇如此之大，該系是以什麼作為教學與研究的主軸？因此，就更名為「社會與安全管理學系」將重心放在社會上有關安全的議題上，如此，一方面縮小聚焦了安全管理研究的範疇，另一方面，也讓學生、家長、學校、社會各界更容易瞭解該系的重心，就是社會上各種安全管理的相關議題。

　　尤其在國內與兩岸已蓬勃發展的今天，雖然銘傳大學「社會與安全管理學系」在教學上基本沒有問題，但在安全管理理論的研究方面，對於什麼是安全管理理論的體系、範疇與架構，目前各界仍無定論，為了因應今天整個社會對安全管理的重視和各階層普遍與廣泛的使用安全管理名號，確實有必要對安全管理有關實務、理論，互相結合、互相制約的個體做一個完整與進一步的體系探討。[6]

　　今天在自由市場體制下，任何人都可以依其意願選擇其欲開設之公司，經營想要的行業，只要有市場、只要能獲得利潤，只要師傅帶徒弟依樣畫葫蘆，滿足顧客需求，解決顧

---

6 李宗勳，《安全管理》（台北：智勝文化出版，2011 年 4 月），頁 45。

客的問題，就達到可以經營之目的，不需要任何理論基礎，顧客也不會在乎你有無理論基礎。若這個行業只是市場行為，不涉及到學校教育，當然也無所謂理論基礎的問題與教學範疇的問題。

問題即在於，這個行業的市場行為一旦進入學校體系，成為培育市場人才的搖籃，就不只是師傅帶徒弟依樣畫葫蘆就能滿足的問題，他就變成一門可以供大家討論、研究，甚至質疑的問題。雖然市場上安全管理產業與科技已行之多年，但「安全管理」包含哪些項目？他涵蓋那些範疇？當學生問：為什麼開這門課？不開那門課？安全管理與公共安全、社會安全、私域安全、國家安全又是什麼關係？安全管理與應急管理之間有何差別？這些一連串的問題，如果沒有一個清楚的規範、定位，老師與學生將如何面對。當我們在談公共安全管理時，他應該包含哪些項目？這些項目應該歸誰管理？社會上有那麼多安全管理問題，學校一個科系或一個學院的課程是否有能力全部涵蓋？這些問題目前在國內均未被具體討論。雖然大陸學者有些已在探討，但仍未完善。事實上，安全管理的實務工作，在台灣方面遠比大陸發跡更早，但因為早期一直未進入學校體系，因此，也失去深加探究的機會。今天安全管理既然已進入學校，系所的教授就有這個責任與義務，對這個行業行為做出一個完整的陳述與概念，且更需要有一清楚的認知。

眾所周知，理論是經驗的總結，經驗是透過人在日常活動、事件、不斷累積觀察中，建立起的生活智慧和對自我的

發現[7]。正是這些生活智慧與自我發現有系統的陳述，完成了所謂的理論。筆者就是想將日常生活中、教學過程中所遇到有關安全管理的問題做一歸納與總結，對安全管理的論述作一些整理，但，經驗並不一定是科學的，它需要理論研究者和實踐者做一番總結、驗證的工作。而理論在論述過程中，也可能遺漏一些重要的論據，因此理論的結果，最終仍須被不斷的檢驗，才有可能被學界所接受。

　　也正因為如此，以國內首創「安全管理學系」的銘傳大學才會在創系不到三年就更名為「社會與安全管理系」，為什麼會如此？就是因為安全管理體系範疇太大、太廣，從國家安全管理、公共安全管理到私域安全管理，都是安全管理的領域，那該系的核心目標是什麼？對一個安全管理系的大學生而言，他又該學些什麼？這些問題如果沒有完整的理論基礎做支撐，在面臨挑戰時都會很難自圓其說。有鑑於此，筆者就個人從事安全管理實務工作 30 餘年及這段期間在學校教學過程中所遇到的問題，參考相關書籍後，嘗試性做一規範與體系的建構，雖然筆者也知道這個工作相當艱鉅與困難，但總是要有人開始來做。因此，在今天社會上安全管理已普遍存在，而大學安全管理相關科系如雨後春筍般蓬勃發展之際，要如何正本清源，將學校與社會在「安全管理」體

7　〈鄧小平理論理論-成果都是人民實踐經驗和集體智慧的結晶〉，《新華網》，http://news.xinhuanet.com/ziliao/2004-10/27/content_2145152.htm。經驗總結法，通過對實踐活動中的具體情況，進行歸納與分析，使之系統化、理論化，上升為經驗的一種方法。總結推廣先進經驗是人類歷史上長期運用的有效方法之一。
http://baike.baidu.com/view/66800.htm。

系，這塊領域作一明確的規範與歸類，是本章嘗試探討的主
要目的。

第二節　安全管理體系的範疇與歸類

在邏輯學的學術範圍內，概念的邏輯結構分為「內涵」
與「外延」。內涵是指一個概念所概括的思維物件本質特有
的屬性的總和。例如「國家」這一概念的內涵包括：他是階
級社會中所特有的政治實體，是階級矛盾不可調和的產物，
是統治階級管理被統治階級的工具，是由軍隊、員警、監獄、
法庭、立法機構和行政機構組成的統治機器，等等。外延是
指一個概念所概括的思維物件的數量或範圍。例如，「國家」
的外延就是指古今中外的一切國家[8]。而本節就已安全管理的
範疇與歸類作為外延與內涵的論述。

一、安全管理體系架構

有關安全管理之概念、定義與定位分別在本書第三、五
章已做說明，本章直接對其體系的範疇加以探討。眾所周知
有關安全管理類似的名詞不計其數，其範圍更是非常廣泛，
從人類安全、全球安全治理、國際安全，國家安全、社會安
全、公共安全，至社區安全、私人保全（保安）、警衛安全，

8　〈內涵外延〉，《百度百科》，
　　http://baike.baidu.com/view/1365183.htm。

到個人安全都是安全管理的範疇。如果再從目前社會與學校所講授的相關學門來看，又有應急管理、危機管理、風險管理，公共安全管理等 ── 這些名詞、課程和安全管理是什麼關係？他們在安全管理體系中又是扮演什麼角色？在如此龐大又複雜的安全管理領域中要如何建構一個合理，且符合目前社會、學校、大眾認知的體系與規範，讓學生、社會、大眾，清楚理解安全管理體系的整個內涵與面向，確實有其必要性。但不可否認，這是一項相當複雜與困難的工作，誠如筆者在第一章中所說，銘傳大學安全管理系因應時代與社會的需求，成立全國第一所「安全管理學系」，成立第二年就面臨學校與家長的質疑，認為安全管理範圍如此之大，安全管理系要教什麼？包含那些課程？這的確是一個問題，也因為這樣，之後「安全管理系」就改名為「社會與安全管理學系」，將其範圍縮小到與社會安全管理有關之領域。雖然這個改名符合了系所的宗旨，但並未解決安全管理這個領域的根本問題，安全管理到底包含那些項目，它是否有一個具體的層次、內涵與範疇，否則很容易讓人有一種包山包海，無所不在，但又難以名狀的感覺。這就是筆者在本章試圖釐清與解決的問題，或許後續的論述未臻完善，但總要有人開始。

目前有提到試圖對安全管理體系做一探討的文章，應該就屬美國休士頓大學王曉明博士於 2007 年所寫的「安全管理理論架構之探討」[9]，及警察大學李湧清教授 2008 年針對王

---

9 王曉明，〈安全管理理論架構之探討〉，《中央警察大學警學叢刊》，第三十七卷第四期，2007 年 1 月，頁 1-12。

曉明所寫的「再論安全管理理論架構」[10]，也就是王的這篇文章，我們有了初步的對話與思考，他在美國休士頓大學成立安全管理所，當時就面臨我今天同樣的問題，因此，他以其個人的教學實務經驗，撰寫了這篇文章，在與其探討時，他認為他是在拋磚引玉，希望我能繼續再往前推進。該文中對於「安全管理的內涵」做了如下的說明，他認為「由於安全管理的學術研究是近年來才發展的，有關安全管理的內涵，學界尚無一致性的看法。

因此，他對「民主社會的安全管理體系」做了如下的詮釋，安全管理實踐的歷史回顧，清楚地顯示在現代的社會，安全分工是逐漸區分為三種不同的角色，即國家安全、公共治安和私人保全。國家安全強調的是主權的完整，軍隊是保障國家安全的主要力量；公共治安著重的是社會的安定，警察是維護社會安定的主要力量；私人保全則側重特定目標的安全，保全業者是保護特定安全的主要力量。因此，衡諸國內外的情勢，國家安全、公共治安和私人保全的關係應該是一種三個獨立體系卻緊密重疊的模式（如圖 6-1），本著國家主權至上的原則，國家安全置於上，象徵安全體系的中樞，公共治安和私人保全分為安全體系中的兩翼，應各自達成預期的目的，卻同時結合國家安全共同為國土安全（Homeland Security）的目標而努力。[11]這是筆者首次看到，也是目前唯一對安全管理體系所做的初步規範。

---

10 李湧清，〈再論安全管理理論架構〉《警學叢刊，39 期，2008》，頁 86。
11 同前註，王曉明，頁 2。

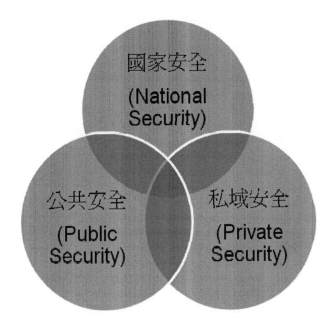

（圖 6-1）國家安全、公共安全和私人保全關係圖

王曉明繪製

　　另外，王曉明在美國發展安全管理課程時，曾經參閱坊間相關書籍[12]，發現某些主題往往會出現在多數的課本上，為了驗證自己的觀察，他利用參加「美國工業安全協會」（American Society for Industrial Security，簡稱 ASIS）休士頓分會月會的機會，向十餘位具有至少 20 年安全實務經驗的資深會員進行非正式的訪談，彼等一致同意，身為 21 世紀的

---

12 Fay, J.J.（2002）, Contemporary Security Management, Boston: Butterworth-Heinemann; Robinson, R.R. （1999）, Issues in Security Management, Boston: Butterworth-Heinemann; Sennewald, C.A. （2003）, Effective Security Management, Boston: Butterworth-Heinemann.

安全經理人，對下列的主題必須有一定程度的認識：

　　安全管理的組織理論與實務

　　安全管理的相關法律

　　保全業的發展與功能

　　實體安全

　　人身安全

　　資訊安全

　　危機管理

　　風險管理

　　調查實務

　　警衛實務

　　安全管理與犯罪防制

　　他認為，安全經理人無論是在政府機關或民間企業服務，都是屬於廣義的管理者，如同其他領域的管理者，必須具備現代組織與人員激勵理論之基礎，明瞭與安全管理相關的刑法、民法、行政法法條與案例，充分認識保全業的功能及實體安全、人身安全、資訊安全的實踐，以及運用危機管理、風險管理、調查實務和警衛實務為工具來達成人安、物安、資安的境界，這些主題的討論往往散見於不同的教科書，整體討論的教科書坊間並不多見，這也是安全管理學者今後可以努力的方向。[13]以上是他對安全管理內涵與對安全管理經理人必須具備的知識所做的期待。

　　另外，在大陸學者方面，有些學者提到安全管理時，也

---

13 同前註，王曉明。

做了簡略的說明，他們認為，就國家安全言，從國土安全、
戰爭、小至個人的健康與生命安全都是安全管理研究的課
題。就公私領域言，又可區分公共領域與私領域，前者包括
政府機關所牽涉的各種安全問題，後者包括私人企業、公司
行號的安全，但也有許多安全問題跨足公私領域，如環境安
全、資訊安全、及非法走私等。[14]就安全研究的對象，不同
領域關注的焦點也有所不同，就企業安全言，他關心的焦點
是生產安全，如面對可能的災害是考慮應如何預防及應變，
就公安角度而言，他關心的重點是大眾在從事生產、經營、
文化娛樂及其他社會活動的所有安全，如人身及財物的安
全，社會生活秩序，不會遭受違法者的侵害和治安事件的損
害；就國家安全言，他關心的焦點，除了傳統戰爭，亦包括
威脅國家的非傳統安全，如經濟安全、能源安全、人口安全、
恐怖主義、毒品走私、流行疾病等。[15]但這些散見各家的論
述是否就能涵蓋安全管理的全貌，稱之為一個體系或架構，的
確有待商榷。以下就個人之研究心得做一整體之歸納與說明。

二、安全管理體系範疇與歸類

綜合上述的觀點與論述，筆者思考安全管理之體系應該
包含那些範疇？這是筆者撰寫本書的核心問題！此問題首先

14 夏保成、張平吾，《公共安全管理概論》（台北：三民書局，2010），
　　頁8。
15 陳忠偉，《非傳統安全論》（北京，時事出版社，2003）。戰俊紅、張
　　曉輝，《中國公共安全管理概論》（北京，當代中國出版社，2007），
　　頁14。

要思考的是在今天我們所接觸、認知的安全管理範疇中，有關項目有那些？然後再從這些項目中作釐清與分類。

我們經常耳聞、接觸的範疇，從人類安全、全球安全治理、國際安全，國家安全、社會安全、公共安全，至社區安全、私人保全（保安）、警衛安全，到個人安全都是我們熟知的安全管理範疇。如果再從目前社會與學校所講授的相關學門來看，有應急管理、危機管理、風險管理，公共安全管理、社會安全管理、國土安全管理、環境安全管理、犯罪防制等 ── 。上述這些名詞相信對這個領域有涉獵的學者專家應該都是耳熟能詳，但這些是否就包含安全管理的全部，恐怕無人會同意，問題是如果我們若能先將已知的項目做一個歸類，未來就可以不斷的加入新的項目，或在這個基礎上，再開闢新的面向，繼續充實安全管理的內涵。

在如此龐雜的項目中要如何歸類，筆者從兩個面向思考，一個是從縱的面向看，另一個是從橫的面向看。所謂縱的面向，係指在這個體系中有上下關係或大小關係的項目將其歸在這個領域；所謂橫的面向，係指在這個體系中，無上下關係或大小關係，但其研究的方法或內涵仍以安全管理為基礎，其最終目標都是為了達到安全管理中人安、物安、事安的目的者，將其歸在這個領域。若從這兩個面向來探討，就可以有一個較清楚的初步概念。

（一）安全管理體系的縱向面

首先從王曉明所提出的觀點來探討，他認為從國家的角度來思考，只要將一個國家作為安全管理的最大化範圍，納

入安全管理的體系,就足以涵蓋所有安全管理的各個層面,因此,他將安全管理的體系的架構層次,分為國家安全管理、公共安全治理、與私域安全管理三個層次,這樣的上下層次區分基本上沒有問題,但問題在這三個層次是否就能包括安全管理的所有內涵?

筆者幾經思考之後發現,如果只將國家作為安全管理體系的全部來探討,將發現在全球化的今天,國與國之間的互動是如此頻密,國內任何一個安全管理上的缺失都會影響其它國家(如塑化劑、SARS、禽流感等問題),同樣的,國際上的任何問題也會影響一個國家(如美牛瘦肉精問題、地球暖化問題等),因此,筆者認為如果僅以國家為單位的思考、來探討安全管理的整個體系,安全管理的內涵將會出現一個大缺口。因此,筆者認為應該將全球化的概念納入安全管理的體系,因此,安全管理體系的最上層或最大化是否應該屬於全球安全治理(Global security governance),其次為跨國安全管理(Multinational security management),再來為國家安全管理(National Security Management)最後為國內安全管理(Domestic safety& security management)。所以安全管理體系的內涵,從縱向看,應該如此排列:從最上層的全球安全治理到跨國安全管理,進入中層的國家安全管理、社會安全管理、公共安全管理,一直到下層的私領域的社區安全、保全(保安)警衛、個人安全等安全項目,都應該屬於安全管理體系的內涵,(如附圖 6-2),這是從縱的面向來思考[16]。

---

16 虞義輝,〈安全管理涵蓋領域與內涵之研究〉,《警學叢刊》,第四十四卷第二期,2013 年 9 月,頁 1-22。

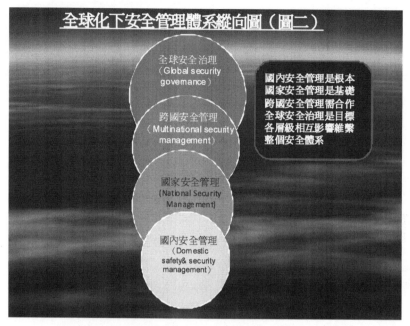

（附圖 6-2）安全管理體系的縱向面（筆者研究整理）

　　從上述圖中，可以理解，國內安全是根本，國家安全是基礎與跨國安全、全球治理息息相關、環環相扣，維繫整個安全體系。因此從最上層全球安全治理的角度看，這個範疇的整體目標應是：人類安全、國際和平和全球安全。以上也可以說對安全管理的外延做了一個詮釋。

（二）安全管理體系的橫向面

　　若從橫向面來思考，因為安全管理的問題越來越受到重視，安全管理的重心也從早期的工業安全管理，轉移至以社會安全、公共安全為重心，因此，在安全管理體系中各種研

究安全管理的方法，也如雨後春筍般蓬勃發展，由於安全管理的面向太廣，四目所及、日常生活中、企業管理中，到處都需要一個有效的安全管理方法，因此，學者專家針對特定標的提出了各種不同的因應模式，有風險評估、危機管理、應急管理、國土安全管理、環境安全管理等 —— 各種對特定目標的安全管理方法與應變機制產生，但不管他叫什麼名字，其本質仍是以安全管理為基礎，其最終目標也都是為了達到安全管理中人安、物安、事安的目的。如環境安全管理，雖然強調以節能減碳、資源回收、綠化環境、避免環境污染為訴求，但最終目的仍是希望人類居住的環境有一個較好的品質、達到人類在地球上能夠永續生存的目的，基本上就是人安的問題。再如資訊安全管理，雖然資訊安全管理已是一門專業的學科，且受到各界的重視與關注，但所有管理的資訊是脫離不了載體，也就是所有的資訊都必須附在一個載體上方能作用，這個載體可能是電腦、可能是手機、電話，也可能是電視、網路、書本等，所以只要將載體做好安全管理，它就達到安全管理的目的，而載體本身就是一個物體，所以仍屬於物安的範疇。

　　所以從橫向面看，就是以安全管理的目標：人安、物安、事安為核心，所衍伸出來，為了對特定的項目或標的所做的研究方法及相關機制。這些方法和機制有些以廣為世人所知並普遍運用，如危機管理、應急管理、公共安全管理、國土安全管理、環境安全管理、資訊安全管理、安全科技管理等，但現在這些已經有的安全管理機制和方法，並不能涵蓋所有的處理方式，曾如前面所述，安全管理是隨著時代的發展、

環境與人類社會的需要，不斷在增生，有些雖然目前並不顯著，但未來仍有可能產生新興的研究安全管理的方法與機制，這也是筆者在橫向面保留一塊其它尚未或正在開發的領域。因此，筆者將上述這些無上下與大小關係的安全管理相關項目，但其目標都是圍繞著安全管理的核心目標：人安、物安、事安為方向者，均納入安全管理的橫向面[17]。（如附圖 6-3）

安全管理體系橫向圖

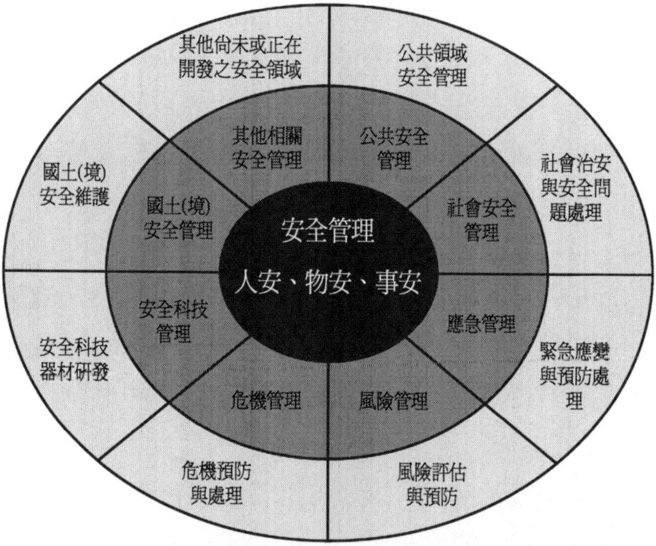

（附圖 6-3）安全管理體系的橫向面（筆者研究整理）

　　或許有人會問，傳統安全管理和非傳統安全管理，應如何歸類，事實上，兩者都是因應傳統威脅與非傳統威脅而產

---

17 同上註。

生，傳統威脅強調的是軍事、武力、以戰爭的手段解決問題，非傳統威脅則是因應近年來，人類面對軍事、武力以外的威脅，所遭受的傷害與危險更甚於戰爭，如傳染病、天災、污染、毒品、跨境犯罪、恐怖主義等，所做的一個相對於傳統安全管理的區隔。

　　以上從縱橫兩個面向，將安全管理體系的外延與內涵做了一個說明與歸類，雖未臻完善，但筆者認為這樣的歸類將有助於對安全管理的全貌有一個較清楚的輪廓與認知。

（三）安全管理在兩岸關係上的特殊性

　　對台灣而言，我們面對的安全管理問題除了國際之外，還有一塊不容忽視的區域，就是中國大陸這區塊，不管是從傳統安全管理的角度到非傳統安全管理的角度看，都是必須嚴肅面對的問題。雖然兩岸再政治上仍有許多需要釐清的問題，但在安全管理的學術探討上，兩岸的學者專家交流與互動卻非常頻繁，但無論從國家、社會的角度看，如何建構一個雙方都能接受的安全管理機制，這個機制包括「軍事互信機制」、「軍演通報機制」、「疫情通報機制」、「緊急救難機制」、「食品安全管理機制」，甚至有關兩岸和平方面的議題與機制等 ── ，從人道救援、或安全管理的核心目標：人安、物安、事安角度看，都是兩岸之間急需建立的，或許有些工作已在推展進行，但重點是一個官方的、透明的、正式的機制，才是安全管理所關切的議題，因此，筆者認為就台灣而言，安全管理體系的範疇應包括：全球安全治理（Global security governance）、跨國安全管理（Multinational security management ） 國 家 安 全 （ National Security Management ） 與兩岸間的安全管理 （ Cross-strait Security Management ），方能涵蓋安全管理體系的全貌[18]（ 如圖 6-4 ）。

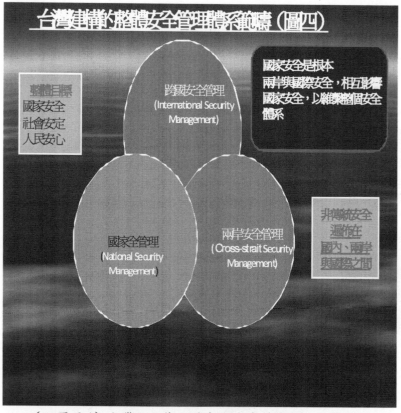

（ 附圖 6-4 ）台灣安全管理體系的範疇 （ 筆者研究整理 ）

透過這樣的一個連接，以台灣為主體的安全管理面向，才能全方為的被關照。換句話說，安全管理是不應該有死角，

---

18 同上註。

也不應該有因政治因素造成的盲點。

　　從上述的縱橫歸類及兩岸關係的圖，基本上可以看出一個安全管理範疇的全貌，也可以理解安全管理的範疇，與台灣在全球安全管理體系中與中國大陸的特殊關係與地位。其實安全管理是一個非常龐大，無所不在、無所不包的大體系，也正因為如此，安全管理自成一個體系才有值得進一步去研究與探討的意義。

第三節　安全管理體系下之管理　項目與機構

　　從上述對安全管理的範疇做一說明與理解後，進一步再來探討，這些大歸類中又包含那些項目及其管理機構之歸屬。

一、全球安全治理項目與機構

　　首先從最上層的球安全治理來看，隨著全球化進程的加速，全球性挑戰日益突出，國際安全作為基礎性命題首先被提出和關注。當前，大規模殺傷性武器擴散、國際恐怖主義、無核世界等問題越來越直接地影響到人類的整體發展和生活方式，並且引發了全球的共同關注。

　　哈佛大學政府學院的江憶恩（Alastair Johnston）教授以東亞地區安全共同體為例分析了地區安全治理的障礙，認為東亞地區是地區安全中一個具有重要代表性的組成。他提出

影響東亞地區安全的因素主要有兩點：一是身份認同的差別；另一則是領土爭端。

斯坦福大學的迪恩·維爾克寧（Dean Wilkening）教授認為「彈道導彈防禦系統與無核世界」是重點。他指出，彈道導彈是國際安全的一個潛在破壞者，對於大國間的關系產生過負面影響。在他看來，技術條件成熟下催生出彈道導彈系統是必然的，而美國在面對報復性威懾和恐怖主義等因素時產生了自信心下降和擔憂心理等，它大力發展彈道導彈防禦很大程度上是出於戰略考慮。

北京大學國際關系學院的余萬裡教授認為「非傳統安全」在中國的泛安全化趨勢，很多公共事件都被納入安全事件范圍內，這也意味著政府更大程度的介入和更多資源的調用。余教授指出：隨著非傳統安全問題在當今中國的日益注目，建立一個社會安全的保障體系也變得愈發重要。

中國社會科學院美國所研究員、軍控與防擴散研究中心副主任樊吉社指出，當前，核材料和核武器的存放安全令人擔憂，核反應堆的分散和保衛工作不當加重危機，核材料走私屢禁不止，恐怖分子獲取核材料和核武器的意願和能力上升，這些都顯示核保安的現狀不容樂觀，防止核擴散任務艱巨。[19]

新加坡國立大學李光耀公共政策學院亞洲與全球化中心高級研究員約亨，V 普蘭特爾對這種狀況進行了分析，並提

---

19 趙雅嬌 陳玲，〈理性看待全球安全治理〉，《國關分論壇》，2010 年
   11 月 10 日
   http://theory.people.com.cn/BIG5/40557/206644/13181438.html。

出了全球安全治理構建及改革的三大原則：他認為：全球安全秩序的現狀是動盪和不安。20 世紀 90 年代，西方在安全問題上一直把持主導地位。21 世紀初仍然是美國霸權的時代。如今，尤其在 2008 年全球金融危機爆發後，以及在美國因武裝干預伊拉克和阿富汗而元氣大傷之後，權力的分配開始發生變化。這種變化導致了權力的分散，以及多種原則、理念和價值觀的傳播。這一過程對全球安全治理意義深遠。

　　全球安全秩序的轉變是由三個主要因素推動的。第一，後冷戰時期，各個國際組織處理的各類衝突數量眾多且錯綜複雜；第二，國際社會對功能、規範的渴望，這體現在人類安全、保護責任等概念中，以及安全與發展的關係已經對現行的全球安全秩序帶來了壓力；最後，國際組織難以適應各國實力的變化，而且無論在地區還是在國際上，利益相關者都需要面對與日俱增的壓力，來適應新的現實環境。[20]

　　從上述的說明，可以理解全球安全治理在安全管理範疇中是扮演關鍵性與引導性的角色。而其主要關注的面相應該是人類永續生存與和平發展的議題，如 1994 年聯合國開發總署出版的「人類發展報告」（Human Development Report 1994）[21]就提出了人類安全的七大項目，包括經濟安全、糧食安全、健康安全、環境安全、個人安全、社群安全、政治安全等。其中的經濟金融安全、糧食安全、環境安全就屬於全球安全

---

20 約亨・普蘭特爾，〈轉型中的全球安全治理〉，《中道網》，
　〈http://zhongdaonet.com/NewsInfo.aspx?id=3836〉。
21 United Nations Development Program, "Redefining Security: The Human Dimension",pp.230-234.。

治理的範疇，其它如碳排放的安全問題、能源安全、水資源
的安全、地球暖化問題、核武擴散管制等，基本上都應屬於
全球安全治理應關注的項目。因此，很顯然，全球安全治理
應屬聯合國與國際組織應關注的議題。

二、跨國安全管理項目與機構

　　其次看跨國安全管理，跨國安全管理與全球化的安全治
理是兩個不同的概念，跨國是指兩個或兩個以上國家之間的交
往，而全球化是指不同區域在不同地域進行經濟、社會、政治
和文化的全方為交流[22]。所謂區域，係指具有類似文化、宗
教、觀念或經濟特點的一些國家，如歐盟、阿拉伯世界等。[23]
　　聯合國國際投資和跨國公司委員會對跨國公司的概念或
許可以提供另外一種對跨國的瞭解。在國際上並沒有一個統
一的法律定義。起初，人們把跨國公司稱為「多國公司、多
國企業」等。1983 年，聯合國跨國公司委員會在擬訂「跨國
公司行為守則」時所下的定義為大多數國家接受，亦即：跨
國公司是指由分設在兩個或兩個以上國家的實體組成的企
業，而不論這些立體的法律形式和活動範圍如何；這種企業
的業務是通過一個或多個活動中心，根據一定的決策體制經

---

22 T. Nierop, Systems and Regions in Global Politics: An Empirical Study of
　 Diplomacy, International Organization and Trade 1950-1991（Chichester;
　 John Wiley, 1994）.。

23 Barry Buzan, "The Asia-Pacific: What Sort of Region ,in What Sort of
　 World?,Asia-Pacific in the New World order（London:Routledge,1998）
　 pp.67-87.。

營的，可以具有一貫的政策和共同的戰略；企業的各個實體
由於所有權或別的因素相聯繫，其中一個或一個以上的實體
能對其他實體的活動施加重要影響，尤其可以與其他實體分
享知識、資源以及分擔責任。[24]

　　所以全球安全治理強調的是人類整體的生存與發展爲考
量，而跨國安全管理所關注的面向，應該是兩國之間或多國
之間的議題，如跨境犯罪、恐怖主義、毒品走私、兩國爭端、
組織犯罪、區域安全議題、疫情通報管控等面向。但不可否
認，這樣的歸類確實也有其困難，因爲有些剛開始屬於國內
的問題，但擴大之後可能轉變爲跨國性的問題，甚至最後演
變成全球性的問題，因此筆者僅就目前國際上關注的程度與
影響的層面作一歸類，而這些跨國安全議題理應有各個國家
之相關單位來負責。

三、國家安全管理的項目與機構

（一）國家安全管理項目

　　冷戰時期，國際戰略學界的研究觀點大多認爲「國家安
全」幾乎等同於國防、外交等傳統性範疇，甚至認爲國家安
全就是「國家軍事安全」（national military security）的縮寫。

---

24 聯合國國際投資和跨國公司委員會，《互動百科》，
　　http://www.hudong.com/wiki/%E8%81%94%E5%90%88%E5%9B%BD%E
　　5%9B%BD%E9%99%85%E6%8A%95%E8%B5%84%E5%92%8C%E8%B
　　7%A8%E5%9B%BD%E5%85%AC%E5%8F%B8%E5%A7%94%E5%91%
　　98%E4%BC%9A。

[25]但是從 1990 年代初開始，國際社會已將「國家安全」擴展成為綜合性安全的概念，其內涵概為下列四端：一、從國家層次往下延伸至個人層次；二、從國家層次往上至國際體系；三、從軍事面向到政治、經濟、社會、環境以及人類等；四、確保安全的政治責任，垂直的從國家下降到區域、地方政府，向上升到國際制度，並橫向延伸到非政府組織、新聞界，甚至到抽象的自然界與市場，使國家安全的範圍更加擴大。[26]以美國而言，美國聯邦調查局就曾提出「國家安全威脅清單」，明列國家安全威脅包括：恐怖主義、諜報、武器擴散、經濟諜報、資訊系統鎖定、扭曲社會認知與外國的情報活動，從此項清單中可以看出美國國家安全的範圍包括了情報、經濟、社會文化、軍事、政治、資訊等等。

以我國現況而論，中共對台海武力威脅業已存在五十餘年，並以軍事、政治、經濟安全為主要的範疇；由於兩岸之間長期以來非戰非和、亦競爭亦對立，在國防軍事上有時是劍拔弩張和軍事競爭；在政治外交上，則是邦交國的爭奪與我國國際生存空間的爭取；在經濟上，則是中共積極吸取台灣的資本與產業科技，我方則竭力避免對中共經貿依存度的上升、產業的空洞化與高科技產業的外移。綜合而言，中共對我敵意並未因兩岸交流日盛而有所消弭，反而加強對我統

---

25 Klause Knorr, "National Security Studies: Scope and Structure of the Field," in Frank N. Trager and Philp S. Kronenberg（eds.）, *National Security and American Society: Theory, Process, and Policy* （Manhattan: University Press of Kansas, 1973）, p.6.

26 .Emma Rothschild, "What is Security?" *Daedalus*, Vol.124, No.3（Summer 1995）, p.55.

戰，其策略係與武力威脅、經貿磁吸、外交圍困等手法相互
為用，輔以宗教、文化、社會、資訊、媒體等戰術手段。另
方面，由於國內政治生態改變，政黨互信不足時有惡鬥，甚
而升高成為意識形態或族群的對立，再加上媒體市場以商
業、八卦為導向，已使社會心防更形脆弱，國家認同混淆不
清，我國危險的指數因而升高[27]，對國家安全的影響，亦形
成威脅。由此可知，國家安全管理的重點主要包括面向已從
傳統的國防、外交延伸到政治、經濟、科技、文化、環境等
面向[28]。具體而言「國家安全」包含下列五個重點：

1、國家生存不受威脅。

2、國家領土完整，不受任何侵犯。

3、政治獨立和主權完整，維持政府運作和國家預算。

4、維持經濟制度及發展的正常。

5、確保國家傳統生活方式，不受外力干涉與控制。

要言之，「國家安全」的意義係指國家保護其重要的價
值免受內外威脅的能力。而國家安全的功能在於抵抗威脅、
目的在於保護價值、以及增強國家應付威脅與危機之能力。[29]

若從國家安全會議組織法第二條的內容來看：國家安全
會議，為總統決定國家安全有關之大政方針之諮詢機關。前
項所稱國家安全係指國防、外交、兩岸關係及國家重大變故
之相關事項。[30] 如依國安會組織法所述的內容，來對照前述

---

27 相關論點請參見邱強口述，張慧英撰述，《危機處理聖經》，（台北：
　天下文化，2001 年），頁 32。
28 蔡茂林，《國家安全概論》（台北：台大軍訓教官室，1997）頁 60。
29 國家安全，〈www.ltvs.tyc.edu.tw/html/ltvs10/a012.htm〉。
30 總統府，〈國家安全會議組織法〉，中華民國九十二年六月二十五日，
　總統華總義字第 09200114850 號令修正公布全文，第 16 條。

「國家安全」包含的五個重點，基本上都在國防、外交、兩岸關係及國家重大變故，的國家層級管理範疇內。但兩岸關係的議題是我國與大陸之間的特殊關係，與其他主權獨立完整的國家不同，容後再述。上述這些都是國家安全關注的議題，若從安全管理的角度來思考，那些會危害或對這些國家所關注的議題構成威脅，才是要預防與管理的面向。從安全管理的角度來探討國家層級可能面臨的安全管理問題，筆者認為在上述項目內，可從兩方面思考，一為外部的不安全因素，一為內部的不安全因素，前者包括：全球威脅、外敵入侵、外交糾紛、區域衝突、恐怖攻擊等；後者包括：政變、重大群眾運動、重大天然災害、全國性重大疫情等重大變故等，這些都會對國家安全管理的內涵造成衝擊與危害，基本上，可以歸類為國家層級的安全管理項目。

（二）國家安全管理機構

　　瞭解了安全管理的項目與基本分類後，為了確保這些安全上的問題能獲得適當的管理與被督導，實有必要知道，那些項目是由何機關管理督導與執行？如此方能落實安全管理之目的。基本上，在各個國家內部可區分為行政體系與安全體系兩大部門，行政體系依其國家之類型分別由內閣首長或行政院長負責，而安全體系則較複雜，如美國的 CIA、FBI、DHS（Department of Homeland Security），國土安全部等，較為一般人所熟悉的機關組織，事實上，各國都有相對應的管理機制在執行與管理國家安全的各項工作。本文僅就台灣方面來探討目前各相對應之機關或組織。

目前我國直接從事安全管理工作的機關有國安會、國安局及國防部所屬相關機關；另行政院海岸巡防署、國防部總政治作戰局、國防部憲兵司令部、內政部警政署及法務部調查局等機關，於其主管之有關國家安全事項者，亦屬之[31]。

前述單位依其組織法之業務職掌即可知其負責事項。

國安會[32]：

第二條（會議定位）

國家安全會議，為總統決定國家安全有關之大政方針之諮詢機關。

前項所稱國家安全係指國防、外交、兩岸關係及國家重大變故之相關事項。

第四條（出席人員）

國家安全會議之出席人員如下：

一、副總統。

二、行政院院長、副院長、內政部部長、外交部部長、國防部部長、財政部部長、經濟部部長、行政院大陸委員會主任委員、參謀總長。

三、國家安全會議秘書長、國家安全局局長。

總統得指定有關人員列席國家安全會議。

國安局[33]：

第二條（職責與職掌）

國家安全局隸屬於國家安全會議，綜理國家安全情報工

---

31 總統府，〈國家情報工作法〉，民國 94 年 2 月 5 日總統公布。
32 同前註，〈國家安全會議組織法〉16 條。
33 同前註，〈國家安全局組織法〉，第 10 條。

作與特種勤務之策劃及執行；並對國防部總政治作戰局、國防部軍事情報局、國防部電訊發展室、國防部軍事安全總隊、國防部憲兵司令部、行政院海岸巡防署、內政部警政署、內政部入出國及移民署、法務部調查局等機關所主管之有關國家安全情報事項，負統合指導、協調、支援之責。

前項有關國家安全情報工作之統合指導、協調、支援事項之規定及其相關運作之辦法，由本局另定之。

本局掌理下列事項：

一、臺灣地區安全、大陸地區及國際情報工作。

二、國家戰略情報研析。

三、科技情報工作。

四、統籌政府機關密碼政策及其裝備研製、鑑測、密碼保密等。

五、國家安全情報工作督察業務。

六、協同有關機關辦理總統、副總統與其配偶及一親等直系血親；卸任總統、副總統；總統、副總統候選人及其配偶；總統、副總統當選人與其配偶及一親等直系血親；以及其他經總統核定人員之安全維護。

七、其他有關國家安全情報及特種勤務事項。

國防部[34]：

---

34 總統府，〈國防部組織法〉，中華民國九十一年二月六日總統（91）華總一義字第 09100023650 號令增訂第 9-1 條條文中華民國九十一年二月二十七日行政院（91）院臺防字第 0910007771 號令發布自九十一年三月一日施行。

第一條（主管事務）國防部主管全國國防事務。

第四條（國防部掌理事項）

國防部掌理下列事項：（共 17 項僅列舉 5 項）

一、關於國防政策之規劃、建議及執行事項。

二、關於軍事戰略之規劃、核議及執行事項。

三、關於國防預算之編列及執行事項。

四、關於軍隊之建立及發展事項。

五、關於國防科技與武器系統之研究及發展事項。

第六條（參謀本部之設置與職權）

　　國防部設參謀本部，為部長之軍令幕僚及三軍聯合作戰指揮機構，掌理提出建軍備戰需求、建議國防軍事資源分配、督導戰備整備、部隊訓練、律定作戰序列、策定並執行作戰計畫及其他有關軍隊指揮事項；其組織以法律定之。

第十條（國防部設各軍總司令部及其他軍事機關）

　　國防部設陸軍總司令部、海軍總司令部、空軍總司令部、聯合後勤司令部、後備司令部、憲兵司令部及其他軍事機關；其組織以命令定之。

　　國防部得將前項軍事機關所屬與軍隊指揮有關之機關、作戰部隊，編配參謀本部執行軍隊指揮。

　　內政部[35]：

---

35 總統府，〈內政部組織法〉，中華民國九十七年一月二日總統華總一義字第 09600179011 號令修正公布第 19 條條文；施行日期，由行政院以命令定之中華民國九十七年五月二十日行政院院授研綜字第 09722604001 號令發布定自九十七年一月四日施行

第五條（警政署之設置）

內政部設警政署，掌理全國警察行政事務，統一指揮、監督全國警察機關，執行警察任務；其組織以法律定之。

另依據內政部警政署組織條例[36]

2條（權限）

內政部警政署（以下簡稱本署）承內政部部長之命，執行全國警察行政事務，統一指揮、監督全國警察機關執行警察任務。

第3條（掌理事項）

本署掌理警察法第五條所列全國性警察業務，並辦理下列事項：

一、警察制度之釐訂、職權調整、機關設置、裁併及警力調配之規劃事項。

二、警察業務之正俗、市容整理、特定營業管理及協助推行一般行政之規劃、督導、協調事項。

三、預防犯罪、協助偵查犯罪、檢肅流氓及處理違反社會秩序維護法案件之規劃、督導事項。

四、警衛安全、警備治安及義勇警察、民防團隊等編組、訓練、運用之規劃、督導事項。

五、槍、砲、彈藥、刀械之管制及自衛槍枝管理之規劃、督導事項。

六、人民集會、遊行許可及其秩序維持之規劃、督導事項。

---

36 總統府，〈內政部警政署組織條例〉，民國 96 年 7 月 4 日總統公布。

　　七、警察教育、訓練、進修、考察、心理輔導之規劃、督導及警察學術研究事項。

　　八、戶口查察之規劃、督導事項。

　　九、入出國與飛行境內民用航空器及其載運人員、物品安全檢查之規劃、督導事項。

　　十、涉外治安案件處理、各國駐華使領館及代表機構、官員安全維護及促進國際警察合作之規劃、督導事項。

　　十一、空襲防護、演習、防情傳遞、警報發放之規劃、督導事項。

　　十二、交通安全之維護、交通秩序之整理、交通事故之處理等規劃、督導及交通統計、紀錄、通報事項。

　　十三、協助查緝走私、漏稅、偽鈔、仿冒等經濟犯罪及財經動態調查之規劃、督導事項。

　　十五、警察業務、勤務之督導及警察紀律之督察、考核事項。

　　十六、社會保防及社會治安調查之協調、規劃、督導事項。

　　十七、警政法規之整理、審查、協調、編纂及宣導事項。

　　十八、警民聯繫、警察公共關係、警政宣導及警民合作組織之輔導事項。

　　十九、警政資訊電子處理、警察通訊之規劃、發展及督導事項。

　　二十、重大、突發、緊急案件處理及勤務之指揮、管制、督導、支援及與有關機關之聯繫、協調事項。

　　二十一、其他有關警政業務之規劃、督導事項。

法務部[37]：

第一條（設立宗旨）

行政院為辦理全國檢察行政、犯罪防治、犯罪矯正、司法保護、廉政、行政執行、法規諮商、行政院之法律事務及司法人員養成教育業務，特設法務部（以下簡稱本部）。

第二條（職掌）

七、觀護、更生保護、犯罪被害人保護、犯罪預防、法治教育、法律扶助及服務、訴訟輔導等司法保護之政策規劃、法規研擬、指導及監督。

第五條（次級機關及其業務）

本部之次級機關及其業務如下：

一、調查局：執行國家安全維護、機關保防、貪瀆、賄選、重大經濟犯罪、毒品犯罪及洗錢等之調查防制事項。

二、行政執行署：規劃及執行公法上金錢給付義務之強制執行事項。

三、廉政署：規劃廉政政策及執行反貪、防貪及肅貪事項。

矯正署：規劃矯正政策，指揮、監督所屬矯正機關（構）執行收容人之戒護管理、教化輔導、衛生醫療、假釋審查、作業及技能訓練等事項。

---

37 總統府，〈法務部組織法〉，中華民國一百年六月二十九日總統華總一義字第 10000135181 號令修正公布全文 8 條；施行日期，由行政院以命令定之中華民國一百年九月二十一日行政院院授研綜字第 1002261255 號令發布定自一百零一年一月一日施行。

另依據法務部調查局組織條例[38]

第二條（掌理事項）

法務部調查局（以下簡稱本局）掌理有關危害國家安全與違反國家利益之調查、保防事項。

海巡署[39]：

第一條（立法目的）

行政院為維護海域及海岸秩序，與資源之保護利用，確保人民生命及財產安全，設行政院海岸巡防署

第四條（巡防處之掌理事項）

巡防處掌理下列事項：

四、關於非通商口岸、漁港之入出人員、物品與運輸工具安全檢查、管制計畫之策頒及督考事項。

五、關於海域、海岸犯罪之偵防事項。

八、關於海上救難及護漁之督導事項。

九、關於海域、海岸巡防及國防事務權責劃分之協調事項。

以上為從事國家安全管理工作之政府有關機關，雖然有些並未直接從事安全管理工作，但也證明安全管理工作對一個國家的重要性。（詳如附圖 6-5）

---

38 同前註，〈法務部調查局組織條例〉，民國 69 年 8 月 1 日總統公布。

39 總統府，〈行政院海岸巡防署組織法〉，中華民國九十四年六月二十二日總統華總一義字第 09400091991 號令刪除公布第 17 條條文；施行日期，由行政院定之中華民國九十六年一月三日行政院授研綜字第 09600000481 號令發布定自九十四年十一月九日施行

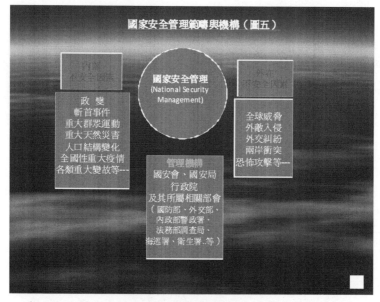

（附圖 6-5）國家安全管理範疇與機構（筆者研究整理）

四、國內安全管理（社會安全管理）的範疇、項目與機構

　　其次，再以國家為主體，來探討國家內部安全管理的層面，一個國家內部的安全管理會牽涉到那些議題?相信這是社會上一般百姓、企業最關切的問題。

　　一個國家內，並非只要國家層級的安全問題解決就能獲得國泰民安，安全無虞的環境，社會上還有許許多多的問題都與安全管理有關，因此，在瞭解國家層級的安全管理項目後，再來探討國家內部，也就是社會上有那些安全管理的問題？

　　基本上，國家內部的安全管理問題，就是整個社會的安

全管理工作，但社會上的安全管理工作，又區分兩大部份，一大部份是社會上公共安全管理的範疇，如社會治安事件、群眾運動事件、重大工安事件、偷渡走私毒品、政府機構安全、資訊安全維護、環境生態安全、重大基礎設施安全、港口機場、交通運輸的安全問題等，都應該屬於社會上公共安全管理的範疇，是由公部門或政府有關部門負責。另一大部份是私領域的安全管理範疇，其中包括：企業安全、職場安全、社區安全、旅館、飯店、校園安全、業主運送安全、人身安全、駐衛安全及各類選舉造勢、展場活動、大型演唱會表演活動等安全管理，這些都屬於私領域的安全管理，是由企業主、公司、財團、工廠負責人、社區自行管理。除非私領域的安全管理危害或影響到公領域的安全管理，公部門的安全管理單位，如警察、消防等，才會介入，否則私領域的安全管理亦有一套完整之運作體制。因此，可以說國家安全管理下的第一個層級就是整個社會上的安全管理，這個領域涵蓋的範圍相當廣泛，由於政府不可能管到每一個私人社區或企業內部的安全問題。因此，社會安全管理才衍伸發展出保全業、物業等安全管理公司，來執行確保政府無法、亦無力兼顧的私領域安全管理工作。

　　所以社會安全管理向下區分兩大範疇，屬於公部門管理的「公共安全管理」與私人領域管理的「私域安全管理」。只有將公、私這兩個領域納入社會安全管理的範疇，國家內部的安全管理問題、全民的安全福祉，才能全面被涵蓋與照顧。若從全球治理角度逐級往下發展，可區分全球安全治理、跨國安全管理、國家安全管理。若從國家安全管理角度看，

社會就是國家內部的主體，這個主體又涵蓋兩個面向，一個是政府需負責與介入關心的公領域，另一個是政府無力亦無權介入的私人領域，因此，社會安全管理又可區分公共安全管理與私域安全管理兩大範疇。

依據王曉明的觀點，他認為衡諸國內外的情勢，國家安全、公共治安和私人保全的關係應該是一種三個獨立體系卻緊密重疊的模式，如前圖 6-1 所示。本著國家主權至上的原則，國家安全置於上，象徵安全體系的中樞，公共治安和私人保全分為安全體系中的兩翼，應各自達成預期的目的，卻同時結合國家安全共同為國土安全（Homeland Security） 40 的目標而努力。

因為覆巢之下無完卵，國家安全與社會治安具有不可切割的關係，社會治安端賴於國家安全，如果國家安全做不好，社會治安做的再好也沒有用。以下將國家安全與社會安全的連結做一說明：

第一，國家安全由國家安全會議主導，包括國家安全政策之擬定和應變機制之統合。軍事安全是包含在國家安全之中，由國防部主其事。調查局主管的業務有屬於國家安全的範疇。

第二，公共安全管理基本上則由行政院主導，警政署、消防署、海巡署、調查局及新成立的移民署各自在職權內為

---

40 國土安全如果從安全管理的角度來看並非新觀念，在冷戰時期之民防就是一種國土安全的作為，但是恐怖主義的威脅讓美國認識到國土安全的重要，911 事件更促成美國將 22 個聯邦機構合併成立國土安全部，以集中事權。詳見 Bullock, Jane A., George D. Haddow, Damon Coppola, Erdem Ergin, Lissa Westerman, and Sarp Yeletaysi（2005）. Introduction to Homeland Security. Burlington, MA: Elsevier Butterworth-Heinemann.

整體的治安，也就是國土安全而努力。

第三，私人保全在專業化、證照化之後，可成爲與公共治安並駕齊驅的區塊，保全業者應成立監督委員會，邀請政府相關單位和學界參與，以確保專業化、證照化過程的透明和公正。

而這三者的關係，公共治安與私人保全是合作關係、國家安全與公共治安是統合關係，接受國家安全的指導，而私人保全與國家安全是協調關係，當這三方面做好時，達到所謂的安全和諧的社會，亦即沒有意外、沒有事件的境界，這個境界也就是所謂的「國土安全」。[41]筆者將王曉明之圖再加以明確化，以利讀者能更清楚彼此之關係。（如圖6-6）

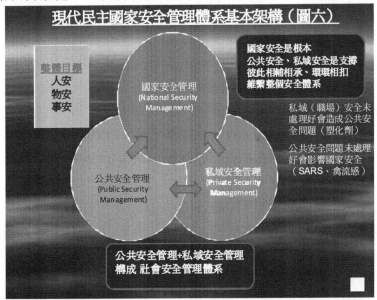

（圖6-6）現代民主國家安全管理體系基本架構（筆者研究整理）

---

41 王曉明，〈安全管理理論架構之探討〉，《中央警察大學警學叢刊》，民國96.1第三十七卷第四期,第1-12頁。

但那些項目屬於公共安全管理的範疇，那些又屬於私域安全管理的範疇，台灣與大陸之間則仍有許多不同的論述。以下就針對公共安全管理的範疇，私域安全管理的範疇，做進一步的探討。

（一）公共安全管理的界定、項目與機構

1.台灣方面對公共安全管理項目的論述

（1）行政院相關政策規定

行政院於民國 82 年間（1993），鑑於公共安全事故頻傳，導致人民生命、身體及財產嚴重損失，遂推動「維護公共安全方案」，提出四大目標：第一、健全公共安全法令及制度，以保障民眾之福祉；第二、確實執行公共安全工作，以提高生活環境品質；第三、加強檢查公共安全有關設施，以防止意外事故發生，第四、加強公共安全教育宣導，以強化公共安全共識。公共安全的範圍包括：交通安全管理、砂石車安全管理、營利事業管理、山坡地保育利用管理、消防管理、爆竹煙火安全管理、瓦斯管理、營建管理、校園、社教機構及學生安全管理、托兒機構、幼童車、身心障礙福利機構、老人福利機構安全管理、食品衛生管理、醫療廢棄物之管理、核能輻射安全管理（醫療機構X光）、毒性化學物質管理、旅館業公共安全檢查、風景區遊樂設施安全及消防檢查等數十項目，涵蓋全面性的民眾公共安全之維護。[42]

九十二年五月行政院將原由行政院研考會主導之維護公

---

42 〈社會安全治理之謅議〉，《中央警察大學安全管理研究中心提》，97
年 5 月 20。http://smc.cpu.edu.tw/files/11-1095-2770.php。

共安全方案業務改由行政院災害防救委員會接辦，並將維安方案之子方案納入災害防救計畫，不適合併入災害防救計畫者，檢討列入年度施政計畫，這是國內有關公共安全政策的一項重大改變。此方案迄今仍實施中，對公共安全的維護，減少公安事故發生，降低傷亡比例，發揮相當大的功效，惟其係以政府為主要的執行者，近年來由於財政的侷限，政府組織精簡，人力短缺，許多例行安全檢查業務無法確實推展，使部分投機僥倖者違反安全管制法令，未能即時受到抑制，社會安全仍潛藏無數危機。

　　另依據九十二年十二月十九日行政院「公共安全管理白皮書」對各重大災害項目複審會議的內容，可以初步瞭解，政府規範的「公共安全管理」項目及其管理機構。[43]

行政院「公共安全管理白皮書」對各重大災害項目複審會議

92 年 12 月 19 日

項次	項　　目	主辦機關	協辦機關
1	瓦斯儲存分裝輸送安全管理	內政部（消防署）	經濟部（能源會）行政院勞委會
2	危險品運輸安全管理	交通部	交通部（路政司、國道高速公路局、公路總局）內政部（警政署、消防署、警政署國道公路警察局）經濟部行政院勞委會

43　〈公共安全管理白皮書〉，各重大災害項目複審會議，於 92 年 12 月 19 日舉行，地點：國家地震工程研究中心一樓演講廳（台北市辛亥路三段 200 號）。

			行政院環保署 行政院衛生署
3	陸上大眾運輸 車輛安全管理	交通部	內政部（警政署、消防署） 交通部（路政司、公路總局） 行政院衛生署
4	海上大眾運輸 船舶安全管理	交通部	交通部（航政司、交通事業管理 小組） 行政院農委會（漁業署） 行政院海巡署 基隆、高雄、台中、花蓮港務局
5	重石化廠區安 全管理	經濟部 （工業局）	內政部（營建署、消防署） 經濟部（國營會、能源會） 行政院環保署 行政院勞委會
6	科技廠房 安全管理	經濟部 （工業局）	內政部（營建署、消防署） 行政院國科會（新竹科學工業園 區管理局、南部科學工業園區管 理局） 行政院勞委會 行政院環保署
7	重大海域污染 防治安全管理	行政院環保署	內政部（消防署） 經濟部 行政院海巡署 行政院農委會（漁業署） 交通部（航政司）
8	爆竹煙火 安全管理	行政院 勞委會	內政部（營建署、警政署、消防署） 經濟部（工業局、國貿局、中部 辦公室）
9	觀光地區遊樂 設施安全管理	交通部	內政部（警政署、消防署） 交通部（航政司、觀光局、交通 事業管理小組） 行政院農委會（林務局） 行政院衛生署
10	大型活動 安全管理	交通部	內政部（警政署、消防署） 交通部（航政司、觀光局、交通 事業管理小組） 行政院農委會（林務局） 行政院衛生署

11	鐵路隧道及地下場站安全管理	交通部	交通部（路政司、台鐵局） 內政部（消防署） 台北市政府（捷運局） 台北縣、市消防局 台北捷運公司
12	高層建築物建築及消防安全管理	內政部 （消防署）	內政部（營建署、建築研究所）
13	老人及身心障礙社會福利機構安全管理	內政部 （社會司）	內政部（營建署、警政署、消防署） 經濟部 行政院衛生署
14	大型空間（購物中心、巨蛋等）避難安全管理	內政部 （營建署）	內政部（消防署）
15	短期補習班防火避難安全管理	教育部	內政部（營建署、消防署）
16	長公路隧道安全管理	交通部	交通部（路政司、公路總局、國道高速公路局、國道新建工程局） 內政部（消防署、警政署國道公路警察局） 宜蘭縣政府（消防局、警察局） 花蓮縣（消防局、警察局）

　　從上述的資料可以瞭解，公共安全管理項目非常多，有些項目可能未發生重大災難前，政府並未注意，等到意外發生後，又列入公共安全管理項目。換言之，公共安全管理的項目恐非上述目前政府制定的這些項目，他會隨著時代、環境、社會與民眾的需要而增加或調整。

　　（2）教育部提出之公共安全管理論點：

　　ucan 大專校院就業職能平臺有關司法、法律與公共安全中，對公共安全大專生職能就業途徑簡介中說明：公共安全

包含消防、災害防救及保全服務三大類型。消防：包含火災預防、災害搶救及緊急救護。

災害防救：包含災害整備、災害預防、災害應變、災後復原重建。

保全：包含接受委託，保護人身安全、財物安全與資訊安全。[44]

另該平台特別介紹有關公共安全相關執業之國家考試與應具備之資格：

依專門職業及技術人員考試法規定（99 年 12 月 8 日公告），本就業途徑中之下列職業應經考試及格領有證書始能執業。

第 12 類－消防設備士、消防設備師

國家特種考試（一、二、三、四、五等）：警察人員考試、一般警察人員考試、海岸巡防人員考試

國家高等考試（64 類科）：消防設備師

國家普通考試（18 類科）：消防設備士

相關勞委會技能檢定：

全國技術士技能檢定由行政院勞工委員會主辦，應考人必須通過學科測試與術科測試才能取得證照，技術士證照可分為甲級、乙級、丙級或單一級，其就業途徑中之相關技能檢定職類代號及名稱如下所列（資料若有異動，以勞委會正式出版資料為準）。

教育部採認民間證照：

---

44 〈ucan 大專校院就業職能平臺〉，https://ucan.moe.edu.tw/search.asp。司法、法律與公共安全-公共安全。

　　依據技專校院入學測驗中心所公布教育部採認民間職業能力鑑定證書，本就業途徑中之相關證照如下所列。

　　ADS 救援潛水員（ADS 國際潛水學校聯盟）；

　　水上安全救生員（中華民國紅十字會總會）；

　　水上安全救生教練（中華民國紅十字會總會）；

　　水上救生協會救生員證（中華民國水上救生協會）；

　　成人兒童及嬰兒心肺復甦術（中華民國紅十字會總會）；

　　急救人員安全衛生教育訓練（中華民國紅十字會總會）；

　　急救員（中華民國紅十字會總會）；

　　高級心臟救命術（ACLS）（中華民國急救加護醫學會）；

　　高級急救員（中華民國紅十字會總會）；

　　駕駛人員急救訓練證書（中華民國紅十字會總會）

　　教育部參考行政院勞工委員會職業訓練局職業分類資訊查詢系統、人力銀行等資料，提列公共安全管理相關職業類，包括：

　　社區防災推動及規劃師

　　職業內容描述：從事社區實質環境規劃工作，包含防災規劃；推動社區參與，以達到肯定社區環境價值及社區自主的目的。

　　保全人員／警衛

　　職業內容描述：受保全業僱用從事現金或其他貴重物品運送之安全維護之保全工作。

　　主要工作為：1.負責門禁管制、車輛出入指揮、賣場巡邏、防竊作業及竊盜處理工作等安全維護工作 2.收發文件 3.

監督及參與建築及設備之清潔、修理及維護 4.針對特定處所進行監視，維持公共安全，減少火災、竊盜或其他危險 5.控制照明、取暖、空氣調節及通風等設備 6.運送並且保護重要物品 7.社區安全維護管理、保障客戶生命和財產安全

大樓管理員

職業內容描述：於住家、辦公大樓、工廠、商用地區或是公共場所，從事保護人民及資產安全之工作。

主要工作為：1.監督及參與建築及設備之清潔、修理及維護 2.維持住戶公共安全，消除火災、竊盜或其他危險 3.操控照明、取暖、空氣調節及通風設備 4.處理住戶不滿事件，並規勸住戶有關喧嘩及濫用公用財物等行為 5.保存公寓或大廈管理之各項紀錄，並向所有人或經理人提出報告 6.收發文件 7.接應訪客，確認來訪人員意圖以確保安全 8.準備管委會開會事宜 9.樓面管理與服務、廠商連繫與開發 10.商品管理與人員管理訓練。

火災原因鑑定、防火工程設計規劃師

職業內容描述：

1.火災原因調查及鑑定；熟知建材之防火特性以進行設計、規劃。

災害防救行政人員

職業內容描述：協助災害防救相關行政聯繫、資源協調事宜。

災害防救專職人員（土石流通報專員、河川、水庫、橋樑巡查員）

職業內容描述：土石流防災專員：教導民眾平時應關心

颱風豪雨訊息，並協助土石流監測通報和疏散等工作。

防火及建築檢驗人員

職業內容描述：從事房屋、廠房、旅館或其他建築物結構品質標準與防火系統之檢驗等工作。

防火管理人

職業內容描述：制定消防防護計畫，並依該計畫執行有關防火管理上必要之業務。

保全工程技術人員

職業內容描述：

主要工作為：

至客戶指定地點安裝警報系統

2.負責調度及監控所有保全系統，較嚴重的狀況發生時，就必須立刻通知就近分局警察處理

3.負責為客戶做器材保養及客戶服務

4.協助保全技術的研發。

消防設備師／消防設備士

職業內容描述：從事消防系統檢驗、設定、調適、維護與工程管理等工作。

主要工作內容：

1.建築物消防設備的監造、簽證及辦理會勘作業；

2.安裝消防設備；

3.消防設備的定期檢修申報；

4.消防設備的維護保養；

5.消防缺失的建議與改善。

救生員

　　職業內容描述：於海水浴場、游泳池，從事泳客之安全導引、救生工作。

　　警察

　　職業內容描述：

　　警察依法行使左列職權：

　　一、發佈警察命令。

　　二、違警處分。

　　三、協助偵查犯罪。

　　四、執行搜索、扣押、拘提及逮捕。

　　五、行政執行。

　　六、使用警械。

　　七、有關警察業務之保安、正俗、交通、衛生、消防、救災、營業建築、市容整理、戶口查察、外事處理等事項。

　　八、其他應執行法令事項。

　　從上述行政院將公安管理的項目所做的臚列與教育部為大專院校學生提供未來有關公共安全管理工作的類別，相信對台灣社會公共安全管理項目將會有一個較具體的認識。

　　前警察專科學校校長呂育生即認為公共安全範圍可將整體社會-機關、社團、住戶納入運作體系，作為防止人為侵害外，對於天災及意外危害的預防及排除，均為其工作內涵45。所以公共安全管理的範疇與內容項目，本身就具有相當大的討論空間。

2.大陸方面對「公共安全管理」之論述

---

45 徐子文，《企業安全管理（完全手冊）》，名家推薦「推動安全教育 維護企業發展」紐奧良出版，2004年，頁 XVI。

在中國大陸方面對「公共安全管理」雖有討論，但似乎亦無具體之內涵，以下僅就大陸方面學者專家之觀點做一敘述。

夏保成教授說明公共安全管理的範疇時，他說：

關於公共安全管理研究的範疇甚為廣泛，且公共安全管理內容包含社會學、行政學和管理學等相關學科，這些概念在不同的學科中有不同的內涵：即使在相同學科，不同學者或組織也對他們給予了不完全相同的概念或定義。因此，只介紹幾個核心概念。公共安全管理在美國和澳洲稱為「應急事態管理」（Emergency Management），紐西蘭則稱為「民防」（Civil Defense）或「民防應急管理事態」（Civil Defense Emergency Management）。[46]另外他認為公共安全管理應包括以下概念：[47]

（1）是有組織的政府行為：無論是「分析、規劃、決策和對可用資源的分配」，還是「建立的預案、機構和安排，將政府、志願者和私人部門的努力結合到一起」，或者事對「知識、手段、和實踐」的運用，都是政府對公權力的行使。而這種職責的實現，需要政府專門機構對政府的、民間的、社區的和個人的努力實施組織協調。

（2）管理的對象是各種災害：包括戰爭和恐怖主義的暴力災害，亦包括各種自然災害和技術災難等。美國自從聯邦應急事態管理總署成立，將五個單一的應急事態管理機構合併之後，將這種針對所有災難的應急事態管理稱為全面應急事態管理：這管理模式被各級政府廣泛接受之後，通稱為「應

---

46 夏保成、張平吾，《公共安全管理概論》，頁12。
47 同上註，頁15。

急事態管理」。

（3）管理的目的，是保護民眾的生命、財產和環境：從過去只注重生命和財產安全，到同時關注環境保護，是西方國家應急事態管理的一大特色。

（4）管理的過程是從災害發生之前的準備、預防，到災害發生時的反應，以及災害過後的復健。全過程的應急事態管理，是現代西方應急事態管理的主要特徵。

另外有關公共安全管理的內涵，戰俊宏、張曉輝從國家安全、安全科學、法學、高風險社會、應急管理、公共管理學及危機管理等相關文獻加以整理，使讀者有更清晰的概念[48]。

西方國家的公共安全管理經理了前公共安全管理時期、民防時期及現代的公共安全管理時期的三個階段，中國大陸的公共安全管理是在非典疫情爆發之後才逐步獲得重視與發展，因此，他從不同的角度來分析公共安全管理。

（1）從國家安全角度分析：傳統安全與非傳統安全

國家安全不論從政治學或國際關係理論觀點著手，都是一個非常重要的概念，也是政治安全或軍事安全的核心，由此形成了所謂的「傳統安全」。換言之，傳統安全係以民族國家為主體，為維護其主權與國家利益，常以軍事或武力手段解決安全問題。

一般而言，國家除了主權及土地外，是由生活在一定範圍內的人民所組成，包括意識形態與價值觀念。國家安全自然包括了國家有機體的安全、生存環境的安全及意識形態的

---

48 戰俊宏、張曉輝，《中國公共安全管理概論》（北京：當代中國出版社，2007），頁 3-12。

安全[49]。

自冷戰結束，產生許多非傳統安全的問題，如墨西哥、俄羅斯及亞洲金融危機與風暴、愛滋病的蔓延、狂牛病引起的恐慌、全球毒品泛濫成災、環境汙染及漏油事件頻生及惡化、美國 911 恐怖攻擊事件及非典疫情肆虐等，對傳統安全形成嚴峻的衝擊與挑戰。有學者認為，這些非傳統安全又稱為公共安全研究，因為它主要以非國家主體為關注焦點，用以維護人權與公共利益使安全理論研究從傳統安全理論走向傳統與非傳統並重，國家安全與公共安全相結合的綜合性研究[50]。

由此可見，公共安全的概念的範圍，有時小於國家安全，有時又擴及全體人類，有些對國家安全又形成相當程度的威脅與挑戰。

（2）從安全科學角度分析:大安全

在現代社會中，人類與安全問題在安全科學學科理論的建構過程中，先後出現了三個安全建構模型：[51]

A、與事故相對應的生產安全模型；

B、與違法行為相對應的公安（警察）模型；

C、與自然災害相對應的防災抗災模型；

而狹義的安全科學係指與事故相對應的生產安全領域而言，因此，又稱為「勞動保護科學」，此一學科的科學體系又可分為安全人體學、安全設備學、安全社會學及安全系統

---

49 夏保成，《國家安全論》（北京：長春出版社，1999）頁 11-12。

50 潘忠岐，〈非傳統安全問題的理論衝擊與困惑〉，《世界經濟與政治》，2004，第 3 期。

51 劉潛，《安全科學和安全學科的創立與實踐》（北京：化學工業出版社，2002），頁 13。

學，此包括了人、物、及人與物間互動關係的各個研究面相及因素。

與狹義安全相對應的就是所謂的「大安全」觀念。有學者認為，企業經營過程頻發生事故災害的主因，是人的素質與安全減災管理出了問題。因此，將以生產領域為主的技術安全，擴展至生活及生存安全領域，形成生產、生活與生存共構的大安全，將僅由技術人員具的安全意識提昇至全民安全意識，則為科學的大安全觀念[52]。

以警察機關為例，早期警察任務一直圍繞在維護社會治安方面，偵查犯罪與破案便成為警察工作者的首要任務。隨著社會的變遷，警察人員的任務除了偵查犯罪與破案外，增加了許多為民服務及專業救援的工作。

又以研究預防與災害應變為主的災害學為例，早期都從地震、氣候、地質與水利等單一災害種類作為研究對象。晚近則趨向科際整合的整體治理觀點，由此發展出以城市或區域公共安全為主的綜合減災思想、規劃與建設發展一體的新公共安全管理。

（3）從法學角度分析:危害公共安全罪

危害公共安全罪的公共安全係指民眾的生命、健康安全及公司財產安全而言從法學立場思想公共安全，主要是研究刑法對於危害公共安全罪的懲罰。根據中國刑法第二章對於危害公共安全罪的規定，可分為以下幾種[53]

---

52 林柏泉主編，《安全學原理》（北京：中國勞動社會保障出版社，2002）頁 26。

53 林亞剛，《危害公共安全罪新論》（武漢：武漢大學出版社，2001），頁 13。

A、以危險方法危害公共安全的犯罪：包括放火罪、失火罪、決水罪、爆炸罪、投毒罪或以危害公共安全罪等（包括故意或過失）。

B、破壞、損壞公共設備、設備的危害公共安全罪:包括破壞交通工具罪、破壞交通設施罪、破壞電力設備罪、破壞易燃易爆設備罪、破壞廣電設施、公用電信設施罪等（包括故意或過失）。

C、實施恐怖、危險犯罪活動的危害公共危險罪:包括組織、領導參加恐怖活動組織罪、暴力危及飛行安全罪、劫持航空器罪、劫持船隻、汽車罪等。

D、違反特定物品管理規定的危害公共安全罪:包括違反製造、買賣、運輸、郵寄儲存槍枝、彈藥、爆炸物罪，違規製造、銷售槍枝罪，非法出租、出借槍枝罪，丟失槍枝不報罪，非法買賣、運輸核材料罪，竊盜、搶奪槍枝、彈藥爆炸物罪，搶劫槍枝、彈藥、爆炸物罪，非法持有、私藏槍枝、彈藥罪，非法挾帶槍枝、彈藥、管制刀具、危險品等危機公共安全罪。

E、違反安全生產、作業規定的危害公共安全罪：包括重大飛行事故罪、鐵路營運安全罪、交通肇事罪、重大責任事故罪、重大勞動安全罪、危險物品肇事罪、工程重大安全事故罪、教育設施重大責任事故罪及消防責任事故罪。

（4）從高風險社會角度分析:風險社會與安全管理

風險（risk）概念一詞係指冒著危險進入未知的領域，為早期資本主義商貿航行的一種術語，之後成為金融投資及商業行為中常用的概念。

　　風險管理（risk management）的概念則是美國管理協會於 1931 年所提出；20 世紀 70 年代因生產事故頻生，才逐漸將風險概念應用於技術性事故[54]

　　1983 年，德國社會學家貝克（Backer）首先提出「風險社會」（risk society）的概念，他在書中指出，「工業社會」或「階級社會」的概念，是圍繞在社會生產財富如何透過社會中不平等但卻「合法」的方式進行分配的問題加以思考；而風險社會要解決的問題是「再發展的現代社會中，如何能夠避免、減弱、改造或有效疏導面臨的風險與威脅。」但公共安全所涉及的問題，已非單純的現代高風險社會所存在的風險，還包括傳統的風險問題，如貧困、疾病及自然災害等問題，並無法完全依賴現代「風險社會」所提出的理論框架加以解決。

　　（5）從應急事態管理角度分析：綜合管理

　　西方國家針對頻發的公共安全事件提出應急事態管理（emergency management）的系統化研究，許多學者將應急事態（emergency）的概念與「事故」（accident）、「事件」（incident）或「災難」（disaster）等詞混用；有些學者僅硬及事態管理譯成「緊急事態管理」、「突發事件管理」或「危機管理」，但大體上都是從西方應急事態管理分析角度談如何綜合管理。它包括了以下幾個主要概念[55]：

　　A、西方國家的應急事態管理是建立在完善的法律基礎：澳洲憲法規定，保護人民生命和財產的首要職責在於州（領

---

54 劉靖，《大學人文論綱》（北京：中國傳媒大學出版社，2005），頁 26。
55 同前註，戰俊紅、張曉輝，2007，頁 9-10。

地），因此，大多數的州（領地）都制定了應急事態法，協調州應急事態的應變行動。

　　B、在應急事態管理過程中，居於主導地位的政府都設有專門的綜合性指導機構：如美國有聯邦應急管理總署（Federal Emergency Mamagement Agency,簡稱 FEMA）；澳洲有應急管理署（Emergency Management Australia,簡稱 EMA）；以上機構均側重對所有災害的總合應變及協調，且單靠政府力量是不夠的，必須結合及動員社會上的一切力量，參與應急事態管理的整個過程。

　　C、在應急事態管理實踐過程中，逐漸從應變為主發展為側重預防：他們提出了應急事態管理的災害預防（prevention）、準備（preparation）、應變（response）及重建（recovery）四個階段（簡稱 PPRR）。

　　D、西方國家在應急事態管理中形成了比較完善的體系：即應急事態管理系統，其中包括指揮系統、資源系統、信息與通訊系統、後勤保障等若干操作性的系統。

　　E、在應急事態管理過程，對災害意識的教育與培訓，非常全面和深入：如在澳洲，當地政府甚至贈與旅遊者關於本地災害的介紹，以及如何自救的小手冊。

　　（6）從公共管理學角度分析：公共安全管理

　　公共管理學（Public Management）作為一門新興獨立的學科，它經歷了公共行政時期與公共管理時期。公共管理系只對政府制定公共政策，與其他公共組織一起處理公共事務，提供公共產品及其服務的一種活動。在此一發展過程中，作為政府管理研究領域的行政學經過了三次研究模式的轉

變，即從傳統的公共行政管理（Pubic Administration）到新公共行政管理（New Publice Administration）再到公共管理學（Public Management）階段[56]。

當代公共管理理論主要包括公共選擇理論、新公共管理理論及新公共服務理論。公共選擇理論主張重新界定政府、市場、社會三者之間在提供公共產品與公共服務中的作用，強調縮小政府職能與作用，擴大市場與社會的作用。新公共管理理論主張引入市場機制，運用非政府組織和民營部門從事混和公共產品的提供；它的核心內容是力圖將私營部門和工商企業管理的方法用於公共部門。新公共服務理論主張在公共產品與公共服務的供給中，發揮公民參與和民主機制的作用，及發揮社區與非政府組織的作用；將公共服務、民主治理與公民參與置於公共行政的治理系統中[57]。

由此可知，公共管理所探討的核心問題，是政府在為人民提供公共產品與公共服務時，與非政府部門、組織及大眾之間的關係，亦即為公權力與私權力之間的關係。當政府由掌舵行轉為服務型時，必須體會政府本身能力的有限性及公共安全的公共性，全力整合社會相關資源作最有效的應變。

在「公共部門與風險治理」一書中，對於公共安全管理工作的範疇則有較具體的說明，該書中認為，公共安全風險管理工作，全面覆蓋自然災害、事故災難、公共衛生事件、和社會安全事件等四大類突發事件，貫穿城市規劃、建設、

---

56 陳振明，《公共管理學》（北京：中國人民大學出版社，1999），頁 19。
57 李軍鵬，《公共服務型政府/公共管理論叢》，（北京：北京大學出版社，2004），頁 13。

運行、發展等各個環節。工作重點包括城市生命線（水、電、氣、熱、交通、通信）安全、傳染病疫情防控、食品安全、社會穩定、能源保障、生活必需品市場秩序、大型社會活動安全、以及政治、宗教、教育、商業、旅遊、文化、體育等敏感場所和人員密集場所的各類風險管理。[58]

　　整體看來，要界定公共安全管理的範疇確實有其困難，因爲有時一個問題或事件，剛開始是屬於私域安全的問題，但不斷擴大後，會轉變成社會問題、公共安全問題，甚至國家安全問題。如 SARS、禽流感疫情等。因此，筆者認爲任何事件都有可能會轉化、擴大。至於他屬於私領域或公共安全管理的領域？就看事件發生當時的情況，如果屬於企業、社區等範疇當然屬於私領域的安全管理；如果私領域無法有效控制，逐漸擴大或蔓延，影響到公共安全，且政府相關機關亦已介入處理，當然就屬於公安的問題；如果再擴大到危及國家安全，當然就屬於國家安全的問題。只要涉及或影響社會大眾、公共領域的安全問題，不屬於私領域範圍內的安全問題，也不屬於國家安全管理層級範圍內的安全問題，都應該屬於「公共安全管理」的範疇，從這個角度來看「公共部門與風險治理」一書中，對於公共安全管理工作的範疇認爲，自然災害、事故災難、公共衛生事件、和社會安全事件等四大類事件的概念及其內涵，應該較符合筆者對公共安全管理的認知範疇。

　　因此總結歸納公共安全管理的項目，應該分兩個概念，

---

58 周玲、朱琴、宿潔編著，《公共部門與風險治理》（北京：北京大學出版社，2012），頁 105。

一是上述所提到的四大類，自然災害、事故災難、公共衛生事件、和社會安全事件等。

自然災害：地震、颱風、龍捲風、土石流、水災、雪災、旱災、蟲災、環境生態安全等。

事故災難：火災、核災、重大工安事件、重大基礎設施安全、城市生命線（水、電、氣、熱、交通、通信）安全、高層建物、長隧道之安全、港口、機場、交通、運輸安全等。

公共衛生事件：傳染疫病、食品衛生安全、飲水安全。

社會安全事件：群眾運動事件、重大社會治安事件 、恐怖攻擊事件、偷渡走私毒品、政府機構安全、資訊安全維護、大型演唱、展場活動安全、選舉造勢活動安全等。

其次就是，原本屬私領域之安全管理項目，因失去控制、逐漸擴大、蔓延影響到公共安全，且政府相關機關亦已介入處理之項目。而這類項目就無法界定，因為它並非必然會造成某種公共危害，但不排除其可能擴大後之發展情勢。

惟有如此歸類，方能將公共安全管理之項目做一釐清。但「公共安全管理」的變數太多，如 2011 年 3 月 11 日，日本本州東北宮城縣外海發生規模 9.0 之大地震，伴隨大海嘯侵襲沿岸地區，除造成日本東北地區工商業重大破壞及人員傷亡外，亦導致核能電廠爐心熔毀之危急狀態，這種複合式的公安災難，的確很難預料與預防。因此，公共安全管理的重點應該強調的是，政府機關的各部門是否具備各種應變能力，及平時、變時之各種相關配套因應措施，是否完善？是否經得起考驗？才能達到安全管理的目的。如某種疫情發展到何種情況，就要啟動不同的應變機制，這才是「公共安全

管理」應關注的重點。

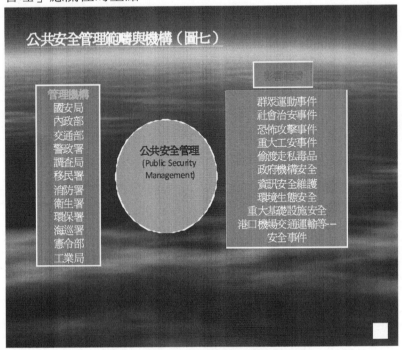

（圖6-7）公共安全管理範疇與機構

（二）私域安全管理的界定、項目與機構

　　「私域安全管理」很容易與保全、保安或物業管理公司做連結，的確也是如此。隨著警察體系的不斷發展，在調查犯罪與追緝嫌疑犯方面，警察開始扮演較重要的角色，政府各機構之間的合作也更密切。隨著公共執法部門的演進，私人公司也從以往偏重於個案調查轉為犯罪預防。因此，各行業對於保全警衛服務的需求日益增加，其重點多半用於保護財產、維持秩序與預防災害。但什麼是私人安全管理？什麼

又是私域安全管理？這兩者顯然是不同的概念。從公共安全
管理的角度看，其對應的概念應該是私域安全管理。 以下
針對私人安全管理與私域安全管理做一說明。

1.私人安全管理

首先看「私人安全管理」（Private Security Management）
這名詞，在使用上雖然沒有問題，但在定義上似乎並沒有達
成共識，甚至這名詞是否適合，仍還莫衷一是。例如，美國
蘭德公司有部分人認為應該以「預防損害」（Loss Prevention）
來代替安全管理（Security Management），但大部分人仍認
為安全管理這名詞較妥適。[59]

美國蘭德公司對私人安全管理的定義是：不是由政府執
法機構所執行的所有保護與預防損害活動，均屬於私人安全
管理。詳細的定義如下：

「所謂私人安全管理，係指如私人警察、私人警衛、私
人安全人員及管理者，其範疇涵蓋各種私人組織與個人所提
供的各種安全相關服務，這些服務包括：規劃、管理、諮詢、
調查、保全、警衛、巡邏、測謊、警報與運送服務等。」[60]

另外一種看法，認為「準公共警察」（Quasi-public
Police），也就是一般所謂的「義警、義交、義消」應該除
外，因為基本上「準公共警察」雖然有時也會協助執行私人
安全功能，卻是由政府提供經費，因此，不能算是私人安全
管理。其分別在於，私域安全管理人員一定是營利組織或私
人公司所僱用，獲利動機與利潤來源是「私人安全管理」的

---

59 同前註，徐子文，企業安全管理完全手冊（上），頁97。
60 同上註。

基本因素；而不是非營利組織或是政府機構所僱用。因此，
對私人安全管理的定義認為是：

　　「所謂的『私人安全管理』應包括：私人開業的個人以
及民營的企業與組職，他們提供安全相關的服務給客戶，並
且收取費用，目的在於保護客戶的人身、財產或是利益上的
安全，免於遭受各種危險與損害。」[61]

　　雖然有些機構為政府單位，如機場、醫院、公立學校、
銀行等機構，僱用私人安全警衛，從事的工作雖然不完全是
私領域的工作，但他們仍屬私人安全管理。簡言之，提供安
全保護的機構是私人組織，但被保護的標的物是公營組織，
這個領域應仍屬私人安全管理的範疇。但是否是屬於私域安
全管理的範疇就很難區別。

　　因此，可以這樣界定私人的安全管理：不管被保護的標
的物是公家機關或私人機關，是營利機構或非營利機構，也
不管他是個人、團體或組織，只要提供保護的機構、人員，
無論他是保全公司、物業管理公司、企業主、工廠、團體、
組織或個人等，他們是私人經營者或營利機構，都應屬於私
人的安全管理。

2.私域安全管理

　　所謂的私領域的安全管理，其對應的概念應該是公域安
全管理。因此他規範的領域將比私人的安全管理領域更小，
而私領域的安全管理，應有兩個基本限制，第一，被保護的
標的物（項目）必須是私人所擁有，（包括私人機關、企業

---

61 同上著，頁98。

機構、個人、團體、組織或場地），而非公眾或公部門管轄的範圍。其次，提供保護的機構、人員，無論他是保全公司、物業管理公司、企業主、工廠、團體、組織或個人等，他們都是私人經營者或營利機構，他們收取的費用也是屬於私人機構、業主或個人提供。具備以上兩個條件，都應屬於私域安全管理的範疇。簡言之，私域安全管理包含兩個要件：第一，被保護的標的物（項目）必須是私人所擁有；第二，保護標的物的管理公司或機構亦必須是私人經營之安全管理公司。

這些標的項目包括：企業機構、旅館、飯店、百貨公司、工廠等的內部職場安全管理、駐衛安全管理，社區安全、居家安全管理等，以及保全或物業管理公司負責承包之個人物品、財物運送安全、業主或個人的人身安全、駐衛安全及有關私人、組織或團體舉辦之活動表演、展場等之安全管理。

因此，私域安全管理的範疇較私人安全管理的範疇更有限，因為私人安全管理可以承包公共區域的安全業務，但私域安全管理，可以說完全是私人、私域活動的安全管理與公領域並無關係。

而私域安全管理的機構，當然是保全公司、物業管理公司、企業主、工廠、團體、組織或相關之個人等，他們是私人經營者或營利機構。但畢竟私域安全管理或私人安全管理，仍是社會安全管理的一環，因此，督導、管理這些機構或活動，亦是政府責無旁貸責任，目前督導這個領域（保全公司和物業管理公司）基本上是由內政部警政署與營建署之相關單位分別負責。

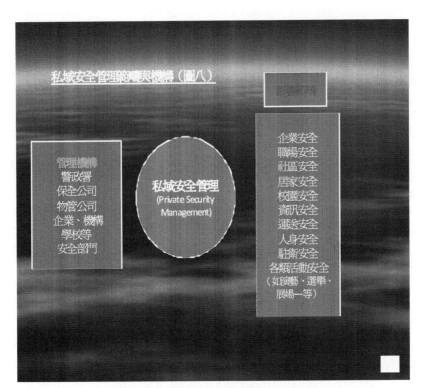

（圖 6-8）私域安全管理範疇與機構

3.保全警衛與政府執法人員之異同

　　在某些狀況下，警察與私人警衛可能為相同的個人或是組織執行相同的功能。執法人員有時候可能被派保護受到威脅的個人，而私人近身警衛也經常受僱執行相同的保護功能。警察通常執行巡邏任務，包括巡視商店或是工廠的外部，但是巡邏也是私人警衛的主要活動之一，活動本身沒有什麼差別。所以從某些功能看來，其實警察或政府執法人員與私人安全警衛、保全在基本功能上並無不同，只是保全與私人

警衛主要是以客戶為導向，警察與公家執法人員則是以社會或公共領域之安全為導向。

　　兩者最大的差別是私人保全有沒有警察權，也就是逮捕的權力。基本上，私人安全警衛與保全人員是著重事前之預防，對事後發生之任何狀況，並無任何調查、逮捕、追緝之權，這是與政府執法之警察人員最大的區別。也就是，沒有警察權，他們是以平民的身分在協助執行有關安全事宜的活動，他們並非公權力的執法者。但如果是現行犯，任何人都有權力與義務去制止與逮捕，這和法律賦予逮捕權是不同。雖然在美國有些地區以法規或是條例的方式，賦予私人警衛「特殊警察」的身分，在特定的地區或場所行使有限制的逮捕權，但這特殊警察權的行使是受到相當限制，而且他們的行為是客戶導向、受到客戶所控制，因此，我們可以清楚的瞭解與區分，這些屬於私人安全領域的從業人員與警察與公家執法人員是有區別的。[62]

　　從上述這些說明，對安全管理的範疇應有一初步的認識，因此，以國家為體系時，綜合國家內部面臨的各類安全管理問題，可以將其區分為國家安全管理（National Security Management）和社會安全管理（Social Security Management）；而社會安全管理又區分：公共安全管理（Public Security Management）、私域安全管理（Private Security Management）。這三個領域維繫整個國家內部的整個安全體系，國家安全是根本，公共安全和私域安全是支撐，彼此相輔相承、環環相

---

62 同上註，頁 126。

扣。因此,可以說,國家內部安全管理的整體目標是做到:國家安全、社會安定、與人民安心的目標。若從公共安全與私域安全的角度看,安全管理的目標是做到:人安、物安與事安的三安目標。

以上所述,可以說將安全管理體系的全貌作了一個完整的描述與歸類,當然,前述各階層的督導管理單位,會因國家的不同而有不同的督導管理單位,就以台灣而言,從國家安全管理的層面來看,其直接管理之機構包括:行政院及其所屬相關部會(國防部、外交部、內政部、法務部、警政署、海巡署、衛生署、調查局……等)及國安會、國安局等單位。

從公共安全管理層面的管理機構包括:國安局、警政署、調查局、移民署、消防署、衛生署、海巡署、工業局、憲令部等單位。

若從私域安全層面的安全管理機構包括:警政署、營建署、保全公司、物業管理公司、各社區委員會、各企業機構、學校內部建置之安全部門或單位等。

這些機構並非完全獨立或互不隸屬,他們彼此間有很大一部份的工作內容可能重疊,必須相互支援,這正是安全管理機構的特性,也就是寧可重疊,也不能有任何間隙與疏漏。因為國家安全是根本,兩岸與國際安全,會相互影響國家安全,以維繫整個安全體系。

從前述安全管理的全貌看,未來安全管理的議題或許也會隨著環境、局勢、人類的需求與學者專家的不同觀點,不斷的調整、擴張延伸,但有了這個基礎架構與歸類,對於後繼研究者,將會有一個較清楚與具體的方向。

小　結

安全管理體系的範疇與歸類從本章的論述看來，的確不是一件簡單的工作，但總是要有人去探索，就如在文章中所說，理論是經驗的總結，經驗是透過人在日常生活互動、事件、不斷觀察中，建立起的生活智慧和對自我的發現。

因此，經驗並不一定是科學的，它需要理論研究者和實踐者做一番總結、驗證的工作。而理論在論述過程中，也可能遺漏一些重要的論據，因此理論的結果，最終仍須被不斷檢驗，才有可能被學術界所接受。

筆者正是抱著這樣的心態，以笨鳥先飛來拋磚引玉，先行建構一個安全管理的理論基礎，再從這個基礎上不斷擴張、檢驗，最後能讓學者專家各方面都接受。

本章的闡述重點主要在安全管理體系的建立與安全管理的範疇的歸類。安全管理的體系所涉及的範圍與問題非常廣泛，上至人類安全、國際安全，中至國家安全、社會安全、公共安全，下至社區安全、私領域的保全（保安）、警衛安全，個人安全都是安全管理的範疇。因此筆者認為安全管理應該已是獨樹一格，不應隸屬在管理學之下，其範疇包括全球安全治理、跨國安全管理、國家安全管理、公共安全管理與私域安全管理，而面對台灣與大陸的特殊關係，在目前我國家安全範疇中，另外衍伸出兩岸關係的安全管理，而每一個安全管理的領域都有其相對應的安全管理機構與範疇，如此歸類，對於未來在安全管理的研究面向將有一個較清楚的規範。

第七章 安全管理領域有待 努力與解決的問題

整體理解了安全管理相關的問題，發現無論在產業界、政府單位及學術界仍有很大的努力空間，筆者也試著將這些問題提出，希望各領域都能共同努力，為安全管理開創一條嶄新大道。

第一節 產業界面臨的問題

目前產業界面臨的問題主要有以下幾項，保全、物業無正常生源，須仰賴退伍軍警人員；保全體系未證照化導致保全員良莠不齊；保全業監督機制不完善；物業管理與保全業管理範疇未能整合，導致管理效能不彰。以下作一個說明：

一、保全業、物業管理無正常生源

安全管理產業，尤其是保全業與物業管理相關公司，在目前無適當學校畢業學生來源之前，軍警退休之人員，幾乎

成了保全業的最愛，也變相成了軍警幹部退休轉業的第二個
職場，為什麼會有這樣的發展結果？或許以下這段論述可以
找到答案。

　　論執行力的鑄造：美國西點軍校的啟示，文中說道，主
要原因是軍隊傳授的教育特質，有兩項是一般大學很難辦到
的，一是有效管理、二是服從性高。根據統計，美國西點軍
校出身最後成為 CEO 或企業界領袖者比哈佛還多。美國西點
軍校已有 200 多年的歷史，在這期間，該校共培養了 1531
位 CEO，2012 位總裁，5000 餘位副總裁，培養的工商界人
士比哈佛還要多，為什麼會出現這樣的結果？海爾、聯想、
華為、萬科、39 個中國最著名的企業，正好也存在一個相同
的巧合，那就是它們的老總張瑞敏、柳傳志、任正非、王石、
趙新先等都是軍人出身。

　　為什麼軍人反而能在工商界創造如此多的神話？他們到
底有什麼絕招？近年來，管理界的學者專家通過深入的研究
發現，這個謎底竟然是執行力。執行力是決定企業成敗的一
個重要因素，是 21 世紀企業核心競爭力形成的關鍵。在激烈
的市場競爭中，一個企業的執行力如何，將決定企業的興衰。
美國西點軍校的座右銘「No Excuse -沒有藉口」，這一點對
企業界有很大的鼓舞與借鑒作用。[1]

　　同樣的情況在台灣，廣義的保全業和物業管理公司，以

---

1 論執行力的鑄造，《百度》，
　〈http://wenku.baidu.com/view/62b703385727a5e9846a6107.html〉，
　《美國西點軍校啟示：決定醫院成敗的關鍵》，
　〈http://www.hxyjw.com/yingxiao/yxcl/1152965/〉。

及大樓管理等，確實是退休軍警人員的最佳去處與第二個戰場，這是因為這些人員所具有的專業訓練與背景，最能滿足這個職場領域的需求。許多大樓管理或保全幹部，曾雇用非職業軍警人員退下來的幹部或成員，常常無法適應保全工作的特性，經常一段時間，受不了即離開。而在各軍種中，尤其憲兵、海軍陸戰隊、特種部隊三種軍種，更是安全管理產業界的首選。[2]

　　或許是安全管理產業須要較一般企業更高的執行力、快速的應變能力與使命必達的決心，因此，在還無適當生源的大學教育體系中，只有藉助具有優良素質的退伍軍警人員來彌補社會上不足的大量安全管理人員與各階層的幹部。

　　例如，中興保全前董事長兼中華民國保全公會理事長王振生，即是憲兵軍官退伍，他從基層保全幹部做起，一路走到董事長的地位，就是憑藉過去憲兵所受的嚴格訓練與教育；再如，強固保全董事長兼中華保全協會理事長湯永郎，即是中央警官學校畢業，在警界服務若干年，退伍後進入保全行業。他們都是從基層做起，創造出今天的局面，但他們也有感這個領域的幹部，不能永遠依賴退伍軍警人員，畢竟這不是常態，還是需要藉由正常的大學教育管道，從基層開始培養。換句話說，當社會上有須要這樣的人才，學校教育就應該有責任來培養這樣的學生，尤其在今天社會上的安全管理問題愈來愈受到重視，安全管理的人才也愈來愈專業之際，同時在現有警力無法滿足各界需求的情況下，安全管理

2 〈憲兵不再是企業駐警,或保全公司首選之一〉，《百度》，
　〈http://mail.rocmp.org/viewthread.php?action=printable&tid=31301〉。

人才的培育，就欲顯得重要與迫切。雖然目前銘傳大學在 2006 年已開台扮演灣安全管理教育之先驅，成立「社會與安全管理學系」，培養安全管理產業界的人才，但不可否認，在兩岸安全管理產業龐大市場的需求下，這仍是杯水車薪，無法適時滿足業界的需求。

但更重要的事，大學安全管理相關科系的教育，在培養學生的人格特質時，尤需注意，為什麼在無適當學生來源前，安全管理產業會偏好軍警退人員來彌補這個職場的人力不足，最主要的就是軍警人員過去學校所受的教育背景與特質。因為從事安全管理產業除要具備一般工商企業的管理能力與知識外，更需要培養學生高度的服從性、執行力與忠誠度，這正是美國西點軍校畢業生調查給予的啟示，因為安全管理產業不容任何絲毫的疏忽與怠慢。

雖然產業界需要大量的安全管理人才，但一個與此相關連的問題，即是學生畢業進入保全或物管職場後，這條路學生該如何走？才能符合學生和家長的期待，而不是只做一個基層的保全員，因為基層的保全員只需高中畢業即可擔任；大學安全管理系畢業的學生，如欲從事安全管理行業，他的生涯規劃該如何走？學校又該如何教？才能符合或滿足安全管理產業市場的真正需求；一方面仍有待畢業學生進入市場後做進一步的追蹤觀察與業界給我們的回饋。另一方面業界亦亟須建置一套規範，讓安全管理相關科系畢業的學生進入這個職場領域後，能夠看到前景與未來，這些都是學校與業界甚至相關政府機關需要更進一步加強的地方。

二、保全體系未證照化

　　大家都知道安全非常重要，但他總是不在優先次序的清單上，為什麼長久以來，安全常常被視為僅是支出花費，一種可有可無，純買安心的活動，為什麼有人認為這是杞人憂天，阻礙了組織追求更大利益的機會？更有甚者，認為這些安全活動違反了人類追求自由的基本原則與隱私權？這是因為安全事件一般都具有敏感性，企業的負責人在主觀、客觀上都希望保持低調，避免造成不必要的不安及負面影響，而一般人也無從得知全貌，因而大眾對安全工作本身和績效，就常常無法瞭解，甚至引發誤解。[3]長期下來，安全管理工作給大眾的印象似乎就成了一項有些神秘又難窺全貌的工作，就成了能不碰就不碰的選擇。這樣的現象在企業界安全管理部門、在政府機關從事安全管理工作者，總被其它一般行政部門或生產部門的同仁認為是在找麻煩，是小題大作、是故做緊張。甚至有些主管也深受影響，對安全管理的部門有負面的印象，只有等到發生重大安全事故之後，它們才警覺到安全管理的重要性。因此，安全管理工作平常並未受到重視，或認為做好是應該，一旦出了問題，則所有的指責交相而來。

　　曾經有一個案例，一個企業集團下的兩個部門，甲部門的主管平時即非常重視安全管理與預防工作，一年下來從未發生任何安全事故；乙部門的主管則因未重視安全管理，所

---

3 徐子文，《企業安全管理完全手冊（上）》，前言，頁 3-4。

以一年下來出了幾次安全意外事故，但所幸處理得宜，未釀成巨災。到了年終發獎金時，乙部門的主管獎金是甲部主管的兩倍，甲部門主管深感不解，何以平時重視安全管理與預防工作，一年下來從未發生任何安全事故，反而未獲應有的獎賞與鼓勵。企業負責人則說，乙部門這一年來處理不少安全事件，而且都處理很好，表現相當不錯；你們部門也沒發生什麼事，有獎勵就不錯了，不要太計較。就是這種不正確的心態，阻礙了安全管理的發展與運作。

　　一般大眾誤將保全工作或保全人員與安全管理工作劃上等號，或將其視為安全管理工作之全部，認為那是實在找不到工作，不得不去做的事，而將其列為工作或行業的最後選項，這些錯誤的觀念在我們的社會上普遍存在。造成這個現象的原因有以下幾點，第一、由於保全業或物業管理公司在安全管理產業領域中佔了絕大比例的人數，而這些保全人員又無證照制度與基本門檻，只要你願意，在保全人力嚴重不足的情況下，似乎都可以被錄用，因此自然造成保全人員的素質良莠不齊，直接或間接影響安全管理工作的形象；其次，社會上對安全管理人員有那些安全管理工作或職業是需要具有安全管理專業知能的人來從事或報考，並無明確具體的選項，而實際從事安全管理工作者亦無一個統一的稱謂，在不願屈就自己被稱為是保全人員的情況下，就含混帶過，因而在職場上許多安全工作從事者，外界也不知其工作內容；政府各類公職考試亦無安全管理類別，因此，導致今天安全管理工作在職場上、在社會一般人的心目中，未受到普遍的關注與重視。第三，台灣社會各人力銀行未能對安全管理產業

的工作類別做有效的歸類，以致將消防、保全、公司之安全主任、經理、軍警等職務，有些人力公司將其歸在同一類別，有些人力公司將其混雜在不同的類別，以致一般人始終不清楚，安全管理應屬何類別？最關鍵的是保全業本身的矛盾心態，一方面希望藉由證照化提高保全人員的素質與水準，改善社會大眾對保全人員的觀感；另一方面，又怕證照化後，保全人員的素質與水準提高，勢必也要提高保全人員的薪資與待遇；同時，又擔心會面臨到沒有證照，就無法擔任保全工作，造成另一波人力不足的現象。因此，目前這種打混仗的方式，雖對保全人員無法提供較好的待遇與觀感，但只要四肢健全，個人有意願，對社會中下階層的勞動人口，仍就是一個大量工作的機會，雖然流動率相當高，對業主也不需花太多的成本，但在人力來源上，卻不會有太大的問題，這也是業界普遍的想法。

因此，想要建置一套有效的證照制度，靠業界與學界恐怕很難完成，仍須政府相關單位，人力銀行與社會輿論全力支持，讓安全管理產業證照化、制度化、專業化，進而受到各界的重視。從上述這些說明就可以知道，如何讓安全管理工作者或安全管理部門在社會上各個領域受到與行政單位或生產單位同樣的尊重與地位，似乎仍有很大的努力空間。

三、保全業監督機制不完善

保全業之法源依據為「保全業法」與「保全業法施行細則」，而駐衛警察則是各學校機關團體駐衛警察管理辦法，

由於保全業皆為民營設立之公司性質，而駐衛警察之管理設置除政府機關外，更包含公民營事業機構，公民營金融機構、公私立專科以上學校或其它機關團體。保全業法第二條，本法所稱主管機關：在中央為內政部；在直轄市為直轄市政府；在縣（市）為縣（市）政府。[4]

該法雖規定中央為內政部，直轄市為直轄市政府，在縣（市）為縣（市）政府，但事實上，在中央內政部交由警政署，警政署交由下轄之一個偵查科來負責，縣市政府則由刑大來督導，全國之保全業務多達 600 多家，以上之公司與 7-8 萬人之保全工作人員，幾乎超過全國警察的人力，顯然在督導層級上有不對稱與人力不足之現象。同時，警察機關亦未能建立完備監督與管理機制，將保全業納入整體警察治安管理體系，扮演預防犯罪和偵查犯罪正面積極的功能和角色。由於保全員良莠不齊，時有所聞監守自盜之行為，造成社會觀感不佳，因此，警察機關對保全公司之成立採取較嚴格之標準，但警察機關又無一套標準之評鑑管理制度，目前僅有消極的許可條件與審核作業程序，因此有待加強與改善的空間仍然很大。[5]

四、物業管理與保全業管理範疇混疊

物業管理與保全業管理顯然是不同的兩個領域，但要將

---

4 《保全業法》，
〈 http://law.moj.gov.tw/LawClass/LawAll.aspx?PCode=D0080081 〉。修正日期民國 100 年 11 月 23 日。
5 傅美惠、呂秉翰，《保全業立法、修法與政策評析》，
〈 http://203.72.2.115/Ejournal/AP01001851.pdf 〉。

這兩個完全不同的人員放在同一個社區，使其產生有效的管理，的確是一個問題。社區大樓的門禁管制及清潔維護業務，兩者法律規定及執業性畢竟有別，保全業的監督管理，其法律依據為「保全業法」，其中央主管機關為內政部警政署；公寓大廈管理，其法律依據為「公寓大廈管理條例」（簡稱公寓條例），其中央主管機為內政部營建署。保全業係屬盜安防範的「門禁管制」；而公寓大廈管理維護業務係針對建物的設備加以維護與社區的環境清潔維護。這兩者業務範圍不同，無法有效區別與整合[6]，雖然兩者所從事行為同為「門禁管制」、」「門戶管理」及「訪客接待」等管理行為，而上述行為的功能，當然也包括「非住戶人士進入社區時的訪客身分及拜訪時間的登錄」等門禁管制、登記工作及事故的預防。若以目的取向觀之，則「盜賊事故發生的防止」應可評價為保全行為，依法不可由非保全人員從事。而公寓條例

---

6 對「安全維護」究屬於管理維護事項還是保全事項，規定並不明確。如修正前的公寓條例第 34 條第 5 款「公寓大廈及其周圍之安全及環境維護事項為管理委員會之職務」，若將該款中之「安全維護」解為本法所規定的安全維護工作，則管理委員會亦可能授權非保全業者的他人為保全業之安全維護，故在立法上原來似未明確區分居住處「安全維護」一語究屬於管理維護還是保全業務的範圍。又如公寓大廈及社區安全管理辦法第 7 條規定：「公寓大廈管理委員會、社區守望相助委員會之任務，如左：一、規劃維護公寓大廈、社區內之各項公共安全及環境衛生事項。二、促進公寓大廈、社區內住戶之友誼與互助及排解糾紛。三、協助政府推行政令、災害防救。四、僱用及解僱管理員或巡守員，並督導其執行任務。五、舉報公寓大廈、社區內影響治安行業動態。六、其他有關公寓大廈及社區安全維護之管理事項」。該規定以第六款「安全維護之管理事項」等語涵括前開五款有關公共安全、環境衛生、排解糾紛、災害救治、舉報影響治安動態等事項，此處「安全維護」一語，實已包括管理維護與治安防盜等事宜。內政部於民國 92 年 1 月 8 日廢止公寓大廈及社區安全管理辦法，使「安全維護」一語，不至於做太廣泛的解釋。

於 92 年 12 月 31 日修正後,雖針對管理維護公司及所雇用管理服務人員與非管理維護公司所雇用人員所得從事的清潔維護業務,予以明文規定(公寓條例第 43 至第 45 條)並限定其範圍。已避免法規上「安全維護」用語所導致實務上保全業者與樓管業者彼此約定業務範圍的侵越。惟目前因該法尚未隨之修正,社區在管理上是否能夠完全避免混淆,仍有疑義[7]。

　　尤其社區總幹事或社區主任更是物業管理公司、保全業與社區的關鍵人物,也是社區安全管理能否有效與健全的關鍵因素。由於社區總幹事或社區主任是屬於物管公司派遣,但在社區內他一方面要督導保全員,另一方面要管理清潔環保人員、操作電腦、審查帳目、並管理某些機電與敦親睦鄰、協調聯繫等工作,就如部隊中的一個連長角色,大小內外事情都有賴他來處理,如此重要的一個角色,在目前的體制、法規、訓練與實務面似乎都有相當大的問題,這也是今天社區管理無法有效提升品質與徹底改善的主因。

　　我國目前社區安全維護實務上最普遍的作法乃保全業者結合樓管業形成所謂「二元一體」的公司形態[8],「共同受託」

---

7 有關「管理維護」與「保全」的業務範疇劃分的詳細敘述,請參閱古振暉,保全業之社區管理維護 —— 以區分所有法制之探討為中心,第一屆「保全業與治安 —— 法制建構與犯罪抗制」國際學術研討會,由警政署、中華保全協會、中華民國刑事偵防協會及中華民國建築物管理維護經理人協會等單位主辦,並由美國休士頓大學、中央警察大學、中正大學、臺北大學、臺北市政府警察局、中華民國犯罪學學會及臺北市保全商業同業公會協辦,頁 432-434。

8 臺灣臺北地方法院 92 年度保險字第 19 號判決充分顯示此種「二元一體」的態度;關於保全業與樓管業形成所謂「二元一體」的公司形態及二者間的法律關係的詳細敘述,請參閱古振暉,保全業之社區管理維護—以區分所有法制之探討為中心,前揭註 17 文,頁 292-295。

或「委託轉包」辦理社區大樓的門禁管制及清潔維護業務。保全業者與樓管業者大多未分別訂立書面委託契約，甚至將二者屬性不同的契約混同訂定，致權責不清而常發生侵害消費客戶權益的不法情事。再者，任由物管業者承攬保全業務再行轉委任或轉包予合法的保全業者，非但無法有效遏止實務上層層轉包、削價競爭的歪風，對廣大消費民眾基本權益有「保護不足」之處，未善盡政府監督保護之責。因保全業係對人與物的安全維護，其設立許可門檻較高；相對的，樓管業者係對建築物的清潔維護，其設立許可門檻較低，若由樓管業轉委任予保全公司乃本末倒置作法且有違法的規定，確屬不宜。況且不論複委任或轉包承攬，保全業者與社區間，均無直接的契約關係，若因保全人員故意過失所造成的損害，社區僅能依民法第 188 條請求保全業者與保全人員連帶負損害賠償責任。儘管實務上保全業者與樓管業者在法律上依然為兩個獨立公司，僅就各該公司所為行為負責，但實務上甚多樓管業者與保全業者屬同一人或財團出資經營，連雇用人員也互通有無，形成所謂「二元一體」的特殊公司形態，所造成的賠償責任將更形複雜[9]，這些都是有待釐清的現象。以上是有關產業界面臨的問題。

　　因此筆者提出社區安全管理師制度之建構，據筆者觀察，社區管理是保全與物業管理兩大產業之核心重鎮，因此

---

9 臺灣臺北地方法院 92 年度保險字第 19 號判決充分顯示此種「二元一體」的型態。判決實務認為保全人員的職務違反行為，管理維護公司亦預將所雇用人員的故意過失，視為自己的故意過失，負債務不履行損害賠償責任（民法第 224 條規定參照）。兩公司對於同一損害負全部給付之責，彼此為不真正連帶債務，由此衍生的事後賠償責任將更難釐清。

如何建構一個有效的且有能力被認可的社區安全管理師制度乃是關鍵所在。眾所周知，社區總幹事（主任、經理）是社區能否健全與有效運作之關鍵人物，是物業、保全業與社區之橋樑與樞紐，同時又是三者之督導、管理與協調者，但許多總幹事不懂保全、也不懂電腦、機電、帳目、消防等 —— 但卻又要管理保全人員、物業人員及帳務，這種不協調的現象正是今天保全與物業管理的問題所在。因此，唯有健全社區總幹事這個角色，方能徹底提升改善社區管理之效能，也才能健全保全與物業管理。

筆者提出初步構想，作為未來進一步研究之方向，分別建立甲乙丙三種社區安全管理鑑定等級，基本想法如下：

丙級 —— 社區安全管理員（社區保全員、駐衛警）；

資格：高中畢業；

具備知能：瞭解保全勤務、安全管理、基本消防、社區組織。

服務滿三年可報考乙級，經鑑定合格，可升總幹事。

乙級 —— 安全管理士（社區總幹事、主任、飯店安全幹部）；

資格：專科或大學畢業。

具備知能：瞭解保全勤務、安全管理、基本消防、基本機電、社區、飯店組織與運作、電腦操作（W、E、P）、審閱財務報表、環境生態、撰寫應變計畫。

服務滿 3 年，通過甲級考試，可升任安全管理師。

甲級 —— 安全管理師（社區主任、經理，五星級飯店安全主任、經理，社區營造安全顧問、安全總監等職務）。

資格：大學或研究所畢業。

具備知能：乙級全部知能、美學設計、大樓總體安全設計規劃等。

以上只是對實務界的一個初步規劃與構想，未來仍有待進一步的研究。

第二節　政府機構面臨的問題

安全管理工作不只是民間保全的責任，更是政府責無旁貸應肩負起的重擔，與重要的職責與管理項目。整體而言，政府在執行層面，並無太大問題，問題在隨著時代的進步，政府相應機關並未相對的將安全管理作進一步的規範與提升，仍舊在原有的體制內運作。以致於民間、學校的安全管理類科已蓬勃發展之際，政府仍未跟上腳步。

一、各類公職考試無安全管理類別

根據考友社 102 年各項考試統計就業、證照、升學、檢定等四類考試公告，總計有 45 項各類考試，其中就業 24 項、證照 13 項、升學 2 項、檢定 6 項。各課考試名稱詳如下表（表7-1）10。但並無一項屬安全管理類別。雖然有國家安全局、調查局與一般警察的公職人員特種考試，但高普考類並無「安

---

10 考友社 102 年各項考試統計就業、證照、升學、檢定等四類考試公告
〈http://www.examiner.com.tw/announcement.php〉。

全管理」類科考試，換言之，目前政府機關的安全管理官員，基本上都是源自於調查局或曾在國安局服務過，之後轉任其他相關行政機關。

（表 7-1）

考試類別	考試名稱
就業考試	台灣中小企業銀行新進人員甄試
	中央印製廠新進人員甄選
	身心障礙人員考試
	中華電信集團招考
	台電養成班招考
	一般警察人員考試
	鐵路人員考試
	公營金融行庫招考
	國營事業聯合甄試
	公務人員普通考試
	公務人員高等考試
	中華郵政公司招考
	司法人員考試
	法院書記官考試
	法警‧監所管理員考試
	錄事‧庭務員考試
	台灣菸酒公司招考
	中鋼公司招考
	外交領事人員考試
	調查局人員考試
	國家安全情報人員考試
	原住民族考試
	地方政府公務人員考試
	公務人員初等考試

	證券、投信投顧暨期貨從業人員資格
證 照 考 試	地政士考試
	消防設備人員考試
	專責報關人員考試
	保險從業人員考試
	專利師考試
	會計師考試
	不動產估價師考試
	不動產經紀人考試
	記帳士考試
	技師考試
	導遊、領隊人員考試
升 學 考 試	警察專科學校專科警員班
	大學入學指定科目考試
檢 定 考 試	全國技術士技能檢定
	全民英語能力檢定
	國中學力鑑定考試
	高中學力鑑定考試
	高職學力鑑定考試
	專科學力鑑定考試

　　另根據考選部 100 年 3 月 16 日發文字號：選高二字第1001400145 號公告公務人員高普考試技職教育行政等 8 類科53 科應試科目中亦無安全管理類科。如勉強歸類在高普考中在類別行政、職組：法務行政　職系：廉政　類科：法律廉政、財經廉政類。[11]

　　公務人員考試旨在配合公務人員任用需要，故舉辦考試

11　102 年公務人員高普考試簡章。

時，其類科設置亦應配合任用需要而擬定。亦即政府各部門
需要何種人才，考選部即依其職務需要及工作性質設置考試
類科，以選拔人才。專門職業及技術人員考試係在衡鑑其執
業資格。其考試種類由考試院定之。一般情形，均須先制定
職業管理法律（規），而後始能配合增設相關考試類科，如
社會工作師、不動產經紀人等均是。[12]

　　而安全管理師之界定，一方面在社會上，從事安全管理
工作者之名稱要如何稱呼，尚未形成共識，有些以安全經理
人稱之，有些以安全「管理師」稱之，有些以「安全官」稱
之，有些就叫保全，因此「稱位」本身即是一個問題；另一
方面，從事安全管理工作者，其工作內容應包括那些？那些
是基本需具備的條件？知能？在學校與社會似乎亦無明確之
規範，因此，安全管理之相關考試類別，欲將其納入公職考
試，產業界與學校相關單位仍有相當大的努力空間。

二、政府對安全管理產業無明確界定

　　自 2001 年美國 911 恐怖攻擊發生後，這十幾年來，無論
在世界各地或在台灣，「安全管理」的概念如雨後春筍般遍
及各行各業，安全管理的重心也從以原來的工業安全為主軸
擴及至社會各層面。因此，社會上只要打著「安全管理」的
名號，似乎就是品質的保證，就可以獲得眾人的信賴與肯定，
至於什麼是「安全管理」？安全管理工作者到底涵蓋那些工

---

12 考試院：文官制度與專技考試詞彙，
　　〈http://www.exam.gov.tw/cp.asp?xItem=2101&ctNode=684&mp=1〉。

作項目？作爲一個安全管理者應具備那些基本知識與能力或條件？社會上很少人會去特別關注。也因此，在實務界，大家都有安全管理的概念，也很重視安全管理，但有關上述的問題卻無一標準，也沒有一個明確的規範，因此，如果運氣好，負責安全管理的公司其員工條件或許較高；如運氣不好，就可能遇到打這安全管理名號，招搖撞騙的行業。

例如：在社會上包括民間與政府機構那些人在從事安全管理工作？誰是安全管理工作者？在公司或企業一個安全管理負責人或部門他應該掌管那些有關安全管理的工作？那些基本工作項目是一個安全管理工作者必須知道並熟練的？那些相關工作項目是屬於安全管理工作者也應該知道的？這些工作應具備那些基本知識與能力？這些知能是否與其基本工作項目相對應。最後對這些從事安全管理工作者應賦予什麼樣的稱謂？諸如此類的問題，在我們社會上似乎都沒有一個標準的答案，其關鍵原因即在於大家都是安全管理的遵循與執行者，至於他的內涵或工作項目是什麼？就很少人去深究。因此，今天安全管理領域有待政府機關和學術界做進一步釐清之處仍多。

三、社區安全聯防通報體系未全面有效建構

社區治安是與在地民眾最切身相關的生活議題及治安議題，社區組織若能夠利用既有的管道及資源，教育社區民眾，進而協助社區在治安維護、災害防救、家庭暴力、學童安全等議題的發展，將能有效控制或阻絕不安全問題的發生。換言之，一個社區的治安維護工作若能做的妥善，不僅可以嚇

阻地方犯罪事件的發生，也可以保障該地區人民生命財產安全，更可以透過社區合作的成功模式及力量，拓展到各項地區公共議題領域上。

民國九十四年，行政院曾有鑒於健全之社區為台灣社會安定的力量，提出「台灣健康社區六星計畫」，且依據內政部六星計劃社會治安聯合推動小組所製作的網頁資料顯示，可以透過幾個方面來思考預防犯罪的問題：第一，增加「複式」的社區安全網絡，例如建立學校、社工、社團、社群、社區的安全資訊與犯罪預防網絡；第二，創造與強化社會與社區的功能，以降低犯罪行為的發生，例如：創造地區就業機會、強化社區大學功能、強化休閒娛樂的內涵；第三，針對社區內與治安有關的各社群建立專案計畫，例如弱勢社群受害預防（老人、婦女、兒童等）、青少年社團輔導（八家將、熱門音樂等）等[13]，但本項計畫似乎並未普及各社區。

其次，行政院經建會於民國 97 年通過內政部「加強推動社區安全 e 化聯防機制－錄影監視系統整合計畫」，該計畫係配合振興經濟擴大公共建設投資，為建構民眾安全生活空間，而加速辦理錄影監視系統之建置與整合。該計畫期程為民國 97 年至 100 年，預計投入 20.05 億元經費[14]，但亦僅達到局部得功效，未能全面做到社區與警政體系聯防的效果。

---

13 張孟湧，〈我國推動「社區治安聯防、建立安全社會」政策之評析〉，《國家政策研究基金會》，（October 28, 2009）〈http://www.npf.org.tw/getqr/6625〉。
14 楊肇元，〈加強推動社區安全 e 化聯防機制 ── 錄影監視系統整合計畫〉，《警政署網站》，〈http://www.cepd.gov.tw/m1.aspx?sNo=0011499〉。

另外，「警政署推動「社區治安，提高社區防衛能力」[15]

係以規劃輔導地方政府及社區組織，建立社區治安資源整合機制，營造「永續成長、成果共享、責任分擔」的社會環境，並以協力治理的概念，促成中央政府、地方政府及社區三者建構成為夥伴關係，強化社區聯防機制，達成「治安社區化」的目標，成效亦不明顯。

除了上述建立社區治安的作為以及預防犯罪的思考之外，為有效推動「社區治安聯防、建立安全社會」政策，筆者認為還可以從下列幾個方面來加以補強，以強化社區治安的維護，落實建立安全社會的目標：

（一）調整警勤區功能，強化社區治安維護。

（二）配合「警察職權行使法」的制定，將「戶口查察」功能調整為以社區治安維護與為民服務為主之「家戶聯絡」。

（三）讓警察走向社區、建立社區聯防意識，消除治安死角。

（四）全面輔導及補助守望相助、社區巡守、公寓大廈管理經費。

（五）補助金融、保險、保全與個別家戶之聯防、聯線與社區監視錄影系統等設施經費。

（六）成立民間社團參與治安維護濟助基金，以保障協助維護治安人員的安全。

（七）有效整合社區治安力量，落實社區治安化、治安

15　〈推動社區治安，提高社區防衛能力〉，《警政署網站》，（2013 年 12 月 26 日），

　　〈http://www.moi.gov.tw/chi/chi_ipmoi_note/ipmoi_note_detail.aspx?sn=63〉。

社區化的目標。

　　雖然政府有保障人民生命財產的義務，但爲了有效打擊犯罪，保障民眾生命財產的安全，筆者認爲，應該可以從整體結構面的角度，來思考警政體系與社會治安的改善之道，而社區治安維護體系的建立，強化治安人員的專業分工，建立「社區聯防體系」，建構綿密的全民治安維護網，將更能健全我國的犯罪預防機制，有效防範犯罪發生，保障民眾生命財產安全。

第三節　在學術界面臨的問題

　　安全管理學科進入大學，也不過是近 10 年的事，美國 911 恐怖攻擊事件，將安全管理帶到另一個高峰，雖然實務界已重視安全管理的各項機制與作爲，但在學術領域，卻還是在摸索的一門課程，而全國最早將安全管理納入大學校園的就是銘傳大學-安全管理系，但不可否認，這 7-8 年來，該系也一直在摸著石頭過河。

一、安全管理理論體系尚待進一步建構

　　從有了人類集體勞動開始到 18 世紀，進入 19 世紀末，是管理產生的萌芽階段，直到 19 世紀末 20 世紀初泰羅的科學管理理論產生，管理學才形成一個爲人注目的標誌。而隨著社會生產力的發展，人們把各種管理思想加以歸納和總

結，就形成了管理理論。人們反過來又運用管理理論去指導管理實踐，以取得預期的效果，並且在管理實踐中修正和完善管理理論。在漫長而重復的管理活動中，管理思想逐步形成，這也就是今天們看到有系統的管理科學，因此在管理這部分基本上無論是理論或實務，社會和學校都有其共同的認知與一貫的思維邏輯。[16]

　　換句話說，管理學在今天的社會或各大學中，都已有一個基本的認知，就是以企業經營管理為核心，但安全並不在他的核心概念裡。事實上，近 10 年來，安全管理的概念已遍及各行各業，任何行業只要加上「安全」兩字。似乎就是品質與信譽的保證。因此，在安全管理不斷蓬勃發展但各種概念又無適當制約的環境下，該如何規範？「安全管理」這四個字，應該歸屬與管理體系下的一環？或者自成一個安全管理體系？他究竟應該是一個什麼樣的體系？他的核心是什麼？包括的範圍為何？研究的領域要如何區分？似乎距離標準化、統一化、與各方的認知一致化，還有相當的距離。尤其今天社會上充斥著任何「管理」只要加上「安全」兩字，好像就有了保障，就萬無一失，如國家安全管理、勞工安全管理、消防安全管理、企業安全管理等⋯⋯，這些都是安全管理，但事實上，上述每一個「安全管理」指涉的內涵是完全不同，他探討研究的領域也是各有專精。

　　雖然近年來在這方面的學者專家，已經開始積極投入試圖對安全管理的理論架構及內涵做一釐清，但似乎仍未臻理

---

16 管理理論，
　〈www.ctcvietnam.org/Tw,BA-Information,Management-tools,100.html〉。

想與普及，這也是筆者在第五章、第六章爲什麼要分別加以釐清與闡述的主要原因。因此，如何讓更多在這方面有研究與興趣的理論建構者，加入這個行列，早日讓安全管理不只是在實務界受到重視，更希望在理論界亦能被大家公認與接受。

二、大學安全管理學系仍在摸索階段

對於安全管理體系有了一個初步的理解之後，我們必須考慮面對如此龐大的一個體系要如何讓一個大學生、他們的家長、社會上、企業主瞭解，大學四年的教育，對一個大學生而言，他應該學到那些安全管理的知識和能力，才能算是具備了他應有的基本能力？他應該培養一個什麼樣的學生才是符合這個領域專業的需求？按照台灣目前教育部的評鑑標準，各科系均應有其需具備的基本素養與核心能力。什麼是基本素養？什麼又是核心能力？

依據評鑑雙月刊 2011.11 第 34 期，發表的「『基本素養』與『核心能力』不同嗎？」文章中說明：學校應告訴我們要培育出怎麼樣的學生。基於此，大學校院應根據自我定位與校務發展目標規劃、設計校、院、系所三個層級之學生基本素養與核心能力，以作爲學術單位發展方向與教育目標之依據，每系所必須先訂定各自的「教育宗旨與目標」；一般而言，「基本素養」係指畢業生應用專業知能所應具備之一般性能力與態度；而「核心能力」則是指學生畢業所能具備之專業知能。各班制學生畢業時，應具備的核心能力係依據系所教育目標，並參照校、院訂定的基本素養與核心能力，

以及所屬學門的專業發展現況與趨勢，同時結合大學人才培育功能與國家產業人才需求等進一步訂定。

核心能力之訂定並非以一套固定僵化的框架，囿限系所發展，亦非以齊一標準要求不同班制學生於畢業時具備相同核心能力。因此，教育目標達成的途徑或方式，系所享有絕對的自主權，系所不但可就各班制學生程度之差異訂定不同的核心能力，甚或可藉由核心能力之訂定，突顯系所各班制之特色與發展。有關「基本素養」與「核心能力」之用詞，各校可依發展願景與辦學特色，自行定義與界定其內涵，高等教育評鑑中心均予以尊重。換言之，兩者可以結合，亦可使用其他名詞，如「基本能力」等。[17]

從上述的評鑑觀點看，的確一個系所的成立，一定和這個社會產業發展的趨勢與國家人才培育的需求相結合為著眼，基本上安全管理系在這方面都毫無疑問。由於安全管理的面向如此龐大，對一個四年制的大學生，在這有限的時間內，要思考的第一個問題是：社會上安全管理職場有那些相關行業是這個科系的學生可以進入發展的？其次，這些相關行業需要具備什麼樣能力的安全管理系畢業學生？第三，培養一個具備這些能力的安全管理系學生需要修習那些課程？這是首先要思考的問題。這個方向確定之後，再針對這個目標安排相關的課程，與聘請有關這些領域的師資。然後透過這樣的教學內容，在對應畢業後學生與企業界的回饋反映，就可以知道那些地方是需要加強，方能更符合社會的期待。

---

17 〈「基本素養」與「核心能力」不同嗎？〉，《評鑑雙月刊2011.11第34期》，〈http://epaper.heeact.edu.tw/archive/2011/11/01/5047.aspx〉。

這樣的邏輯基本上是符合高等教育評鑑的要求。

　　但目前在台灣，大學安全管理系，僅有銘傳大學一所，畢業學生也只有 4 屆，許多課程雖然經過該系教授的仔細規劃與安排，但是否真能滿足業界的需求，符合各界的期待，仍有待進一步的觀察。

　　由於安全管理的每一個領域都有其涵蓋的諸多面向與內容，在大學基礎教育的四年中應包含那些範疇，從筆者在前章中將安全管理的歸類範疇做一探討或許可以找到答案。不可否認，大學生應從最基本的並與學生最貼近的安全管理範疇學起，也就是社會安全管理涵蓋的兩個領域，私域安全管理和公共安全管理為主，這兩個領域對一般未曾接觸安全管理的學生而言，最不陌生，也是他們日常生活中經常接觸的範疇，如私域安全管理的職場安全、校園安全、社區安全、飯店安全、機場安全、公司企業安全、保全勤務等；公共安全管理的社會治安、警察勤務、犯罪防制、群眾運動等，都與學生平常生活有較多的接觸，也與他們未來要從是安全管理工作有相當的關係。同時，在理論與實務上較容易讓學生理解，在實習安排上亦較容易規劃。因此，筆者認為公共安全管理和私域安全管理，這兩個領域也就是社會安全管理的領域，應該是安全管理學系大學生四年的基本課程。

　　為了要讓學生對未來有進一步的瞭解與認識，對安全管理的領域有更多的接觸與前瞻性，國家安全管理與兩岸安全管理則可納入選修課程，一方面讓有興趣的學生或準備繼續進修同學有先其認識與接觸這些課程的機會，另一方面也可以拓展同學在這個領域的視野。

　　而研究所進修教育則以國家安全、兩岸安全管理和跨國安全管理與全球安全治理為研究重點，這些領域也正是目前國際上、兩岸間最關注、最實際的議題。而國家安全管理與兩岸安全管理正好介於國內與國際之間，在大學期間，學生有了初步的認識後，到研究所進修教育時就不會顯得茫然無知，一方面是大學教育的連慣與延伸，另一方面也是對安全管理產業的進一步探討與精進，因此，筆者從教學的觀點與大學教育的連貫性思考，將安全管理體系的範疇區分三個階層，基礎安全管理、中階安全管理、高階安全管理。基礎安全管理屬大學基礎教育範疇，中階、高階安全管理則屬研究所課程。學習的層次與面向，一方面具有連慣性，從國內安全管理問題到國家、兩岸再到國際，另一方面對其視野、知識領域的擴大亦有實質的幫助。（附圖 7-1：安全管理體系在大學教育的歸類）

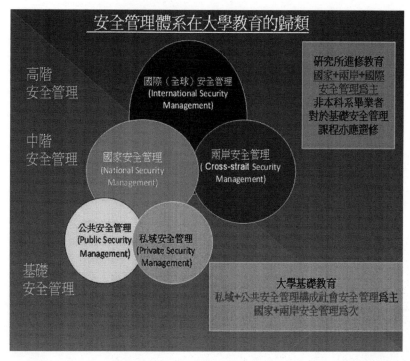

附圖 7-1：安全管理體系在大學教育之歸類（筆者研究設計）

三、大學安全管理相關科系未有效整合

　　曾如前章所示，安全管理的範疇從縱橫兩個面向看，涵蓋領域的確相當龐大，如果僅是一個系所的教學課程實難將以涵蓋，如果從縱的面向看，可以涵蓋大學教育到研究所；若從橫的面向看，安全管理是否可提升到學院的位階來思考，而不僅是一個系所的位階。如社會與安全管理系、安全科技管理系、國境安全管理系、消防安全管理系、都市防災系、應急或風險安全管理系等，這些系所，本質上都屬於安

全管理，也都在處理人安、物安、事安的問題，歸併在一個學院，一方面對安全管理有一個全面的認識，另一方面對相關資源的有效運用亦能達到整合的效果。

　　由於目前安全管理系，在國內大學教育體系中仍在摸索階段，而有些相關科系亦已成立，如都市防災系、保全系、安全科技管理系、社會與安全管理系等，因此，要如何整合這些科系，除了師資遴聘不易，教授們應講授那些課程亦無完整的共識，但不可否認，若安全管理欲在大學校園立足，未來成為一個學院的構想，將是一個必然的趨勢。

　　整體而言，安全管理這個學門，在大學教育的體系中有待琢磨與開發的空間仍相當大，而如何能使其走上正軌，尚有待學者專家共同努力。

　　總體言之，本章主要突顯目前安全管理無論在產業界、在政府相關機關、與學術界要著墨之空間與整合努力的地方仍相當大，而這些問題的解決與改善，更需要藉由理論的引導與各界的共識，方能為安全管理建構一個為大家所接受的體系與論述。

第八章　結　　論

　　雖然本書的架構在撰寫之前即已完成，但在寫作的過程中，讓筆者時常陷入一種思考，究竟安全管理該如何界定？這樣的界定是否妥適？它包括那些範疇？似乎各行各業、政府各部門直接、間接都在做安全管理的工作或與安全管理有相當關係之工作。例如政府部門直接從事安全管理工作的機關，國安局、調查局、警政署是最典型的安全管理機關，但環保署、衛生署在環境、生態、疫病的安全管理與維護上也不可忽視；企業界，上至 101 大樓安全總監到一個社區的保全員，他們都在從事安全管理工作，只是負責的工作內容、項目、責任與職稱不同而已。因此，筆者發現要對安全管理做一個周延的論述，的確不是一件很容易的事，但經歷了兩年多的不斷思考、資料蒐集、與彙整，終於將它初步完成。尤其最近與山東大學孔令棟教授在討論某些問題時，彼此有一個共同的看法，在全球化的今天，我們所面對的各種問題，在思考的時候，不能只從單一國家的角度去探索，一定要從全球的角度去觀察思考。這個提示，讓我更加相信本書中的安全管理範疇界定，正是這樣的一個思考與觀察結果。但筆者也注意到本書在很多方面仍有思慮不周的地方，不管如何，這總是一個開始，總要有人來披荊斬棘，開出一條道路，

後進者要如何修飾與補強，也是我所期待的。

　　本書的論述有幾個重點是我想要特別再與讀者分享，也是希望有興趣從事安全管理的學者專家能進一步思考與精進之處。首先是有關安全管理的定義，其次是定位，三、是社會上從事安全管理者，他應該給予一個什麼樣的名稱？他的工作內容，基本上應該包括那些？四、安全管理的範疇與分類，也是本論文最重要的論述。五、物業與保全業應努力的方向。六、未來大學安全管理應發展的方向。以下依次來回顧：

一、安全管理的定義

　　基本上，「安全管理」這個名詞是由兩個概念組成：「安全」和「管理」。「安全代表一種穩定的、在一定程度內可以預期的環境，讓個人或團體可以在追求目標時，不受干擾或傷害，也不必擔心任何動亂或意外」[1]，簡單地說安全是一種無憂無慮的感覺。也就是英文的 Safety 和 Security，兩者在中文都是指安全，但是 Safety 指的是「沒有意外」（No accident），而 Security 指的則是「沒有事件」（No incident）。兩者之間存在著目的與手段、結果與方法的關係，具體的說，Security 是手段取向，Safety 是目的取向，也就是透過 Security 的執行，達到 Safety 的境界與目的。兩者基本差異如下：Safety 多與人身安全有關，Security 則為有防護措施的安全。在英文裡，Security 講得是免於〔或降低〕他人〔或其他團體〕

---

1 同前註，李振昌譯，《企業安全管理完全手冊-上冊》，（台北市：紐奧良文化，2004），頁 4。

對我刻意的、有針對性的、有所企圖的、或有鬥爭性的傷害；
而, Safety 則汎指免於一般性的〔非刻意的、沒有針對性的、
無特殊企圖的〕意外傷害。因此,「安全」可以說代表著一
種無憂無慮的境界,在這個境界裏,人們得以正常地從事各
種活動。

　　而什麼是安全管理,在許多的資料都以單一的標的為導
向,如煤礦的安全管理專家,他就特別強調煤礦工人的安全,
這樣的定義用在其它領域就顯的突兀,因此筆者綜合了各家
的說法,整理出一個較完善與廣義的內涵。因而,我們可以
給安全管理（Security Management）下這樣一個定義,即：

　　以安全為目的,為使欲管理之標的或項目（如：個人、
工廠、表演活動、社區、社會或一個國家等）,能安全平順
的運行,而藉由各種資源（如：人力、物力和財力等）,以
組織、計畫、指揮、協調、控制等管理機能,掌握各種人的
不安全行為、物的不安全狀態,和事的不安全因素,避免發
生任何意外傷亡、危害事故,確保計畫範圍內的人員生命和
健康得以確保,計畫範圍內的財物、環境、工作、活動不受
干擾,達到人安、物安、事安的境界與過程。[2]

　　有關人的不安全行為、物的不安全狀態,或許一般人較
能理解,但事的不安全因素,主要強調的是安全管理計畫作
為在思慮、規劃、執行中的疏失或疏漏,也就是在規劃、執
行安全管理工作時,除了人、物以外的不安全行為與狀態外,
均屬於事的不安全因素。例如,我們說這件事沒做好,以致

---

2 同前註,虞義輝,《安全管理與社會》,（台北,文史哲出版,2011）,
　頁 23。筆者於該書中曾做過詮釋,此次試圖以更周延之內容來將其定義。

發生意外，這其中的意涵，除了人的不安全行為與物的不安全狀態，可能還有很大一部份是指事前規劃或思慮的疏忽、未曾想到或未將其納入管制計畫中，而發生意外，這就是事的不安全因素。

上述的定義，雖不能說非常完善，但基本上放在各種狀況下，都應該可以適用。

二、安全管理的定位

為什麼筆者認為安全管理的定位很重要，為什麼安全管理須要定位？因為今天與安全管理相類似的產品與名稱太多，在人云亦云下，混淆了本尊的面目。就如同一個產品的本質與外延，只有瞭解了自己是什麼，才有可能給予別人一個清楚的交代與說明，不會與相類似的產品混淆，也不會因別人的質疑而失去信心，才能給予正確的推廣。

前述提過安全管理是有兩個概念組成，一個是安全，一個是管理，簡單的說，安全管理，就是為了達到安全的目的，藉由管理的手段去執行與完成的一項工作。因此，我們可以說安全管理基本上是屬於管理學的體系。但在管理學中是否有將「安全」納入他的體系？如果有，那我們就找到了源頭！如果沒有，我們是否可以將其歸類在管理學的體系內？或自立門戶獨樹一格？否則他與企業管理又有何區別？這就是為什麼要定位的原因。

從工業革命後，管理學的啟蒙大師法約爾從工業企業管理實踐的經驗總結與理論概括及企業經營的五大職能（技

術、商業、財務、安全和會計）中，將管理活動分離獨立出來，他認為：不論企業之種類、規模之大小都必須完成下列六種活動，也就是下列六項功能：[3]

　　1.技術功能：生產製造。2.商業功能：採購、銷售及交換等。3.財務功能：資金取得及運用等。4.安全功能：商品及人員的保護、設備及員工的安全等。5.會計功能：盤存、會計報表、成本核計及統計等。6.管理功能：計畫、組織、指揮、協調及控制。

　　而他認為管理不應該被隱藏在其它五個功能中，需要有一個獨立的體系而這個管理體系，作為一般管理理論與方法，不僅適用於工商企業，而且適用於政府、軍事部門與社會團體。從上述的資料可以看出，其實很多學門都是隨著時代的改變，經過學者專家不斷演進與發展，最後逐漸形成一個大家較能理解與完整的定位體系，管理學顯然也是脫離不了這個模式。其次我們也發現早期以工業為重心的管理學，早就將安全納入管理的五大職能中，而法約爾雖然將管理功能分離獨立出來，只強調計畫、組織、指揮、協調及控制，但安全功能仍是他認為各行各業關注的重點。經過漫長的管理學發展過程中，安全雖很重要，但從企業將本求利，如何本著風險越高、利潤越大的經營理念出發，最大利益逐漸成為企業管理汲汲追求的目標時，安全，就成了阻礙組織追求更大利益的絆腳石，甚至認為安全只是一種支出花費，一種可有可無，純買安心的活動！更有甚者，認為這些安全活動

---

3 邱正田，《工廠管理》，（台北：五南圖書出版，2007.8）。

違反了人類自由競爭的基本原則！

　　因此，安全管理就在企業經營的過程中逐漸弱化而消失。這個現象正好應證了企業安全管理完全手冊中所說的「安全一直都是個重點，不過總是不再優先次序清單上。」〈Security is always a concern, but has no priority〉

　　但隨著時空環境的轉變，當人們在追求其自身最大利益時，遭遇到巨大危險與災難的反撲時，又回頭來向安全管理求救。這就是當我們在探討安全管理時，首先必須瞭解，安全管理是個人、組織、環境與社會相對應產生的概念，而不是自然發生的，是基於過去面臨的經驗與教訓結合時空環境所不斷累積發展而成的。從安全管理的方式與內涵不斷轉變，亦可反應出當時人們對安全管理的需求狀況。

　　從上述的演變，可以看出法約爾認為安全管理的功能從一開始就是一個獨立的個體，而事實也證明安全管理雖有管理之名，和管理之實，但和管理學追求最大利益的基本目標是矛盾的，而它強調以安全為主要考量的目標與企業管理以利益為主的目標很難相容，也正因為如此，安全管理就更應該明確定位，不隸屬管理學，應該自立門戶獨樹一格，甚至從安全的角度來監督企業管理。因此，社會上、學術界、各大學因應環境、社會、工商企業實際的需要，發展出了以安全為核心，但有不同面向的學科，如風險管理、應急管理、公共安全管理等，這是資本主義社會發展的必然趨勢，未來甚至會有更多不同的學科、學門因應而生，這也就是為什麼安全管理不應隸屬於一般認知以企業為導向的管理學門，而應獨立出來自立門戶，需要被定位並與其它產品做區隔的原因。

三、社會應賦予安全管理者統一的稱謂與基本工作要項

　　今天的社會，不可否認大家都已經非常重視安全管理，但從事這個行業的工作者，應該給予「企業安全管理師」「安全經理人」「企業安全官」等稱謂，似乎尚未被重視。尤其今天台灣各人力銀行和徵才機構在職場上扮演著引導的角色，但對安全管理職場領域的認知與分類似乎仍有相當落差，這些新興的安全管理專業人員，他們負責的是一個全方位的規劃、督導和執行的安全管理工作，與一般的保全警衛無論在工作內容、層級上都有很大的差距。但在一般企業徵才或人力銀行職務分類中，並無統一之名稱，仍將負責安全的幹部、主管歸類在軍警、保全及警衛人員之中，他們在社會中應該如何定位、分類，卻未被注意和重視。

　　2001 年美國 911 恐怖攻擊事件發生後，國際上各機構對於如何加強安全管理與防衛措施，引起高度的關注與重視。因此，美國企業界有了「企業安全官」的設置，旨在確保並加強企業或公司的各項安全措施。近幾年來，台灣社會在許多企業機構設置安全室主任、經理或總監等職務，為符合社會之期待並與時俱進，本文亦在此呼籲，希望各界能重視此一問題。

四、安全管理範疇的縱橫面向

　　安全管理的範疇應該包括那些？這是筆者撰寫本論文的核心問題！筆者透過長期的思考與研究，將安全管理放在全球化的架構下來分析，雖不能說很完善，但個人認為這樣的

縱橫分析法應該是較容易被讀者理解。

　　在思考這問題前，首先要瞭解今天我們所接觸、認知的安全管理範疇中，有關項目有那些？然後再從這些項目中作一釐清與分類。

　　我們經常耳聞、接觸的範疇，從人類安全、全球安全治理、國際安全，國家安全、社會安全、公共安全，至社區安全、私人保全（保安）、警衛安全，到個人安全都是我們熟知的安全管理範疇。如果再從目前社會與學校所講授的相關學門來看，有應急管理、危機管理、風險管理，公共安全管理、社會安全管理、國土安全管理、環境安全管理、犯罪防制等 ── 。上述這些名詞，相信對這個領域有涉獵的學者專家應該都是耳熟能詳，但這些是否就包含安全管理的全部，恐怕亦難斷論，問題是如果我們若能先將已知的項目做一個歸類，未來就可以不斷的加入新的項目，或在這個基礎上，再開闢新的面向，繼續充實安全管理的內涵。

　　在如此龐雜的項目中要如何歸類，筆者從兩個面向思考，一個是從縱的面向看，另一個是從橫的面向看。所謂縱的面向，係指在這個體系中有上下關係、大小關係或彼此會相互影響的項目將其歸在這個領域；所謂橫的面向，係指在這個體系中，無上下關係或大小關係，但其研究的方法或核心目的都是以安全管理為基礎，其最終目標都是為了達到安全管理的人安、物安、和事安者，將其歸在這個領域。若從這兩個面向來探討，就可以對安全管理的整體面貌有一個整體的概念。

安全管理體系的縱向面

　　筆者認為，如果只將國家作為安全管理體系的全部來探討，將發現在全球化的今天，國與國之間的互動是如此頻密，國內任何一個安全管理上的缺失都會影響其它國家（如塑化劑、SARS、禽流感等問題），同樣的，國際上的任何問題也會影響一個國家（如美牛瘦肉精問題、地球暖化問題等），因此，如果僅以國家為單位的思考、來探討安全管理的整個體系，安全管理的內涵將會出現一個大缺口。尤其在全球化的今天，更應該將全球的概念納入安全管理的體系。

　　因此，筆者認為在全球化、地球村的環境下，一個正常化的民主國家其安全管理體系的最上層或最大化應該屬於全球安全治理（Global security governance），其次為跨國安全管理（Multinational security management），再來為國家安全管理（National Security Management）最後為國內的社會安全管理（Domestic safety& security management）四個層次，社會安全管理又包含公共安全管理與私域安全管理，這是從縱的面向來思考。

　　這四個層次，國內社會安全是根本，國家安全是基礎與跨國安全、全球治理息息相關、環環相扣，維繫整個安全體系的上下關係。

安全管理體系的橫向面

　　若從橫向面來思考，因為安全管理的問題越來越受到重視，安全管理的重心也從早期的工業安全管理，轉移至以社會安全、公共安全為重心，因此，在安全管理體系中各種研究安全管理的方法，也如雨後春筍般蓬勃發展，由於安全管理的面向太廣，四目所及、日常生活中、企業管理中，到處

都需要一個有效的安全管理方法，因此，學者專家針對特定標的或項目提出了各種不同的因應模式與解決方法，有風險管理、危機管理、應急管理、國土安全管理、環境安全管理等 —— 各種對特定目標的安全管理方法與應變機制產生，但不管他叫什麼名字，其本質仍是以安全管理為核心，其最終目標也都是為了達到安全管理中人安、物安、事安的目的。

　　所以從橫向面看，就是以安全管理的目標：人安、物安、事安為核心，所衍伸出來，為了對特定的項目或標的所做的研究方法及相關機制，均納入安全管理的橫向面。這些方法和機制有些已廣為各界熟知並普遍運用，如危機管理、應急管理、公共安全管理、國土安全管理、環境安全管理、資訊安全管理、安全科技管理等，有些雖然目前並不顯著，但隨著時代的發展與社會的需要，未來仍有可能產生各種新興研究安全管理的方法與機制。因此，筆者將上述這些圍繞著安全管理核心目標：人安、物安、事安為面向的管理模式、方法和機制，其彼此間無上下隸屬關係與大小關係的安全管理模式，均納入安全管理的橫向面。

　　如此就可以很清楚的瞭解，安全管理的橫向面，它會以安全這個核心為目標，隨著環境的改變、科技的進步、人類的需求，不斷的發展衍伸出更多、更符合與滿足人們對各種標的或項目有關安全管理的有效方式。

　　從以上從縱橫兩個面向，將安全管理體系的範疇做了一個說明與大歸類，將有助於對安全管理的全貌有一個較清楚的輪廓與認知，這也是本論文撰寫的核心目的。

五、物業與保全業應努力的方向

社區安全管理師制度之建構，如前章所述，在產業界仍有許多混淆之處，但據筆者觀察，社區保全與物業管理是這兩大產業之核心重鎮，因此如何建構一個有效的且有能力被認可的社區安全管理師制度乃是關鍵所在。眾所周知，社區總幹事（主任、經理）是社區能否健全與有效運作之關鍵人物，是物業、保全業與社區之橋樑與樞紐，同時又是三者之督導、管理與協調者，但許多總幹事不懂保全、也不懂電腦、機電、帳目、消防等—但卻又要管理保全人員、物業人員及帳務，這種不協調的現象正是今天保全與物業管理的問題所在。因此，唯有健全社區總幹事這個角色，方能徹底提升改善社區管理之效能，也才能健全保全與物業管理。

筆者提出初步構想，作為未來進一步研究之方向，分別建立甲乙丙三種安全管理鑑定等級，概念如下：

丙級 —— 社區安全管理員（社區保全員、駐衛警）；

資格：高中畢業；

具備知能：瞭解保全勤務、安全管理、基本消防、社區組織。

服務滿三年可報考乙級，經鑑定合格，可升總幹事。

乙級 —— 安全管理士（社區總幹事、主任、飯店安全經理）；

資格：專科或大學畢業。

具備知能：瞭解保全勤務、安全管理、基本消防、基本

機電、社區、飯店組織與運作、電腦操作（W、E、P）、審閱財務報表、環境生態、撰寫應變計畫。

服務滿 3 年，通過甲級考試，可升任安全管理師。

甲級 ── 安全管理師（社區主任、五星級飯店安全主任、經理、社區營造安全顧問、安全總監等）。

資格：大學或研究所畢業。

具備知能：乙級全部、美學設計、大樓總體安全設計規劃等。

以上只是對實務界的一個初步規劃與構想，未來仍有待進一步的研究。

六、未來大學安全管理應發展的方向

從本論文的研究可以理解，安全管理的確是一個相當廣泛與浩大的領域，其涵蓋的面向與項目更是不勝枚舉，從人類安全、全球安全治理、國際安全，國家安全、社會安全、公共安全，工業安全、生態安全、至社區安全、私人保全（保安）、警衛安全，到個人安全都是我們熟知的安全管理範疇，而銘傳大學之所以從當時成立「安全管理學系」不到三年就更名為「社會與安全管理學系」，正是體會到安全管理涵蓋之領域太廣、太大，絕非一個系所的教學目標、課程與師資可以包羅。

因此未來，如能在既有的基礎上繼續擴大成立「安全管理學院」，將較具代表性的社會安全管理（如犯罪預防、治安、社區、恐怖活動、社會安全等項目）、工業安全管理（著

重消防安全、衛生安全、勞工安全、工廠安全等項目）、國
土安全管理（著重國土安全、人口移動、生態、環境、水土
保持等項目等）、或安全科技管理（著重安全科技研發、鑑
定、運用、推廣等項目）等幾個基本的安全管理項目納入整
體思考研究，以安全管理學院的型態呈現，將會使安全管理
的概念更爲周延與落實，讓安全管理的重要性更爲社會大眾
所瞭解。

參考文獻

一、中文部分

（一）專　書

王宏偉，2010。《突發事件應急管理基礎》。北京：中國石化出版社年版。

王緝思，2006。《中國學者看世界——非傳統安全》。香港：和平圖書公司。

中國施工企業管理協會，2008。《工程建設企業管理》。北京：中國計劃出版社。

毛海峰 2000。《現代安全管理理論與實務》。北京：首都經濟貿易大學出版。

朱蓓蕾，2007。《當前美日危機管理機制之研究》。

朱春瑞 2008。《做優秀的安全管理員》。廣東：經濟出版社。

朱延智 1999。《危機管理》。台北：揚智出版。

朱延智 2002。《企業危機管理》。台北：五南圖書。

宋明哲 2001。《現代風險管理》。台北：五南圖書。

邱正田，2007。《工廠管理》。臺北：五南圖書出版。

李振昌，2002。《企業安全管理完全手冊》。臺北市：紐澳

良文化。

李振昌，2004。《企業安全管理完全手冊》。台北市：紐奧良文化上冊。

李軍鵬，2004。《公共服務型政府/公共管理論叢》，北京：北京大學出版社。

李永明，2006。《大型活動安全許可研究》。山東:山東大學出版社。

林柏泉主編，2002。《安全學原理》，北京：中國勞動社會保障出版社。

角本定南 1989、呂山海譯。《安全管理》。台北：書泉出版。

邵輝、邢志祥、王凱全 2008《安全行為》管理。北京：化學工業出版社。

周玲、朱琴、宿潔著，2012。《公共部門與風險治理》。北京：大學出版社。

周茂林 2007。《風險管理作業指南》。台北：國防大學。

高永昆、李永然 2001。《社區商場及大樓保全與管理》。台北：永然文化。

吳厚慶，2008。《現代企業管理研究》。研究出版社。

吳量福，2004。《運作、決策、信息與應急管理：美國地方政府管理實力研究》。天津：天津人民出版社年版。

吳定 2006。《公共政策辭典》。台北：五南書局。

吳穹、許開立 2008。《安全管理學》。北京：煤炭工業出版。

張緯良 2011。《管理學》。台北：雙葉出版。

金勝榮，2011。《日本大地震啟示錄》。北京：中國商業出版社年版。

黃秋龍 2004。《非傳統安全研究的理論與實際》。台北：法務部調查局。

楊士隆、何明洲、傅美惠 2005）。《保全概論》。台北：五南出版。

蔡敦浩，2009。《管理學二版》。台北：滄海書局。

蔡永明，2009。《現代安全管理》。台北：揚智出版。

蔡茂林，1997。《國家安全基本認識-國家安全概論》。台北：台大軍訓教官室。

唐雲明、張平吾、范國勇、虞義輝、黃讚松、郭志裕 2011。《社區安全管理概論》。台北：台灣警察學會。

景懷斌，2006。《公共危機心理-SARS 個案》。北京：社會科學文獻出版。

夏保成，1999。《國家安全論》。北京:長春出版社。

夏保成主編，2006。《西方公共安全管理》。北京:長春出版社。

夏保成主編，2006。《美國公共安全管理導論》。北京:當代中國出版社。

陳安，2009。《我國應急管理的現狀及基礎概念》。中國科學院。

戰俊紅、張曉輝編著，2007。《中國公共安全管理概論》。北京：當代中國出版社。

劉潛，2002。《安全科學和安全學科的創立與實踐》。北京：化學工業出版社。

劉景良 2008。《安全管理》。北京：化學工業出版。

陳振明，1999。《公共管理學》，北京：中國人民大學出版

社。

陳寶智、王金波 1999。《安全管理》。天津：天津大學出版。

崔國璋 1997。《安全管理》。北京：海洋出版社。

鄭家駒 1998。《安全防護》。台北：清流雜誌社。

鄭世岳等編著 2006。《工業安全與衛生》。台北：新文京開
　　發出版。

諾曼‧R 奧古斯丁，2001。《危機管理》，北京：中國人民
　　大學出版社版。

趙成根主編，2006。《國外大城市危機管理模式研究》。北
　　京：北京大學出版社年版。

虞義輝，2011。《安全管理與社會》。台北：文史哲出版社。

薛瀾、張強、鐘開，2003。《危機管理：轉型期中國面臨的
　　挑戰》。北京：清華大學出版社。

羅雲、程五一 2004。《現代安全管理》。北京：化學工業出版。

（二）期刊論文

　　王曉明，2007。〈安全管理理論架構之探討〉，《中央
警察大學警學叢刊》，第 37 卷第 4 期。

　　姜付仁、向立云、劉樹坤，2000。〈美國防洪政策演變〉，
《自然災害學報》第 9 卷第 3 期。

　　王宏偉，2007。〈FEMA 的演變與發展 —— 透視 "二戰"
後美國應急管理的四次大變革〉，《中國應急管理》第 4 期。

　　王德迅，2007。〈日本危機管理體制的演進及其特點〉，《國
　　際經濟評論》第 2 期。

　　王宏偉，2007。〈美國應急管理的發展與演變〉，《國外社

會科學》第 2 期。

王振耀、田小紅、周敏，2006。〈中國自然災害應急救助管理基本體系〉，《經濟社會體制比較》第 5 期。

江筱惠、孫惠庭（2012）。採訪保全工會副秘書長朱漢光資料。〈產業調查是產業發展的基石〉。《保全會訊-4》。

閃淳昌、周玲，2008。〈從 SARS 到大雪災：中國應急管理體系建設的發展脈絡及經驗反思〉，《甘肅社會科學》第 5 期。

高小平，2008。〈中國特色應急管理體系建設的成就和發展〉，《中國行政管理》第 11 期。

張平，2008/4。〈國務院關於抗擊低溫雨雪冰凍災害及災後重建工作情況報告 —— 第十一屆全國人民代表大會常務委員會第二次會議上〉，《中華人民共和國全國人民代表大會常務委員會公報》第 4 期。

胡錦濤，2008/10。〈在全國抗震救災總結表彰大會上講話〉，《人民日報》第 2 版。

李湧清，2008。〈再論安全管理理論架構〉，《警學叢刊》，第 39 卷第 3 期。

李維森，2007。〈災害防救體系〉，科學發展第 410 期。

李楠，2009。〈最新防盜報警產品發展趨勢〉。《安全與自動化科技雜誌》第 92 期。

范維澄、翁文國，2010。〈有關應急管理科技支撐的若干思考〉。廣東省政府應急辦，首屆粵港澳臺應急管理論壇論文集，7-8。

高小平、劉一弘，2012。〈國應急管理研究述評〉。廣東省

政府應急辦，首屆粵港澳臺應急管理論壇論文集。

章光明 2007。〈建構安全管理機制之研究〉，中央警察大學學報（44）。

張平吾，2007。〈城市犯罪與安全管理〉，中國警察協會，「第二屆海峽兩岸暨香港、澳門警學」研討會。香港：中國警察協會。

顧林生，2003。〈日本國土規劃與防災減災的啓示〉，《城市與減災》第 1 期。

顧林生，2003。〈從防災減災走向危機管理的日本〉，《城市與減災》第 4 期。

顧林生、陳小麗，2006。〈全國應急管理體系構建及今後的發展重點〉，北京：清華城市規劃設計研究院公共安全研究所，中国公共安全第二期。

詹承豫，2009。〈中國應急管理體系完善的理論與方法研究 —— 基於"情景—衝擊—脆弱性—"的分析框架〉，《政治學研究》第 5 期。

唐雲明，2010。〈海峽兩岸應急管理制度之比較〉，「警學與安全管理」研討會。臺灣：台灣警察學術研究學會。

葉坤福，2007。〈警務安全防治系統建置規劃 —— 以臺中市為例〉，台北：安全城市論壇研討會論文集。

詹中原，2007。〈危機管理與災害防救之研析〉。《財團法人國家研究基金會》，國政研究報告。

鍾開斌，2009。〈一案三制"：中國應急管理體系建設的基本框架〉，《南京社會科學網》第 11 期。

潘忠岐，2004。〈非傳統安全問題的理論衝擊與困惑〉，《世

界經濟與政治》，第 3 期。

美國聯邦緊急事務管理局，曾包紅譯，2004。《美國聯邦緊急事務管理局（FEMA）的歷史》，《國際地震動態》年第 4 期。

夏保成，2011。〈對應急管理學科的初步認識〉，「第三屆警學與安全管理學術」研討會。桃園：銘傳大學國際會議廳。

世曦工程，2009。〈智慧型交通監視與城市安全監控系統工程設計實務〉研討會。臺北：智慧化安全應用研討會論文。

虞義輝 2011。〈兩岸舉辦大型活動有關安全管理與規範之研究〉。《警學研討會》。

鄭善印，曾憲樂 2011。〈美、日、中保全人員證照制度之研究〉。《2011 保全產業高峰論壇論文集。中華民國保全商業同業公會全國聯合會、中華保全協會主辦》，。

蔡明洵，〈保全業變臉〉，《天下雜誌》，第 317 期，2005年 2 月。

〈物業管理＝有形管理+無形服務〉，《生活時報》，2002年 9 月 19 日。

102 年公務人員高普考試簡章。

（三）譯　著

徐子文編審，李振昌譯，2002。《企業安全管理手冊（上）》（前言-迎頭趕上歐美安全管理的專業發展）。臺北：紐奧良文化。

美國聯邦緊急事務管理局，曾包紅譯，2004。《美國聯邦緊
　　急事務管理局（FEMA）的歷史》，《國際地震動態》
　　年第 4 期。

〔美〕諾曼‧R 奧古斯丁，2001。《危機管理》，北京:中國
　　人民大學出版社版。

　（四）網際網路

卜遠程，〈全球台商服務網〉，第 82 期，
　　http://twbusiness.nat.gov.tw/asp/epaper.asp。

朱成，（行銷策略-行銷是什麼？），
　　〈youthbusiness.nyc.gov.tw〉。

佚名，2007/9。〈什麼是定位〉，《什麼是ＳＭＳ》，
　　〈http://www.shenmeshi.com/Education/Education_20070
　　921203940.html〉。

邱正田，2007。（工廠管理），《台北：五南圖書出版》，
　　〈http://ja.scribd.com/doc/30882080/%E5%B7%A5%E5%B
　　B%A0%E7%AE%A1%E7%90%86-Factory-Managment〉。

陳悅、劉則淵，《管理學的基本概念與學科地位》，
　　〈http://wiki.mbalib.com/wiki/%E7%AE%A1%E7%90%8
　　6%E5%AD%A6〉。

盧政春，〈台灣社會安全體系之問題與對策〉，《新世紀第
　　二期國家建設計畫-專題研究系列 III》，
　　〈www.cepd.gov.tw/dn.aspx?uid=728.pdf〉。

　　〈https://www.google.com.tw/webhp?hl=zh-TW&lr=#hl=
　　zh-TW&sugexp=frgbld&gs_nf=1&gs_is=1&cp=4&gs_id=

4t&xhr=t&q=%E7%A4%BE%E6%9C%83%E5%AE%89%
E5%85%A8%E8%99%9F%E7%A2%BC&pf=p&lr=&sclie
nt=psy-ab&oq=%E7%A4%BE%E6%9C%83%E5%AE%89
%E5%85%A8&aq=0&aqi=g4&aql=&gs_l=&pbx=1&bav=
on.2,or.r_gc.r_pw.r_qf.,cf.osb&fp=b4e5cd9ad03f5972&bi
w=1024&bih=596〉。

蕭敬，2006/3〈美國的社會安全號碼制度〉，《美國之音中
文網》，

〈 http://www.voafanti.com/gate/big5/www.voachinese.co
m/content/a-21-m2006-07-01-voa28-58213067/1070177.ht
ml〉。

陳安，2009/7〈我國應急管理的現狀及基礎概念〉，《科學
網》，

〈 http://www.sciencetimes.com.cn/m/user_content.aspx?i
d=244320〉。

唐雲明，2011《海峽兩岸應急管理制度之比較》，

〈 https://docs.google.com/viewer?a=v&q=cache:ZcDPrZ
HgCHQJ:researcher.nsc.gov.tw/public/chief_t〉。

〈危機管理〉，《MBA 智庫百科》

〈 http://wiki.mbalib.com/zh-tw/%E5%8D%B1%E6%9C%
BA%E7%AE%A1%E7%90%86〉。

彭小惠，〈運動管理課程的定位與爭議〉，

http://web.nutn.edu.tw/gac350/Educational_Websites/Peri
odical/%E7%9B%B8%E9%97%9C%E6%96%87%E7%8D
%BB/%E9%81%8B%E5%8B%95%E7%AE%A1%E7%90

%86%E8%AA%B2%E7%A8%8B%E7%9A%84%E5%AE
%9A%E4%BD%8D%E8%88%87%E7%88%AD%E8%AD
%B0.htm

〈專案管理〉，《維琪百科，自由的百科全書》，
http://zh.wikipedia.org/wiki/%E9%A1%B9%E7%9B%AE
%E7%AE%A1%E7%90%86

管理是什麼？經理人，
http://www.managertoday.com.tw/?p=417　。

鄧小平理論，〈理論成果都是人民實踐經驗和集體智慧的結
晶〉，新華網。
http://news.xinhuanet.com/ziliao/2004-10/27/content_214
5152.htm.。

安全管理的定義，安全管理知識網，
http://www.safehoo.com/item/40388.aspx。

工業安全衛生管理實務，web.ntnu.edu.tw/~49470234/21.htm。

工業安全的意義與了解，
tw.knowledge.yahoo.com/question/question?qid=1507011
005332。

維基百科，
http://zh.wikipedia.org/wiki/%E8%81%B7%E6%A5%AD
%E5%AE%89%E5%85%A8。

安全管理，teacher.yuntech.edu.tw/~leesh/16-SM.htm。

工業安全管理 —— 大專校院就業職能平台，
ucan.moe.edu.tw/search_1.asp?f1=MNC&f2=66。

廣盛鏢局維基百科，自由的百科全書
　　http://lsw1230795.mysinablog.com/index.php?op=ViewAr
　　ticle&articleId=2311936）

古彧，鏢局春秋，朝華出版社，http://book.sina.com.cn。

朱成，行銷策略-行銷是什麼？，youthbusiness.nyc.gov.tw．

什麼是定位，
　　http://www.shenmeshi.com/Education/Education_2007092
　　1203940.html

陳悅、劉則淵.管理學的基本概念與學科地位，什麼是管理
　　學，MBA 智庫百科
　　http://wiki.mbalib.com/wiki/%E7%AE%A1%E7%90%
　　86%E5%AD%A6。

教育部　學群分類表，
　　academic.tnua.edu.tw/master/doc/course_cat_98.DOC。

蕭敬、華盛頓，*Jul 1,* 美國之音中文網
*2006,*http://www.voafanti.com/gate/big5/www.voanews.com/ch
　　inese/archive/2006-07/m2006-07-01-voa28.cfm.

中興保全簡介，
　　〈www.secom.com.tw/about.asp?act=1&cat=107〉。

中華民國保全工會理事長王振生強調：
　　https://docs.google.com/viewer?a=v&q=cache:q37Uz2pm
　　w-MJ:www.siatw.org.tw/uploads/webnews/0000000002.do
　　c+&hl=zh-TW&gl=tw&pid=bl&srcid=ADGEESgBwIt-at
　　WCdcweZWjdl5Qr2KMa5Y-ADU0TkU_MCeRUMmAoun
　　3jVUX4D35tWwkFiNKpSGHtpFruyzVNINqhQuVjcEfYn

C2comLUOeco8cx7npMCP8pUYDdy3kgkiPQwGLDNGc
qc&sig=AHIEtbQTodHFreVCnEMDUf_2wVClY5T2UA。

高永昆,〈物業管理業的現況與未來發展〉,《台灣保全業》,
2012 年 3 月。

http://wenku.baidu.com/view/52e9c11fff00bed5b9f31d32.
html。

〈中華民國中央行政機關〉,《維基百科,自由的百科全書》,
http://zh.wikipedia.org/zh-tw/%E4%B8%AD%E8%8F%AF
%E6%B0%91%E5%9C%8B%E4%B8%AD%E5%A4%AE
%E8%A1%8C%E6%94%BF%E6%A9%9F%E9%97%9Chtt
p://zh.wikipedia.org/zh-tw/%E4%B8%AD%E8%8F%AF%
E6%B0%91%E5%9C%8B%E4%B8%AD%E5%A4%AE%E
8%A1%8C%E6%94%BF%E6%A9%9F%E9%97%9C。

國家安全會議,《維琪百科,自由的百科全書》
http://zh.wikipedia.org/wiki/%E4%B8%AD%E8%8F%AF
%E6%B0%91%E5%9C%8B%E5%9C%8B%E5%AE%B6
%E5%AE%89%E5%85%A8%E6%9C%83%E8%AD%B0。

國家安全局,《維琪百科,自由的百科全書》
http://zh.wikipedia.org/wiki/%E4%B8%AD%E8%8F%AF
%E6%B0%91%E5%9C%8B%E5%9C%8B%E5%AE%B6
%E5%AE%89%E5%85%A8%E5%B1%80。

國安局組織法,中華民國一百年十二月三十日總統華總一義
字第 10000291391 號令修正公布全文 10 條;並自公布日
施行。

http://www.6law.idv.tw/6law/law/%E5%9C%8B%E5%AE

%B6%E5%AE%89%E5%85%A8%E5%B1%80%E7%B5%
84%E7%B9%94%E6%B3%95.htm。

國防部，〈國防部組織體系〉，
　　http://www.mnd.gov.tw/Publish.aspx?cnid=23&p=51443。

中華民國九十一年二月六日總統（91）華總一義字第
　　09100023650 號令，增訂第 9-1 條條文中華民國九十一
　　年二月二十七日行政院（91）院臺防字第 0910007771
　　號令發布自九十一年三月一日施行。

行政院海巡署全球資訊網，
　　http://www.cga.gov.tw/GipOpen/wSite/mp?mp=999。

內政部警政署全球資訊網，
　　http://www.npa.gov.tw/NPAGip/wSite/ct?xItem=54406&c
　　tNode=12554&mp=1。

內政部警政署組織條例，
　　http://glrs.moi.gov.tw/LawContentDetails.aspx?id=FL0015
　　17&KeyWordHL=&StyleType=1

內政部消防署全球資訊網，
　　http://www.nfa.gov.tw/main/Content.aspx?ID=&MenuID=
　　524。

內政部入出國及移民署全球資訊網，
　　http://www.immigration.gov.tw/ct.asp?xItem=1090260&C
　　tNode=31434&mp=1。

法務部調查局，
　　http://www.mjib.gov.tw/cgi-bin/mojnbi?/newintroduction/
　　newintro-3.html。

清華大學，〈公共管理學院官網〉，
http://www.tsinghua.edu.cn/publish/sppm/index.html。
清華大學，〈工程物理系之學碩士課程大綱〉，
http://www.ep.tsinghua.edu.cn/publish/ep/1021/index.html。
華東政法大學，〈治安學〉，
http://zhidao.baidu.com/question/159734794.html。
復旦大學，〈社會發展與公共政策學院官網〉，
http://www.ssdpp.fudan.edu.cn/s/43/t/78/p/1/c/733/d/774/list.htm
浙江大學，〈社會科學部 ── 公共管理學院〉，
http://www.cpa.zju.edu.cn/intranet/list.aspx?cid=91。
暨南大學官網 http://www.jnu.edu.cn/；
http://jd.jnu.edu.cn/yxsz/。
〈暨大首設應急管理專業之招生訊息〉，
http://news.sina.com/oth/nanfangdaily/301-101-101-102/2008-
06-11/19162976707.html。
暨南大學，〈應急管理學院〉，《百度百科》，
http://baike.baidu.com/view/3931811.htm。
河南理工大學官網，
http://www.hpu.edu.cn/www/channels/yxsz.html。
河南理工大學，〈應急管理學院官網〉，
http://www2.hpu.edu.cn/www2/em/。
河南理工大學，〈應急管理學院〉，《百度百科》，
http://www2.hpu.edu.cn/www2/em/contents/2304/67104.html。
江蘇警察學院，〈治安管理系官網〉，
http://partment.jspi.cn/zax/http://www.jspi.cn/default.html。

江蘇警察學院，〈治安管理系課程大綱〉，
http://partment.jspi.cn/zax/rencai.htm。
北京師範大學，〈社會發展與公共政策學院課程大綱〉，
http://www.ssdpp.net/News/ShowInfo_teaching.aspx?ID=1059
北京師範大學，〈減災與應急管理研究院官網〉，
http://adrem.org.cn/index.jsp。
北京師範大學，〈減災與應急管理研究院科研項目〉，
http://adrem.org.cn/kyxm_xin.jsp。
華南農業大學，〈公共管理學院官網〉，
http://xy.scau.edu.cn/gongguan/new/bkjy/ShowClass.asp?Class
ID=17。
華南農業大學，〈公共事業管理系課程大綱〉，
http://xy.scau.edu.cn/gongguan/new/bkjy/HTML/500.asp。
華中科技大學，〈公共管理學院官網〉，
http://spa.hust.edu.cn/2008/index.html。
華中科技大學，〈公共安全預警與應急管理系招生網頁〉，
http://souxiao.koolearn.com/ssmPage?_method=subjectInfoDet
ail&subjectId=12802。
中央警察大學，〈公共安全學系〉，
http://ps.cpu.edu.tw/files/11-1082-3359.php。
http://ps.cpu.edu.tw/files/11-1082-1120.php。
http://ps.cpu.edu.tw/files/11-1082-1118.php。
http://ps.cpu.edu.tw/files/11-1082-1931.php。
中央警察大學，〈犯罪防治學系〉，
http://cp.cpu.edu.tw/files/15-1083-16610,c1986-1.php。

http://cp.cpu.edu.tw/files/11-1083-1146.php。

http://cp.cpu.edu.tw/files/11-1083-1982.php。

http://cp.cpu.edu.tw/files/11-1083-1149.php。

中央警察大學，〈安全管理研究中心〉，
http://smc.cpu.edu.tw/files/11-1095-2727.php。

台北大學，〈犯罪學研究所〉，
http://www.ntpu.edu.tw/gradcrim/TeachCore.php。

http://www.ntpu.edu.tw/gradcrim/Establish.php。

http://www.ntpu.edu.tw/gradcrim/Plan.php。

中正大學，〈犯罪防治學系〉，
http://deptcrm.ccu.edu.tw/student/course_regulations.htm。

http://deptcrm.ccu.edu.tw/about.htm。

http://deptcrm.ccu.edu.tw/about/future.htm。

銘傳大學，〈社會與安全管理學系〉，
http://www.mcu.edu.tw/department/smd/course.asp。

http://www.mcu.edu.tw/department/smd/intro.asp。

http://www.mcu.edu.tw/department/smd/course.asp。

和春技術學院，〈安全科技管理系〉，
http://www.sm.fotech.edu.tw/j.htm。

http://www.sm.fotech.edu.tw/a.htm。

台灣教育，〈教育部統計，至 2012 年台灣共有大專院校 162 所〉，
http://zh.wikipedia.org/wiki/%E5%8F%B0%E7%81%A3%E6%
95%99%E8%82%B2。

鄭文竹，〈保全工作面面觀〉，《中華警政研究學會》，
http://www.pra.cpu.edu.tw/paper/2/8.pdf。

論執行力的鑄造（百度
http://wenku.baidu.com/view/62b703385727a5e9846a6107.html）
美國西點軍校啓示：決定醫院成敗的關鍵
http://www.hxyjw.com/yingxiao/yxcl/1152965/。
憲兵不再是企業註警，或保全公司首選之一
http://mail.rocmp.org/viewthread.php?action=printable&tid=31
301
考友社 102 年各項考試統計就業、證照、升學、檢定等四類
　　　考試公告 http://www.examiner.com.tw/announcement.php
考試院：文官制度與專技考試詞彙
（http://www.exam.gov.tw/cp.asp?xItem=2101&ctNode=684&mp=1
評鑑雙月刊 2011.11 第 34 期「基本素養」與「核心能力」不
　　　同嗎？
http://epaper.heeact.edu.tw/archive/2011/11/01/5047.aspxC8

（五）報　紙

溫家寶，2003/6/18。〈溫家寶主持召開專家座談會〉，《人
　　　民日報》，版 1。
2003/7/29。〈全國防治非典工作會議再京舉行〉，《人民日
　　　報》，版 1。
溫家寶，2003/9/16。〈溫家寶在國家行政院省部級幹部研究
　　　班強調：深化行政管理體制改革　加快實現政府職能轉
　　　變〉，《人民日報》，版 1。
溫家寶，2003/6/18〈溫家寶主持召開專家座談會黃菊等參加
　　　聽取關於加強公共衛生建設促進經濟社會協調發展的意

見〉，《人民日報》，版 1。

二、外文部分

（一）專　書

A., Bostrom, Future Risk Communiction, future,2003. P553-573.

IRGC（International Risk Governance Council），2005, White Paper on Risk Governance-Towards an Integrative Approach, p.13.

William C. Clark, "Witches, Floods, and Wonder Drugs: Historical Perspectives on Risk Management", Richard C. and walter A. Albers, Jr. ed., Social Risk Assessment: How safe is safe enough? Plenum Press:1980, 287-313.

William L. Waugh Liuing with Hazards Dealing With Disasters:An Introduction to Emergency Managcment. New York:M. E. Sharpe,2000,pp 10~11.

（二）網際網路

Cardinal Stritch University，

http://translate.google.com/translate?hl=zh-TW&sl=en&u =http://www.stritch.edu/&ei=5Lu4T4CNJs3MmAXF6fCf DQ&sa=X&oi=translate&ct=result&resnum=1&ved=0CF wQ7gEwAA&prev=/search%3Fq%3DCARDINAL%2BST

RITCH%2BUNIVERSITY%26hl%3Dzh-TW%26biw%3D
1280%26bih%3D685%26site%3Dwebhp%26prmd%3Dim
vns。

Davenport University，
http://translate.google.com/translate?hl=zh-TW&sl=en&u
=http://www.davenport.edu/&ei=eou4T9GeMYvvmAW8o
cWlCQ&sa=X&oi=translate&ct=result&resnum=1&ved=0
CFwQ7gEwAA&prev=/search%3Fq%3DDAVENPORT%2
BUNIVERSITY%26hl%3Dzh-TW%26biw%3D1280%26bi
h%3D685%26site%3Dwebhp%26prmd%3Dimvns。

Southwestern College，
http://translate.google.com.tw/translate?hl=zh-TW&sl=en&tl
=zh-TW&u=http%3A%2F%2Fwww.southwesterncollege.org
%2Fbachelor%2Fsecurity%2Fsecurity-management%2F。

Grand Canyon University，
http://translate.google.com/translate?hl=zh-TW&sl=en&u
=http://www.gcu.edu/&ei=wum4T4zwMYGdmQW-ssG_C
Q&sa=X&oi=translate&ct=result&resnum=1&ved=0CGo
Q7gEwAA&prev=/search%3Fq%3DGRAND%2BCANYO
N%2BUNIVERSITY%26hl%3Dzh-TW%26biw%3D1280
%26bih%3D685%26site%3Dwebhp%26prmd%3Dimvnsz。

Franklin University，
http://translate.google.com/translate?hl=en&sl=en&tl=zh-
TW&u=http%3A%2F%2Fwww.franklin.edu%2Fdegree-pr
ograms%2Fcollege-of-health-public-administration%2Fun

dergraduate-majors%2Fsafety-security-and-emergency-ma
nagement%2F&anno=2。

Bellevue University

http://www.bellevue.edu/degrees/undergraduate/security-
management-bs/major-requirements.aspx。

University of Houston, Downtown USA，

http://www.uniguru.co.in/studyabroad/united-states-course
s/bs-safety-management-course-details/cseid/811896/cid/3
387/programs.html

http://www.uniguru.co.in/studyabroad/united-states-course
s/bs-safety-management-course-details/cseid/811896/cid/3
387/programs.html。

Devry University，

http://www.google.com.tw/url?sa=t&rct=j&q=&esrc=s&fr
m=1&source=web&cd=5&ved=0CIABEBYwBA&url=http
%3A%2F%2Funiversitycollege.du.edu%2Fsmgt%2F&ei=n
1iyT8u4HKHYige-kqGPCQ&usg=AFQjCNH8k8oy9KpH
w4sWhT8PoKQEI9Y9xg&sig2=QxURrWpDHdLDJnP4O
mFdWw。

John Jay College，

http://www.jjay.cuny.edu/centers/criminal_justice/2776.htm。

University of Denver，

http://www.google.com.tw/url?sa=t&rct=j&q=&esrc=s&fr
m=1&source=web&cd=5&ved=0CIABEBYwBA&url=http
%3A%2F%2Funiversitycollege.du.edu%2Fsmgt%2F&ei=n

1iyT8u4HKHYige-kqGPCQ&usg=AFQjCNH8k8oy9KpH
w4sWhT8PoKQEI9Y9xg&sig2=QxURrWpDHdLDJnP4O
mFdWw。

West Virginia University,
http://www.imse.cemr.wvu.edu/grad/degree-info.php?degr
ee=mssm。

Saint Joseph College,
http://translate.google.com/translate?hl=zh-TW&sl=en&u
=http://www.sju.edu/&ei=eeq4T4jJDJDJmAW8k6zXCQ&
sa=X&oi=translate&ct=result&resnum=9&ved=0CI8BEO
4BMAg&prev=/search%3Fq%3DSaint%2BJoseph%26hl%
3Dzh-TW%26biw%3D1280%26bih%3D685%26site%3Dw
ebhp%26prmd%3Dimvns。

The select Bipartisan Committee to Investigate the Preparation
for and Response to Hurricane Katrina. A Failure of
Initiatiue:Final Report of the Select Bipartisan Committee
to Inuestigate the Preparation for and Response to
Hurricane Katrina.
http://www.gpoaccess.gov/Katrinareport/mainreport.pdf.。

Peijun Shi,Jing Liu,Qinghai Yao,DI Tang and Xi Yang,
"Integrated Disaster Risk Man-agement of China".
OECD:First Conference on the Financial Management of
Large-Scale Ca-tastrophes, Hyderabad, India, 26-27 February
2007, p.9;
www.oecd.org/dataoecd/52/14/38120232.pdf。

Construction Safety Series: Risk Engineering ，Li, Rita Yi Man, Poon, Sun Wah，2013。

附　　錄

美國大學有關安全管理相關科系之學校及研究所原文資料

Davenport University

Public Safety and Security Management, BBA

（Purpose）

This program is specifically designed for students who have attained and applied associate's degree in the area of public safety or security administration.

（Target）

With the major courses of the associate's degree serving as the application-based area of expertise in such disciplines as criminal justice, corrections or private security, students enrolled in the BBA in Public Safety and Security Management gain skills in business fundamentals combined with specific areas of management study unique to the field of safety and security. The distinct feature of this program is the body of course work that aids in preparing individuals to assume leadership roles in the growing industry of public safety and private security.

（Outline）

The associate's degree must include at least 21 semester hours （32 quarter hours） within a suitable major area of study in public safety including: law enforcement, private security, corrections, criminal justice, fire science or emergency medical services.

2. The 21 semester hours （32 quarter hours） can only be used as transfer credits in the specialty area of the BBA major.

3. All credits toward an associate's degree up to 64 semester hours （96 quarter hours） will be accepted.

4. Semester hours beyond 64 （96 quarter hours） will be accepted only if:

a. They are equivalent to a Foundations of Excellence requirement or elective at Davenport, or;

b. They are equivalent to Foundations of Business courses at Davenport, or;

c. They are an acceptable substitute, as determined by the Registrar for either a Foundations of Excellence or Foundations of Business requirement.

5. Students must take a minimum of 30 semester hours at Davenport to fulfill residency requirements, including at least 15 semester hours of their Foundations of Business requirements and the Strategic Public Safety and Security Management course （PSMG441）.

（Programs）

（security management foundations ）

（secutity foundations ）

（public safety administration ）

（strategic public safety/security ）

（emergency preparedness and homeland security ）

Cardinal Stritch University

Public Safety Management

（Purpose）

The Bachelor of Science in Public Safety Management is a 44-credit program designed for adult learners who wish to relate their practical career experience to management theory.

（Target）

The program is designed especially for law enforcement, fire, corrections, and emergency services personnel, and has a special emphasis on the knowledge and skills essential for the management of resources in public and private organizations. To meet the needs of law enforcement and fire service personnel who work irregular hours, the courses in the major are offered online, as well as in a traditional classroom setting.

（Outline）

The program provides coursework in the following areas: leadership, ethics, human resource management, organizational behavior, statistics, and communication.

The core curriculum is structured sequentially, with students taking one course at a time. At the end of the course sequence, students are required to complete a capstone course which integrates materials from all of the previous coursework through a focus on leadership strategies in a public safety organization.

（Programs）

（Contemporary Issues in Public Safety ）

（ Managerial Communication for Public Safety Organizations）

Southwestern College

Security Management

（Purpose）

With the increasing need for security in a changing world, security professionals with expertise in all aspects of security management and operational administration will be in demand.

（Target）

Security professionals will enable private and public organizations to strengthen existing security measures and initiate policies and procedures to ensure a safe and secure working environment, as well as to prevent or limit organizational lSecurity professionals will enable private and public organizations to strengthen existing security measures and initiate policies and procedures to ensure a safe and secure working environment, as well as to prevent or limit organizational losses.

（Outline）Southwestern College Professional Studies offers a bachelor of science in Security Management that touches on a wide range of security issues, including homeland security, anti-terrorism, corporate security, and other ven

Southwestern College Professional Studies offers a bachelor of science in Security Management that touches on a wide range of security issues, including homeland security, anti-terrorism, corporate security, and other venues.

（Programs）

（Introduction to Security）

（Physical Security）

（Information Security）

（Homeland Security Fundamentals）

（Loss Prevention and Crime Prevention）

（Legal Aspects of Security）

（Emergency Planning）

Grand Canyon University

Bachelor of Science in Public Safety Administration

（Purpose）

The program highlights the application of research methodology; the utilization of communication skills at the personal, professional, and public level; and the development of professional skills and knowledge in the field of public safety.

（Target）

Grand Canyon University's Bachelor of Science in Public Safety Administration program is an undergraduate degree program that provides a theoretical and applied approach to the professional education of students, while ensuring relevance to the homeland security and protection industry.

（Programs）

（Research Methodology）

（Ethics in Public Safety）

（Leadership in Public Safety）

（Public Safety and the Community）

（Strategic Planning）

（Public Safety Capstone）

Franklin University

Safety, Security & Emergency Management

（Purpose）

Public safety management is a complete design, to complement the existing technical skills of individuals, including general knowledge, communication skills and business and leadership practices.

（Target）

In your relevant Safety, Security & Emergency

Management curriculum, you'll gain exposure to emergency management, homeland security, risk management/threat assessment, safety and security planning and related subjects, preparing you for leadership in a variety of settings.

（Outline）

Learn to lead public safety or private security agencies in a variety of settings

（Programs）

（Introduction to Public Safety Management ）

（Contemporary Issues in Public Safety Management ）

（Emergency Management and Homeland Security ）

（Public Sector Finance and Budgeting）

（Administrative Law ）

（Special Topics in Public Safety Management）

（Public Safety Management Capstone ）

（Independent Studies in Public Safety Management ）

Bellevue University

Security Management

（Purpose）

The Security Management program is offered in the accelerated, cohort-based format, concentrating on preparing individuals for security and managerial positions in both the private and public sectors.

（Target）

analyze and apply basic security theories to Homeland Security policies and activities

prepare, manage, and critique personnel involved in emergency response situations

compare and integrate organizational standard operating procedures （SOPs）

analyze and construct risk analyses and threat assessment reports

appraise and produce emergency response plans.

（Outline）

Principles of Homeland Security, Personnel Management, Organizational Interaction, Infrastructure Security and Threat Assessment, and Communication Skills.

（Programs）

（Justice Law & Security Common Core Courses）

（Security Management Courses）

University of Houston, Downtown USA

BS in Safety Management

（Purpose）

The students are trained to become successful individuals with a strong sense of professionalism, socially responsible, and professionally competitiveness.

（Outline）

Students in this program will be exposed to the human and

equipment aspects of safety. They will also be trained in the ability to absorb new technologies generated from industry.

（Programs）

（Principles of Fire Protection Chemistry and Physics）

（Fire Alarm Signaling Systems）

（Fire Alarm Codes and Applications）

（Occupational Safety）

（Industrial Hygiene）

（Systems Safety Management）

（Industrial Loss Prevention）

（Industrial Safety）

（Human Factors in Fire and Safety）

（Violence and Safety）

（Scheme Management）

（Construction Safety）

（Fire Protection Law）

（　Technology Seminar）

Devry University

Security Management

（Purpose）

Cultivate with a full range of security management personnel to cope with unexpected situations and accident.

（Target）

Protecting people, property, and even the security of our

nation is the ultimate responsibility of a security management professional.

With competencies in such areas as physical security, access control, information security, and security procedures, your security management career skills and aptitude will provide stable and protected environments for businesses, industries, and government agencies.

（Outline）

（Analyze company or industry security needs）

（Evaluate physical or information security systems）

（Set up, monitor, maintain, and upgrade security systems）

（Train and educate staff and clients）

（Programs）

（Risk Analysis, Loss Prevention and Emergency Planning）

（Security Administration）

（Physical Security and Access Control）

（Evaluation of Security Programs）

（Principles of Information Systems Security）

John Jay College

Security Management

（Purpose）

The Security Management Institute serves as a link

between the academic community and the law enforcement and private security industries.

（Outline）

The Institute offers practitioners a variety of professional development training and educational opportunities, seminars and workshops. It also provides evaluation of security and criminal justice operations, and consultation services. The Institute is authorized by the New York State Division of Criminal Justice Services to conduct Peace Officer and Security Guard training.

（Programs）

（Professional Security Management）

（International Terrorism and Crime）

（Security Systems Design & Application）

（Safety Mgmt, & Technical Assistance ）

University of Denver

Security Management

（Purpose）

The Security Management master's degree and graduate certificate are offered online or on campus at the University of Denver in the evenings, or in a combination of both, to meet the needs of busy adults.

（Target）

Security management professionals are in high demand

and University College prepares graduates to meet this demand with unparalleled competence and success.

（Outline）

The Security Management degree features three specialties: emergency planning and response, information security, and organizational security—each offering the most innovative instruction from leading professional practitioners who work in the fields they teach.

（Programs）

（Information Security）

（Threats in Security）

（Legal Ethical Issues in Security Management）

（Human Factors in Security）

（Organizational Security）

（Risk Management）

（Security Administration）

West Virginia University

Master of Science in Safety Management

（Purpose）

It is designed for students trained in the areas of business and economic sciences, animal sciences, chemical and biological sciences, engineering and technology sciences, medical sciences, and the physical sciences who have an interest in safety, health and environmental management.

（Target）

Our Educational Objectives for the Graduate Safety Management Program

Drawing from the university's mission, the program mission, the needs of our constituents, and ABET ASAC Criteria 2001, the following educational objectives were developed for the Masters of Science Safety Management Program:

A graduate of the Safety Management program will be able to:

1.Communicate effectively, orally and in writing, including the transmission of safety data to management and employees.

2.Demonstrate knowledge and skills in the area of safety management.

3.Demonstrate knowledge of ethical and professional responsibilities and knowledge of applicable legislation and regulations.

4.Demonstrate the ability to apply various research activities through the decision-making process used in safety management.

Educational Outcomes for the Graduate Safety Management Program

In order to meet the educational objectives, students of the Safety Management program must be able to meet the following educational outcomes at the time of their graduation:

1.Demonstrate knowledge and skills to build a comprehensive Safety and Health Program based on loss control and regulations.

2.Demonstrate knowledge and skills to use analytical techniques in the Safety and Health function.

3.Demonstrate knowledge and skills with federal, state and non-governmental Safety and Health Program standards and best practices.

4.Demonstrate skills in communications, written and oral, at the level of professionals in safety and health positions.

5.Demonstrate knowledge and skills in writing and evaluating safety and health research proposals.

6.Demonstrate knowledge and skills in using management tools to implement and evaluate SHE programs.

（Outline）

The program has over 30 years of rich tradition preparing safety professional for the organization, development, and operation of safety-related managerial practices in industry. Graduates of the program hold positions such as:

（1）（Safety Managers）

（2）（Safety Coordinators）

（3）（Safety Directors）

（4）（Safety Engineers）

（5）（Construction Safety）

（6） （Loss Control Managers）

Work is expected to

（1） （Safety Management）

（2） （Training and Development）

（3） （Fire Safety）

（4） （Disaster Preparedness）

（5） （Instrumentation and Measurements）

（6） （Transportation）

Government Work

（1） （Government Agencies）

（2） （Manufacturing Companies）

（3） （Energy Industries）

（4） （Government Safety Planning）

（5） （Health Care and Insurance）

（Programs）

（Safety Management Integration ）

（Safety Legislation and Compliance ）

（Safety Evaluation and Research ）

（Managing Fire Safety ）

（Safety and Health Training ）

Saint Joseph College

Graduate Certificate in Homeland Security Management

（Purpose）

The Graduate Certificate in Homeland Security Management is oriented toward the needs of professionals in public safety and related fields.

（Target）

Because of the nature of the field, this program is open to national security, safety, law enforcement, fire, and medical personnel who are currently involved in areas related to crisis management and domestic security, as well as to those who wish to make Homeland Security their career.

（Outline）

Build an organizational matrix that includes federal, state and local agencies to strengthen Homeland Security;guide decision-makers in making improvement in Homeland Security preparedness;

develop the strong organizational and management skills needed to function and lead in a complex, multi-agency government department; and

develop the problem solving skills needed to overcome the challenges of multi-agency functions such as communications, command and task accomplishment.

（Programs）

（Introduction to Homeland Security）

（Law Enforcement and Judicial System Issues）

（Command Management and Operations）

（Simulation for Homeland Security）